Bernhard Püschel

Historische Eisenbahn-Katastrophen

Eine Unfallchronik von 1840 bis 1926

EISENBAHN-KURIER

Titelbild: Unfall im Bahnhof Kohlfurt in der Nacht vom 17. auf den 18. Oktober 1891. D 8, geführt von S 1 Berlin 121 und Vor-spann-Lok S 2 Berlin 276, verunglückte durch Flankenfahrt mit der Rangierlok G 1 628. Lok 121 entgleiste, Lok 276 stürzte um.

Rückseite: Attentat auf FD 122 am 19. August 1926

ISBN 3-88 255-838-5

Eisenbahn-Kurier Verlag GmbH · Postfach 55 60 · 7800 Freiburg

Satz: EK · Gesamtherstellung: Druckhaus Möller, Rendsburg

INHALT

Einleitung

Jede Eisenbahnkatastrophe ist ein dunkles Kapitel in der Geschichte der Eisenbahnen in aller Welt. Während tödliche Unfälle auf unseren Straßen und Autobahnen, wo auch immer, kaum Beachtung in der Öffentlichkeit finden, so als ob man sich längst mit diesem Übel abgefunden hätte, machen Eisenbahnunfälle fast immer Schlagzeilen in der Presse. Das liegt vielleicht an ihrer Seltenheit, mit der sie in gewissen Zeitabständen auftreten, vielleicht aber auch an der Sensationslust der Menschen, wie man das häufig an dem Umlagern von Katastrophenplätzen beobachten kann. Obwohl jeder weiß, daß das Innere eines fahrenden Personenzuges sicherer ist als jeder andere Ort lebhaften Verkehrs, so ist doch die Öffentlichkeit meist jeder Eisenbahnverwaltung gram, wenn sich irgendwo ein schreckliches Eisenbahnunglück ereignet.

Jeder Eisenbahnunfall ist eine menschliche Tragödie mit fast immer dramatischem Ablauf. Gottergeben muß der Mensch Katastrophen durch Erdbeben, Vulkanausbrüche, Hochwasser, Feuer, Schiffsuntergänge durch Sturm oder Hungersnöte hinnehmen; er kann sie nicht ändern und ist machtlos gegen sie. Aber der Eisenbahnunfall ist nur in ganz wenigen Fällen vom Schicksal diktiert worden. Meist ist für ihn menschliche Schwäche verantwortlich, begangen manchmal durch einen winzigen Fehler eines Lokführers, eines Fahrdienstleiters, eines Stellwerksbeamten, eines Weichenstellers oder durch einen Oberbaubeamten. Dieser Kontrast zwischen menschlichem Irrtum und schrecklicher Folge, das ist das Drama des Eisenbahnunglückes seit den ersten Tagen unserer Eisenbahnen.

Und hieraus entstand jener Kampf der Eisenbahningenieure, das menschliche Versagen und Fehlverhalten durch Erfindungen und Verbesserungen des Eisenbahnbetriebes zu eliminieren. Erst die schrecklichen Lehren mit ihren zerfetzten Wagen und verbrannten Trümmerhaufen ließen jene Sicherheitsvorrichtungen entstehen, die schließlich mehr und mehr die Eisenbahn zu dem sichersten Verkehrsmittel der Welt werden ließ. Der Kampf um die Perfektion des Eisenbahnwesens hat lange gedauert und das letzte Ziel einer 100 %igen Sicherheit ist wohl nicht erreichbar, denn Menschen, die unsere Eisenbahnen betreiben, werden immer fehlbare Sterbliche bleiben. Stets sollte man dies bedenken, wenn man berechtigte oder unberechtigte Kritik üben will.

In den ersten Jahren der Eisenbahn gab es noch nicht viele ernste Unfälle, aber später und in unserem Jahrhundert hat so mancher kleine menschliche Irrtum oder eine unglückliche Verkettung von verschiedenen Umständen zu schweren Katastrophen geführt. Über Unfälle an deutschen Bahnen in den ersten Jahrzehnten wissen wir nicht allzu viel, obwohl es sie sicher auch gegeben hat. Über die englische Unfallgeschichte an den vielen Eisenbahngesellschaften ist man dagegen viel besser informiert, da schon frühzeitig ein „Railway Inspections Department" aus Eisenbahnoffizieren aufgestellt wurde, die die Wächter der öffentlichen Sicherheit waren.

Kein Geringerer als der große Eisenbahnpionier Georg Stephenson selbst schrieb an den Präsidenten des Handelsamtes (Board of Trade), durch ein Komitee eine Überwachung des Eisenbahnbetriebes allerdings ohne Einmischung vorzunehmen. Freilich gab es viele Gesellschaften und auch Ingenieure, die diese Art der Überwachung ablehnten, und der größte Gegenspieler Stephensons war der ebenso berühmte Ingenieur Brunel der Great Western Railway. Er sagte rundheraus, daß eine Zusammenarbeit mit den Regierungsinspektoren nicht in Frage käme. Durch Gesetz von 1840 jedoch wurde das Board of Trade ermächtigt, Eisenbahnoffiziere aus dem königlichen Ingenieurkorps zu bestimmen, die Eisenbahn zu inspizieren und über Unfälle zu berichten, ja letztlich die Genehmigung für die Eröffnung neuer Strecken zu erteilen. Diese englische Einrichtung hat sich bis zum heutigen Tage ausgezeichnet bewährt und aus den Berichten dieser Eisenbahnoffiziere ist man über das Geschehen der damaligen ersten Eisenbahnzeit gut unterrichtet.

In den folgenden Kapiteln soll die Unfallgeschichte bis aus den Anfängen der Eisenbahnzeit beschrieben werden, soweit sie uns aus der Literatur bekannt geworden ist. Natürlich sollen nur solche Unfälle Erwähnung finden, die wirklich ernster Natur waren mit großen Menschenverlusten und schweren Sachschäden. Unfälle, bei denen nur Eisenbahner verunglückten, interessieren die Öffentlichkeit nur wenig. Die Zahl der vielen kleinen mit belanglosen Schäden ist unermeßlich groß und wohl auch in solchem harten Betrieb unvermeidlich. Im allgemeinen unterteilte man die Unfälle nach Art ihrer Ursachen, wie z.B. Zusammenstöße, Entgleisungen oder Auffahren für ein oder zweigleisige Strecken. Nicht in allen Fällen lag menschliches Fehlverhalten von Lokführern und Betriebsbeamten vor, da ja auch eine Reihe von schweren Unfällen durch Naturkatastrophen oder durch Materialfehler an Schienen, Rädern, Achsen und Brücken entstanden sind.

Hier sollen die Unfälle einfach nach dem zeitlichen Ablauf der Eisenbahngeschichte geschildert werden, gleichgültig wo und aus welchem Grunde sie sich ereigneten. Keine Bahn der Welt ist von großen wie auch von zahlreichen kleinen Unfällen verschont geblieben. Trotz großer technischer Fortschritte in der ganzen Eisenbahnentwicklung ist der Mensch der verantwortliche Initiator allen technischen und betrieblichen Geschehens geblieben, wodurch sich menschliches Fehlverhalten nie ganz ausschalten läßt. Der Mensch ist nun einmal nicht besonders dafür geeignet, sich wiederholende Handlungen wie sie in einem Eisenbahnbetrieb immer wieder vorkommen, stets zuverlässig auszuführen. Deshalb hat man sich im Laufe der Zeit bemüht, das Sicherheitswesen laufend zu verbessern und die möglicherweise ermüdenden Dauerhandlungen der weit zuverlässigeren Technik zu übertragen.

Wenn heute auch die Sicherheitstechnik weitgehend vorangetrieben wurde, so kommt es dennoch auf das Zusammenwirken von Mensch und Technik an und die Frage ist, wie sicher rechnerisch der Mensch bzw. die Technik ist. Die Zuverlässigkeit eines Menschen hängt in starkem Maße von seinen Umwelt- und Arbeitsbedingungen ab. Man hat ermittelt, daß der Mensch statistisch in einem Fall von tausend Fällen versagt, wogegen die Technik erst in 100 000 000 Fällen zu einem Versagen führt. An diesem Unterschied von 1/1000 und 1/100 000 000 zwischen Mensch und Technik in der Fehlerstatistik ist deutlich abzulesen, daß es vorteilhaft ist, Dauerhandlungen in der Verkehrstechnik möglichst den zuverlässigeren Maschinen zu übertragen. Hiernach ist also, wenn diese Zahlen stimmen, das Risiko für menschliches und technisches Versager kalkulierbar, und das setzt voraus, daß die gewählte Prüfmethode etwa mit den Bedingungen im Betriebsablauf übereinstimmt.

Blum, der sich um die Jahrhundertwende mit diesem Sicherheitsproblem befaßt hat, konnte nachweisen, daß täglich mindestens 540 000 oder jährlich 200 Millionen Signalgebungen auf den damaligen deutschen Bahnen zur Aufrechterhaltung eines sicheren Verkehres erforderlich waren. Vorgekommen sind aber jährlich nur etwa 50 Eisenbahnunfälle infolge falscher Signalstellung oder Überfahrens von Signalen. Auf 1 Million Signalgebungen würde also erst ein folgenschwerer Unfall durch menschliches Versagen entstehen, eine Zahl, die mit obigen Angaben nicht übereinstimmt. Die Zeit war damals aber noch nicht reif für Sicherheitssysteme, die auf mechanischer oder elektrischer Funktion basierte.

Ein solches System stammte von Frederich Lecroix. Es beruhte darauf, daß ein elektrischer Strom durch eine dritte Schiene geleitet und dieser die Druckluftbremse in Tätigkeit setzte, wenn zwei Züge in denselben Strombereich kamen. Man erprobte diese Einrichtung mit zwei aufeinander zufahrenden Zügen von 50 km/st Geschwindigkeit. Beide kamen in mehreren Versuchen rechtzeitig zum Stehen, da die Bremsen im Abstand von 3 km in Funktion traten. Natürlich sprangen die Lokführer vorher ab und auch sonst befand sich kein Personal mehr im Zug. Die Lecroix'sche Erfindung kam nirgends zum praktischen Einsatz, da sie wegen Legung einer dritten Schiene viel zu teuer war, obwohl sie vom reisenden Publikum in den USA zur Verbesserung der Sicherheit gefordert wurde. Am Anfang unseres Jahrhunderts kamen dort bis an die 100 000 Eisenbahnunfälle vor, bei denen jährlich 7 - 8 000 Menschen zu Tode kamen und an die 80 000 verletzt wurden.

Schwere Eisenbahnkatastrophen haben sich in der Frühzeit der Eisenbahnen nur wenige ereignet. Man fuhr noch nicht schnell und die Zugfrequenz war gering, so daß der frontale Zusammenstoß oder das Auffahren von hinten verhältnismäßig selten vorkamen. Schlecht bestellt hingegen war es mit Entgleisungen infolge Schienen-, Achs- und Radreifenbrüchen, da man erst am Anfang der Technologie stand. Natürlich

gab es auch in den späteren Jahren Materialfehler dieser Art, wenn sie auch zahlenmäßig stark zurückgegangen sind. Wie hoch die Zahl dieser Brüche war, zeigt die nachfolgende Statikstik des Vereins der deutschen Eisenbahnverwaltungen zwischen den Jahren 1900 und 1909:

5432	Achsbrüche d. Lok u. Tender verursachten	126 Entgl.
5764	Achsbrüche d. Wagen u. Tender verursachten	234 Entgl.
1475	Radreifen u. Räderbrüche d. Lok u. Tender verursachten	23 Entgl.
24372	Radreifen u. Räderbrüche d. Lok u. Tender verursachten	189 Entgl.
37043	Brüche dieser Art zusammen	572 Entgl.
171641	Schienenbrüche verursachten nur	125 Entgl.

Die Brüche der Schienen waren bezüglich Entgleisungen also bedeutend weniger gefährlich als die Brüche von Fahrzeugteilen.

Das Sicherungswesen der deutschen Bahnen im vorigen Jahrhundert

Das erste deutsche Signalbuch hat die Leipzig-Dresdener Eisenbahn 1838 herausgegeben. Die damaligen Signalmittel waren die Fahne für die Tagfahrt und die Handlampe für die Nachtzeit, dazu kam noch die Dampfpfeife der Lokomotive, die bald unentbehrlich für den Verkehr geworden war. Es wird erzählt, daß die Lokomotivpfeife aufgrund eines Unfalles an einer alten englischen Eisenbahn entwickelt wurde. Am 4. Mai 1833 überfuhr die Lokomotive „Samson" an einem schienengleichen Wegübergang einen Marktkarren, der mit Butter und Eiern beladen war. Daraufhin empfahl der Chef dieser Bahn, George Stephenson, seine Maschinen mit einer Vorrichtung zu versehen, die Dampfpfiffe zur Warnung an Wegübergängen erzeugen sollte. Stephenson hielt dies für eine ausgezeichnete Idee, und ein Instrumentenmacher konstruierte daraufhin eine „Dampftrompete", die seit-

dem an allen von Stephenson gebauten Maschinen angebracht wurde. Ob die Geschichte wahr ist, kann nicht verbürgt werden.

Mit der Dampfpfeife gab der Lokführer seine Bremssignale für die Bremser, er kündigte seine Ankunft und Abfahrt in den Bahnhöfen damit an und schließlich warnte er schon von weitem die Verkehr an Wegübergängen. Als nächstes Signalmittel trat dann die Mund- oder Schrillpfeife für das Rangieren in Funktion, deren Signale aus kurzen und langen Tönen bestand. Ein großes Übel bestand in jenen Tagen darin, daß jede deutsche Bahn für denselben Begriff ein anderes Pfeifsignal hatte.

Neben diesen akustischen kam bald eine Gruppe von optischen Signalen zu Fahne und Handlampe hinzu. Der erste optische „Telegraph" wurde von den Brüdern Chappe erfunden. Er bestand aus einer langen Stange, an deren Spitze zwei lange Arme nach links und rechts beweglich angebracht waren. Je nach Stellung dieser Arme konnte man ein einfaches ABC in Sichtweite bei Tage übermitteln. Die erste Telegraphenlinie dieser Art errichtete Preußen 1832 zwischen Koblenz und Berlin, wozu man 70 Einzelstationen mit einer Bedienung von 222 Mann brauchte. Es war die erste und letzte Nachrichtenübermittlung dieser Art, da schon wenig später der elektrische Telegraph soweit entwickelt war, daß er anfangs der 40er Jahre bei den ersten Bahnen eingesetzt werden konnte.

Die optischen wurden vor allem bei den Bahnen Norddeutschlands für die Bahn- und Schrankenwärter eingesetzt, die als Streckenbewacher damit die wichtigsten Signale „Halt" oder „Langsam Fahren" sowie „Freie Fahrt" geben konnten. Schon bald bedeutete die waagerechte Lage des Armes „Halt", wie es heute noch ist. Die Schräglage nach unten war „Langsam Fahren", die Schräglage nach oben bedeutete dagegen „Freie Fahrt". Die Brüder Chappe hatten bereits durch Versuche ermittelt, daß der rechteckige Arm am besten sichtbar war. Für die Sichtbarkeit bei Nacht stellten sie das Verhältnis von weißem zu rotem, grünem und blauem Licht wie 1 : 1/3 : 1/5 : 1/7 fest. Waren schon die Tagessignale für die einzelnen Bahnen unterschiedlich, so war die Bedeutung der einzelnen Nachtsignale noch verwirrender.

Der größte Mangel des optischen Telegraphen war, daß man mit ihm keinen Zug ankündigen konnte. Dies war aber möglich mit der Erfindung des Gauß'schen elektrischen Telegraphen (acht Buchstaben in der Minute), mit dem sich bereits die Leipzig-Dresdener Bahn 1836 befaßte. Die ersten brauchbaren Zeigerapparate von Wheatstone bezog man aus England, die weiteren Verbesserungen waren die Fardelyschen Zeigerapparate, die die Taunusbahn, die Pfälzischen Bahnen und die Hessische Ludwigsbahn einführten und vor allem die Kramerschen, die von der Köln-Mindener, der Rheinischen, der Main-Neckar und der Main-Weser Bahn verwendet wurden. Die vollkommenste Form besaßen die Siemens & Halske Geräte. Neben diesen „sprechenden", mit denen man die übertragenden Buchstaben direkt ablesen konnte, folgten dann bald die „schreibenden" Apparate, die dann später als Morseschreiber bei allen Bahnen viele Jahre lang angewendet wurden, nachdem man sich davon überzeugt hatte, daß die Übertragung von Nachrichten mittels des Morse-ABC leicht von den unteren Beamten des Betriebsdienstes beherrscht wurde.

Etwa gleichzeitig damit entstand das Streckenläutewerk zur Benachrichtigung der Bahnwärter und Rotten auf der Strecke. Es bestand aus einem Uhrwerk, dessen Glocke elektrisch ausgelöst wurde. Es wurde von dem Uhrmacher Leonhardt in Berlin erfunden. Die Thüringische Eisenbahn baute als erste solche bereits 1846 unter Verzicht auf optische Telegraphen ein. Dieses Signalmittel breitete sich danach schnell über alle deutsche Bahnen aus. Die benachbarten Stationen bedienten diese Läutewerke und an der Zahl der Glockenschläge erkannte der Bahnwärter bestimmte Meldungen. Drei Minuten vor Abgang eines Zuges wurden die Bahnwärter benachrichtigt. Die Stromquelle für das Läutewerk ist ein Kurbelinduktor, so daß man mit einer Leitung zugleich telegraphieren (Batterie) oder nach Umschaltung läuten konnte. Diese Doppelbenutzung der Läutewerksleitung zum Läuten und Sprechen ermöglichte es, von den Bahnwärterposten aus auf der Strecke Hilfssignale abzugeben, falls ein Zug liegen geblieben war oder ein Schienenbruch bemerkt worden war. Da das Strecken- und Zugpersonal nicht telegraphieren konnte, hatte Siemens seine Apparate so durchkonstruiert, daß durch Aufsetzen von verzahnten Scheiben sechs Hilfssignale durchgegeben werden konnten. Es gab folgende sechs Hilferufe:

1. Hilfsmaschine, 2. Hilfsmaschine mit Arbeitern, 3. Hilfsmaschine mit Arzt, 4. Hilfsmaschine mit Arzt und Arbeitern, 5. Bahn unterbrochen, 6. Bahnmeister mit Arbeitern. Auf diese Weise waren die benachbarten Stationen schnell unterrichtet, wenn etwas außergewöhnliches auf der Strecke eingetreten war. Die Zeit der Läutewerke und Morseapparate ist längst vorbei. Der einsame Wanderer im Walde oder auf der Flur hört heute nicht mehr jene vertrauten Klänge von den Läutewerken an der Strecke.

Der fahrende Zug war durch bunte Fähnchen, Tafeln und Scheiben und nachts durch farbige Lichter gekennzeichnet, damit sowohl der Lokführer als auch die Bahnwärter wußten, daß der Zug in Ordnung war und keine Wagen verloren hatte, wie das damals häufiger vorgekommen sein soll. Wichtig, aber außerordentlich schwierig zu lösen, war die Verbindung zwischen den Fahrgästen und der Zugbesatzung bei Gefahr aller Art. Dieses galt besonders für die norddeutschen Bahnen mit ihren Einzelabteilen. Das einzig brauchbare Signal für die „Interkommunikation" war die Zugleine, die längs des Zuges vom letzten Wagen bis zur Lok oder dem Packwagen führte. Durch Zug an dieser Leine konnten sich die Fahrgäste bemerkbar machen. Die Zugleine verschwand erst mit der Einführung der durchgehenden Druckluftbremse, die bei Gefahr auch von den Fahrgästen betätigt werden konnte.

Die Vereinheitlichung des Sicherungswesens erfolgte in Deutschland nach Gründung des Deutschen Reiches mit dem „Bahnpolizeireglement" für die Eisenbahnen Deutschlands am 29. Dezember 1871. In dem folgenden Jahrzehnt wurden die grundlegenden Fortschritte für das Sicherungswesen begonnen wie der Erlaß einheitlicher Betriebs- und Signalvorschriften, die grundsätzliche Einführung der Raumfolge im Zugverkehr, die Gründung der bekannten Stellwerksbaufirmen und die Ausbildung der Stellwerks- und Blockeinrichtungen. Alle Züge mußten nun in Raumfolge fahren; d.h. in jedem Block durfte sich nur ein Zug befinden; oder anders ausgedrückt: zwischen zwei Zügen mußte immer mindestens ein auf „Halt" stehendes Signal sich befinden. Vor dieser Zeit fuhr man meist in Zeitfolge, die so festgelegt war, daß etwa zwei Personenzüge sich in zehn Minuten oder ein Schnellzug in 20 Minuten Abstand folgen durften. Ein weiteres Zugfolgesystem war die „Zwischenraumdistanz", nach der zwischen zwei Zügen mindestens ein Kilometer Zwischenraum sein mußte. Für die Einhaltung dieser Abstände hatten die Bahnwärter zu sorgen. Diese hatten früher eine wichtige Funktion in der Verkehrsregelung. Blieb ein Zug in unübersichtlichem Gelände liegen, mußten die Schaffner ihren Zug mit Knallkapseln nach hinten decken und die Bahnwärter benachrichtigen.

Es folgte dann die Signalordnung vom 1. April 1875, die im Laufe weiterer Zeit noch manche Änderung erfahren hat. Aus den optischen Bahntelegraphen wurde das „Hauptsignal" mit Flügel für eine Richtung auf der rechten Seite des Gleises in Fahrtrichtung stehen. Zwei oder mehr Flügel in schräger Stellung deuteten dem Lokführer die Geschwindigkeitsbegrenzung bei der Einfahrt in Weichen an. Erst verhältnismäßig spät — 1873 — wurde das wichtige Vorsignal eingeführt. An unübersichtlichen Stellen in Einschnitten oder Krümmungen sahen die Lokführer häufig das Hauptsignal viel zu spät und überfuhren dieses wegen des zu langen Bremsweges. Man setzte deshalb zuerst das Hauptsignal weit genug vom Gefahrenpunkt weg; die Verwaltung ließ das Überfahren aus besagten Gründen ohne Bestrafung der Lokführer zu. Das Vorsignal, das dieses Überfahren des Hauptsignales verhindern sollte, bestand aus einer runden grünen Klappscheibe, die aufrecht stehend andeutete, daß das Hauptsignal auf Halt stand. War dagegen die Scheibe nach hinten umgeklappt, so zeigte das Hauptsignal Freie Fahrt. Bei Nacht war grünes Licht zu sehen, wenn Halt am Hauptsignal zu erwarten war und weißes Licht, wenn es Freie Fahrt anzeigte.

Um die Jahrhundertwende galt bei allen deutschen Bahnen für Haupt- und Vorsignal weißes Licht für Freie Fahrt, rotes Licht für Halt am Hauptsignal und grünes Licht für „Halt zu erwarten" am Vorsignal. Da am Einfahrt-Hauptsignal meist auch das Vorsignal für das Ausfahrt-Hauptsignal stand, so sah der Lokführer bei einer freien Durchfahrt durch einen Bahnhof drei weiße Lichter: eine gefährliche Angelegenheit für die Lokpersonale bei schlechten Wetterverhältnissen, da diese ja auch andere weiße Lichter am Bahnhof für Signallampen halten konnten. Viele kleine Unfälle dürften wahrscheinlich auf das weiße Licht für Freie Fahrt entstanden sein. Ein Referent im preußischen Ministerium soll damals jenen die Situation trefflich kennzeichnenden Ausspruch getan haben: „Erlöst uns bloß von dem dreimal verfluchten weißen Licht bei der Signalgebung."

Um alle Irrtümer zu beseitigen, kam es dann 1907 zur Änderung der Nachtsignale mit Rot für Halt und Grün für Freie Fahrt, wobei das Hauptsignal ein Licht und das

Vorsignal ein Doppellicht nach sächsischem Muster, Signallichter, wie sie heute im Grundsatz noch gültig sind. Unter großem Kostenaufwand begann diese Umgestaltung der Signale, die im großen und ganzen bei allen deutschen Bahnen mit Ausnahme der bayrischen Bahnen bei Ausbruch des ersten Weltkrieges beendet waren. Nur in Bayern fuhr man während des Krieges noch mit dem dreimal weißen Licht für Freie Fahrt, das dann schließlich 1917 zur schrecklichen Eisenbahnkatastrophe bei Nannhofen zwischen München und Augsburg führte, auf die wir später noch zu sprechen kommen.

Früher wurde die Abfahrt eines Zuges mit der Mundpfeife durch den Zugführer gegeben. Um auch hier alle Irrtümer bei Abfahrt mehrerer Züge zu etwa der gleichen Zeit auf großen Bahnhöfen zu vermeiden, führte die Preußische Staatsbahn 1907 den Befehlsstab ein, mit dem der Aufsichtsbeamte auf dem Bahnsteig die Züge abfahren ließ. Zuerst erprobte man diesen Stab mit der runden Scheibe auf der Berliner Stadt- und Ringbahn und führte ihn dann nach Bewährung auf dem ganzen Bereich der Preußischen Staatsbahn ein. Die nachfolgende Reichsbahn übernahm ihn auf allen Hauptstrecken, ebenso benutzten ihn die Österreichischen und die Schweizer Bundesbahnen. Viele Jahrzehnte war dieser Befehlsstab auf den deutschsprachigen Bahnen ein Symbol und ein Begriff für alle Reisenden. Doch die Zeiten haben sich geändert, der Befehlsstab ist so gut wie verschwunden und der Zugführer hat das Amt der Abfahrtgebung wieder übernommen. Wenn der Zug seine freie Fahrt von jenen geheimnisvollen großen Stellwerken, wo die Fahrdienstleiter den Verkehr dirigieren, erhalten, leuchten am Bahnsteig großer Bahnhöfe Lichtzeichen für die Abfahrt auf.

Geschwindigkeitskontrollen an deutschen Bahnen

Viele Eisenbahnunfälle sind durch überhöhte Geschwindigkeiten besonders an scharfen Kurven entstanden. Man hatte damals große Schwierigkeiten mit der Kontrolle der Fahrgeschwindigkeit. Die Lokführer wußten nie genau, wie schnell sie fuhren, und sie fuhren manchmal schneller als sie durften. Man konnte sie aber nie zur Rechenschaft ziehen, da es keine zuverlässigen Geschwindigkeitsmesser oder überhaupt keine gab. Die Fahrzeiten, an sich ein Maß für mittlere Geschwindigkeiten, wurden zwar auf den Bahnhöfen gemessen und festgehalten, aber damit erhielt man nur eine mittlere Geschwindigkeit, nicht aber einzelne Höchstgeschwindigkeiten, die sich schnell auf Gefällestrecken verbotenerweise erzielen ließen. Die Lokführer konnten damit Verspätungen ausgleichen. So blieb denn weiter nichts übrig, an starken Gefällestrecken „Radarfallen", wie wir heute sagen würden, mit Hilfe der aufkommenden Elektrizität aufzubauen, die natürlich damals anders funktionierten.

Die erste Meßstrecke dieser Art wurde bereits 1846 von Steinheil zwischen München und Nannhofen eingerichtet. Sie bestand aus einer Telegrafenleitung mit eingebauten Elektromagneten. Der Erfinder Steinheil ließ in München eine große Kupferplatte von 240 Quadratfuß und in Nannhofen eine solche von Zink in die Erde legen, die über die Telegrafenleitung einen solch starken Strom erzeugte, das man mit ihm Elektromagnete betätigen konnte. (Zu jener Zeit gab es außer galvanischen Elementen noch keine anderen Stromquellen). Auf jeder Zwischenstation und bei jedem Bahnwärter mußte ein Unterbrechungsschalter gedrückt werden, wenn ein Zug vorbeifuhr. Dabei löste der Elektromagnet auf einer sich drehenden Scheibe ein Zeichen aus. Da die Scheibe mit konstanter und bekannter Geschwindigkeit lief, wußte man genau, wie schnell jeder Zug an jeder Stelle gefahren war. Diese Einrichtung soll tatsächlich gut gearbeitet haben.

Die erste wirklich brauchbare Anlage wurde in den 60er Jahren zwischen Basel und Olten errichtet, wo in Abständen von 1000 m auf den Schienen Kontakte angebracht worden waren, die vom fahrenden Zug betätigt wurden und auf einer mit konstanter Geschwindigkeit sich· drehenden Schreibwalze Zeichen hinterließen. Diese Einrichtung soll mehrere Jahrzehnte in Betrieb gewesen sein. Etwas später wurde von der württembergischen Bahnverwaltung an der berühmten Geislinger Steige eine Geschwindigkeitskontrolleinrichtung zwischen Amstetten und Geislingen gebaut, der eine gleiche von der badischen Eisenbahn auf der Schwarzwaldbahn zwischen Hausach und Sommerau im Jahre 1874 folgte.

In den 80er Jahren wurden dann vor allem an den preußischen Bahnen mit Steigungen von 1 : 100 solche Geschwindigkeitskontrollanlagen zur Sicherung des Verkehrs eingerichtet so z.B. an der Strecke Göttingen – Kassel, wo auf der Hochfläche von Drans-

feld Steigungen bis zu 1 : 64 vorkamen. Über die nach dem gleichen Meßprinzip von Siemens und Hipp (Schweiz) konstruierten Geräte soll hier nichts gesagt werden. Der Betrieb gestaltete sich so, daß nach Anmeldung der Züge die Meßeinrichtung eingeschaltet und nach Ankunft der Streifen mit einem Geschwindigkeitsmaßstab ausgewertet wurde. Bericht und Streifen gingen zum vorgesetzten Betriebsamt, wo die Bestrafung derjenigen Lokführer erfolgte, die zu schnell gefahren waren. Die Wirkung dieser Meßstellen auf das Personal war so ausgezeichnet, daß nach einiger Zeit kaum noch Geschwindigkeitsübertretungen vorkamen. Wahrscheinlich beruhte auf diese Kontrollen der Geschwindigkeit die große Sicherheit der deutschen Bahnen, die damals sprichwörtlich war. Wann diese Art der Kontrolle eingestellt wurde, ist uns unbekannt, wahrscheinlich von jenem Zeitpunkt an, wo sichere Geschwindigkeitsmesser auf den Loks eingebaut worden waren.

Die großen Eisenbahnkatastrophen im 19. Jahrhundert

Sonning (England), Weihnachten 1841

In den ersten Jahrzehnten der Eisenbahnzeit war die Zahl der ernsten Unfälle nicht sehr groß, da die Streckennetze noch verhaltnismäßig klein waren. Aus der englischen Eisenbahngeschichte sind uns viele Unfälle sehr gut bekannt, während wir von ihnen in anderen Ländern nicht viel wissen.

Im Jahre 1841 konnte man mit der Great Western Railway bereits von London-Paddington nach Bristol reisen. Eine solche Reise war ungemütlich, da es üblich war, gemischte Züge also viele Güterwagen mit einigen Personenwagen hinter der Maschine einzusetzen. Ein derartiger Zug hielt auf jeder Station, rangierte viel und dementsprechend dauerte die Fahrt von London nach Bristol 9,5 Stunden. Die großen Eisenbahngesellschaften hatten zu jener Zeit noch nicht viel übrig für ihre Fahrgäste in der 3.

Klasse und entsprechend primitiv waren auch diese Personenwagen eingerichtet. Die Sitze waren einfache Bretter nur 45 cm über dem Boden und die Seitenwände hatten eine Höhe von 60 cm. Die Reisenden konnten also leicht bei den harten Stößen des Anfahrens und Bremsens aus den Wagen geschleudert werden. Diese hatten nicht einmal Federpuffer und fuhren zudem hinter der Maschine, so daß die schweren Güterwagen auf sie drückten. Sie waren nicht besser als Viehwagen und wurden wahrscheinlich auch als solche gelegentlich verwendet. Die mächtigen Eisenbahngesellschaften, für die der einfache Mensch wenig galt, konnten sich solch ein unsoziales Verhalten damals erlauben bis zu dem Tag, an dem die Great Western (GWR) ihren ersten größeren Unfall zu verzeichnen hatte.

Um 1840 wurde das berühmte englische Parlamentsgebäude gebaut und die Bauarbeiter fuhren zu Weihnachten 1841 mit dem Frühzug 4.30 Uhr nach Hause. Es war ein dunkler bitterkalter Wintermorgen. Der Zug bestand aus zwei Wagen 3. Klasse (einer 3-achsig und der andere 2-achsig), 17 Güterwagen und ein Packwagen. Er wurde von einer neuen 1 B Lokomotive "Hecla" gezogen. In dem tiefen Geländeeinschnitt bei Sonning waren in der Nacht starke Erdmassen infolge lang anhaltender Regenfälle abgerutscht und hatten das eine Gleis zugeschüttet. In dieses Hindernis fuhr der Zug in der Dunkelheit hinein, wobei das Gewicht der schweren Güterwagen die beiden Personenwagen in die Lokomotive schob mit dem Ergebnis, daß diese zertrümmert wurden. Acht Fahrgäste wurden dabei getötet und 18 schwer verletzt.

Obwohl die GWR an dem Unfall keine Schuld trug — der Einschnitt war ordnungsgemäß mit dem richtigen Böschungswinkel hergestellt worden — setzte in der Öffentlichkeit eine massive Kritik an dieser Gesellschaft ein. Zwar verbesserte sie daraufhin ihre Personenwagen 3. Klasse und ließ sie nicht mehr an der Spitze des Zuges laufen, aber die Praxis des gemischten Zuges behielt sie vorerst bei. Die Reform der Reisen in der 3. Klasse wurde indessen fortgesetzt und drei Jahre nach dem schweren Unfall wurden die Eisenbahngesellschaften durch Gesetz gezwungen, täglich wenigstens einen reinen Personenzug in jeder Richtung fahren zu lassen, der in jeder Station hielt und der nicht langsamer als 18 km pro Stunde fuhr. Der Fahrpreis durfte nicht mehr als ein Penny pro Meile betragen. Diese Züge nannte man „The Cheaps" (Die billigen) oder auch „The Parlamentary" kurz „The Parly", weil sie so langsam fuhren, wie eine Gesetzesvorlage alle Hürden des Parlamentes durchläuft.

Noch heute sollen vereinzelt solche Parlies in England fahren. Und noch ein weiteres Ergebnis zeitigte der Unfall bei Sonning. Er war nämlich der Ursprung dafür, daß die Reisenden mit Furcht in den ersten Wagen von dem Zeitpunkt an fuhren. Mit späteren Unfällen verstärkte sich die Angst, und sie besteht wohl bis zum heutigen Tage. Allerdings war diese Furcht in den Tagen mit hölzernen Wagen und nicht automatischer Bremse nicht ganz unberechtigt. Man ließ deshalb früher einen leeren Wagen an der Spitze fahren oder aber schloß später die ersten Abteile des ersten Wagens hinter der Maschine ab. Trotz dieses ersten Unfalles des GWR ließ sich die Entwicklung der Eisenbahn nicht mehr aufhalten. Schon im Februar 1845 verkündeten die Direktoren der GWR, daß die besten Züge ab März jenes Jahres die Strecke von London nach Exeter in fünf Stunden einschließlich mehreren „Halten" durchfahren würden, womit sie damals die schnellsten Züge der Welt waren.

Versailles, Mai 1842

Das erste wirklich schwere Eisenbahnunglück ereignete sich am 8. Mai 1842 auf der Bahn Paris — Versailles. Die Menschen waren schon recht vertraut mit ihrer Bahn geworden und benutzten sie deshalb eifrig. Aber sie mußten es erst noch lernen, wie man sich auf diesem Verkehrsmittel verhalten muß. Die Geschwindigkeit war noch nicht groß; dennoch war es gefährlich, während der Fahrt abzuspringen, um eventuell seinen Hut zu holen, der durch den Fahrtwind davongeflogen war. Die Menschen mußten also für die Fahrgeschwindigkeit der Züge erst das richtige Gefühl bekommen. Um die Fahrgäste vor Schaden zu bewahren, schlossen die Schaffner die Wagen während der Fahrt ab, wohl eine gefährliche Maßnahme, weil man den Fluchtweg bei Gefahr abschnitt. Diese Sitte oder Unsitte der Eisenbahnen muß sehr lange bestanden haben, denn die Engländer waren früher so schlau, einen Vierkant auf die Reise mitzunehmen.

Am Sonntag nachmittag zwischen 17 und 18 Uhr kehrte ein stark besetzter Personenzug von Versailles nach Paris zurück. Da er sehr lang war, wurde er von zwei Maschinen gezogen. Als Zugmaschine wurde eine dreiachsige Sharp & Morris-Lokomotive eingesetzt und als Vorspannmaschine eine kleinere zweiachsige Lok. Kurz vor Überquerung der Departementstraße Nr. 40 brach die vordere 90 mm starke Achse der Vorspannmaschine an beiden Enden in der Nähe der Verstärkung und fiel zwischen die Schienen, wo man sie später fand. Die Maschine brach zusammen und fuhr weiter. Sie entgleiste erst, als ihre Vorderräder an den inneren Schienen der überquerenden Landstraße anstießen. Trotzdem fuhr der Zug noch 25 m weiter, wobei auch die Treibachse der Sharpmaschine brach.

Die zweite Lok kippte daraufhin um und lag mit dem Tender quer über den Bahnkörper, wobei glücklicherweise die Kessel der beiden Maschinen nicht explodierten. Die hölzernen Wagen fuhren auf und wurden von den glühenden Kohlen aus der Feuerung schnell in Brand gesetzt. Da die Abteile abgeschlossen waren, konnten sich viele Reisende nicht schnell genug retten und verbrannten. 50 Menschen wurden bei diesem ersten schweren Eisenbahnunglück getötet und wer weiß, wieviele Verletzte es gab.

Viel Unsinniges wurde danach geredet und geschrieben, auch von Wissenschaftlern. Verzichten wir hier darauf und halten uns an das, was der Betriebsleiter Perdonnet der Unglücksbahn in sachlicher Form dazu sagte. Drei Fragen wurden gestellt:

1. Sind die zweiachsigen Maschinen gefährlicher als die dreiachsigen?
2. Soll die zweiachsige vor die dreiachsige gesetzt werden oder umgekehrt?
3. Ist es besser in langen Zügen mit zwei Maschinen zu fahren oder stattdessen mit kleineren Zügen zu fahren, die nur mit einer Maschine bespannt sind?

Sicher waren diese Fragen im ersten Jahrzehnt von besonderer Bedeutung für den Betriebsdienst. Perdonnet beantwortete die beiden ersten Fragen dahingehend, daß die zweiachsigen Maschinen genauso sicher wären wie die dreiachsigen, und daß es besser wäre, die kleinere als Vorspannmaschine zu verwenden. Zur dritten Frage äußerte sich Perdonnet so, daß der längere Zug mehr zu empfehlen wäre als mehrere kleine Züge und zwar deshalb, weil der Zugverkehr zu dem Zeitpunkt um 1840 an Sonntagen bereits so stark war, daß man mit einem Zeitintervall von 30 Minuten bereits Schwierigkeiten hatte. Würde man häufiger kleinere Züge fahren lassen, müßte man das Zeitintervall zwischen zwei Zügen auf 15 Minuten herabsetzen, womit dann die Gefahr für Kollisionen steigen würde. Er sagte weiter, daß man nach dem schrecklichen Ereignis vom 8. Mai 1842 nun sein Testament machen müßte, wenn man wieder in einen Zug einsteigen würde. Nach seiner Ansicht hätte das Zusammentreffen von gefahrbringenden Umständen zu dem schweren Unglück geführt. In der Öffentlichkeit wurden Stimmen laut, die eine feuerfeste Imprägnierung der Wagen

und Schutzwagen hinter der Lokomotive empfahlen.

Cowlairs (England), August 1850

Am 1. August 1850 fand in Glasgow eine landwirtschaftliche Ausstellung statt, zu der viele Besucher aus der Umgebung nach Glasgow kamen. So fuhren auch an diesem Tage drei lange und vollbesetzte Züge von Perth nach Glasgow. Sie fuhren im Abstand von fünf Minuten. Der zweite dieser Züge bestand aus nicht weniger als 35 Wagen; dennoch war er stark überfüllt und ein Teil der Fahrgäste kletterte auf die Dächer der Wagen. Der Lokomotiv-Superintendent Harrison, der auf dieser Maschine mitfuhr, versuchte, die Leute vom Dach runterzuholen, und da sie es nicht taten, weigerte er sich abzufahren. Schließlich hängte man noch einige offene Schafwagen an das Ende des Zuges an, in die die Fahrgäste von den Dächern verfrachtet wurden.

Die Strecke von Perth nach Glasgow hat bei Cowlairs ein starkes Gefälle, wo man lange Zeit durch Kabel die Züge mit feststehender Dampfmaschine hochzog. Alle nach unten fahrenden Züge mußten oben an einem Bahnsteig anhalten, dann wurde die Maschine abgekoppelt und nach hinten an das Ende des Zuges gefahren. Unter Kontrolle der Bremser fuhr der Zug dann die schiefe Ebene abwärts. Wegen der Länge der Züge gab es nun Schwierigkeiten mit dem Umsetzen der Lokomotiven nach hinten. Als die Lok des ersten Zuges noch damit beschäftigt war, kam bereits der zweite Zug angefahren. Die beiden Lokmannschaften diskutierten nun, wie sie es machen sollten. Dabei war die Zeit von fünf Minuten abgelaufen und der dritte Zug kam mit rückwärts laufender Maschine angefahren. Wie ohne Sicherungsmaßnahmen nicht anders zu erwarten war, fuhr dieser auf den zweiten auf und zertrümmerte die angehängten Schafwagen. Da die meisten Insassen dieser Wagen das Unheil kommen sahen, konnten sie noch rechtzeitig abspringen; aber nicht allen Personen gelang das mehr und so wurden fünf Passagiere getötet und eine Anzahl schwer verletzt. Der den Unfall untersuchende Offizier vom Board of Trade stellte fest, daß der zweite Zug nicht gedeckt war, wofür die Schaffner und Bremser verantwortlich wären, wie es in der Betriebsvorschrift verlangt würde. Die eigentliche Ursache für diesen Unfall war aber das Zeitintervall-System, das bei einem Zeitabstand von fünf Minuten zwischen den einzelnen Zügen ein großes Risiko darstellte. Später sind noch mehr Unfälle auf diese Art vorgekommen.

Shrewsbury, Juli 1852

Ein fast unglaublicher Unfall ereignete sich am 29. Juli 1852 zwischen Shrewsbury und Stafford, der zwar nicht folgenschwer war, wegen seiner Eigenart hier aber erzählt werden soll. Die 1849 gebaute Lokomotive „Mazeppa" wurde nach ihrer Ankunft in Shrewsbury neben dem Lokschuppen abgestellt, da ihr Dampfregulator undicht geworden war und eine neue Packung zum Abdichten erhalten mußte. Mit dieser Arbeit wurde der Lokreiniger der Nachtschicht Thompson beauftragt, der die „Mazeppa" mit einer Maschine in den Schuppen zog und mit seinem Assistenten die Reparatur und Ölung vornahm. Danach verließ der Assistent den Schuppen und um 5.45 Uhr heizte Thompson die Maschine an. Seine Schicht war damit beendet und statt um 6.00 Uhr ging er bereits zehn Minuten früher nach Hause. Dagegen kam der Tagesschicht-Lokreiniger Tinsley zehn Minuten zu spät zur Arbeit, so daß die „Mazeppa" etwa 20 Minuten allein im Schuppen gestanden hatte.

Als ein anderer Heizer sich seine Kohlenschaufel von der „Mazeppa" im Schuppen holen wollte, stellte er mit Entsetzen fest, daß die Lokomotive verschwunden war. In diesem Augenblick kam ein Streckenarbeiter hinzu, der aufgeregt mitteilte, daß er auf der Strecke nach Stafford eine Lokomotive ohne Lokführer hätte fahren sehen. Was geschehen war, ließ sich leicht erklären. Thompson hatte vergessen, den Dampfregulator zu schließen und nachdem der Dampfdruck im Kessel der angeheizten Maschine genügend hoch war, setzte sich die „Mazeppa" von selbst in Bewegung und machte sich auf die Reise nach Stafford. Sofort wurde eine unter Dampf stehende Lok hinter dem Flüchtling hergeschickt, welcher es nicht gelang, die „Mazeppa" einzuholen.

Mittlerweile hatte der um 6 Uhr früh abgefahrene Zug von Shrewsbury die nächste Station Dommington in 14 Meilen Entfernung erreicht und stand dort am Bahnsteig.

Zufällig schaute der Lokführer zurück und sah zu seinem Entsetzen eine Lokomotive anfahren kommen. Er wußte nicht, daß sie unbemannt war, und als sie bis auf 50 m herangekommen war, erkannte er, daß der Zusammenstoß unvermeidlich war. Nach wenigen Sekunden stieß die „Mazeppa" mit gewaltigem Krach auf den hinteren Bremswagen des Frühzuges und zertrümmerte ihn. Glücklicherweise waren in dem kleinen Zug aus drei Wagen nur wenig Reisende, und der besetzte 3. Klasse Wagen fuhr gleich hinter der Maschine. Die Energie der „Mazeppa" war mit dem Zusammenstoß aber noch nicht erschöpft, denn sie demolierte noch den 1. Klasse und den 2. Klasse Wagen und drückte den 3. Klasse Wagen gegen den Tender. Der durch den harten Stoß zu Boden gestürzte Lokführer raffte sich wieder auf, sprang auf die „Mazeppa" und schloß endlich den Dampfregulator. In dem 3. Klasse Wagen wurde ein Reisender getötet und mehrere verletzt.

Round Oak (Großbritannien), August 1858

Die Oxford, Worcester & Wolverhampton-Eisenbahn hatte bekannt gemacht, daß sie am 23. August 1858 einen Ausflugszug für Schulkinder von Wolverhampton nach Worchester fahren lassen würde. Wahrscheinlich wegen zu geringer Beteiligung wurde der Sonderzug dann für alle freigegeben. Der Bau dieser Eisenbahn stand unter keinem guten Stern, weil wegen Mangel an Geld sich ihre Fertigstellung hinauszögerte. Schließlich wurde sie von der Great Western Eisenbahn übernommen, die aber verlangte, daß zu der Normalspur noch eine Breitspurschiene dazu verlegt würde. (Die Great Western hatte lange Zeit die sieben Fuß Spur). Da sie niemals verwendet wurde, entfernte man diese 3. Schiene nach einiger Zeit wieder. Die Oxford, Worchester & Wolverhampton Eisenbahn, kurz OWW, galt in der Öffentlichkeit als eine schreckliche Bahn, die im Volksmund Old, Worse & Worse (alt, schlechter und schlechter) genannt wurde. Sie fuhr unpünktlich und ihre Loks waren dauernd kaputt.

An dem besagten Tag fuhr ein langer von fröhlichen Menschen gutbesetzter Zug um 9.12 Uhr von Wolverhampton ab. In einem Bremswagen saß der Schaffner Cook, der mit einem halben Dutzend Passagieren rauchend und trinkend zusammensaß. Er lud schließlich vielleicht unter dem Genuß von zuviel Alkohol seine Fahrgäste ein, auch einmal an der Handbremse zu drehen. Die Folge dieser fast unglaublichen Spielereien führte schließlich dreimal zu Kupplungsbrüchen auf der Hinfahrt, die Cook dann notdürftig flicken mußte. In Worchester angekommen, wurden die Seitenketten repariert, nicht dagegen die gerissenen Kupplungen.

Auf der Rückreise mußte der lange Zug eine starke Steigung von 1 : 75 zwischen Brettell Lane und Round Oak überwinden. Man entschloß sich, den Zug in zwei Teile zu fahren. Der erste Teil des Zuges bestand aus 28 Wagen und einem Bremswagen an jedem Ende. Eine zweite Maschine wurde zur Hilfeleistung angefordert, um den schweren Zug über die schiefe Ebene zu bringen. Der letzte Bremswagen des ersten Zuges war wieder von Cook und seinen fröhlichen Zechern besetzt. Der zweite Teil des Zuges bestand aus 14 Wagen, der von einer Maschine gezogen wurde. Der erste Zug erreichte Round Oak auf der Höhe um 20.10 Uhr, eine Minute nach Abfahrt des zweiten Zuges in Brettell Lane. Es war inzwischen dunkel geworden und ein böiger Regen hatte die Schienen schlüpfrig gemacht. Windböen drückten den Rauch der Lokomotiven nieder, so daß die Sicht schwierig wurde.

Der erste Zug war gerade zum Stillstand gekommen, als es einen lauten Knack gab. Kurz darauf setzten sich infolge der gerissenen Kupplung 17 Wagen mit 450 Passagieren und dem Bremswagen von Cook am Ende langsam von selbst in Bewegung und fuhren rückwärts die Gefällestrecke runter. Cook zog sofort, wie er nachträglich erzählte, die Bremsen seines Wagens an. Doch trotz anfänglichen Erfolges kamen die Wagen nicht zum Stehen und fuhren weiter bergab. Da sah Cook plötzlich den zweiten Teil des Zuges, der langsam die Steigung hochfuhr. Der Zusammenstoß war nicht mehr zu vermeiden. Cook sprang seitlich ab und rief den Fahrgästen zu: „Springt, springt oder ihr werdet alle getötet werden." Der Lokführer des zweiten Zuges sah etwa 250 m vor sich die „Ausreißer" auf sich zukommen. Da die Geschwindigkeit seines Zuges nur gering war, brachte er schnell seinen Zug zum Stehen. Wenig später erfolgte dann der Zusammenstoß, der so

heftig war, daß der Bremswagen von Cook und zwei weitere Personenwagen total zertrümmert wurden. 14 Fahrgäste waren auf der Stelle tot, 50 schwer verletzt und 170 stellten Ansprüche wegen leichter Verletzungen. Kurios war, daß die Lok des zweiten Zuges weder entgleiste noch ernstlich beschädigt wurde. Sie konnte — zwar ohne Schornstein und die beiden Puffer — alleine weiterfahren.

Kapitän Tyler, der die Untersuchung leitete, war nicht davon zu überzeugen, daß Cook den Zugteil nicht auf der schrägen Ebene zum Stillstand bekommen hatte. Obwohl die Lokmannschaft bestätigte, daß sie sprühende Funken von den Rädern des Bremswagens kurz vor dem Zusammenstoß gesehen hätte, glaubte Tyler nicht, daß Cook die Bremsen richtig angezogen hatte. Er wollte es genau wissen und ließ deshalb einen Wagenzug ähnlich dem verunglückten zusammenstellen. In die Abteile wurden Gewichte als Ersatz für die Fahrgäste gelegt und mit dem Kapitän im Bremswagen rollte der Zug dieselbe Strecke abwärts. Er drehte selbst die Bremsspindel, so wie es Cook angeblich getan hatte, und brachte ohne Schwierigkeiten den Zug auf der Neigung zum Stehen. Auch aus den Trümmern kam er zu dem Schluß, daß die Bremse nicht richtig betätigt worden war. In seinem Untersuchungsbericht schrieb er dann, daß Cook die Bremse nicht angezogen hätte und vorher abgesprungen sei. Er betrachtete ihn als einen unzuverlässigen Beamten, dem niemals ein solch verantwortungsvoller Posten hätte anvertraut werden dürfen. Tatsächlich hätte er defekte Kupplungen im Zuge vorgefunden, die aber niemals zerrissen wären, wenn Cook nicht die verhängnisvollen Spielereien mit der Bremse zugelassen hätte. Er schrieb weiter: „Bestimmt der schlimmste Eisenbahnunfall, der je in diesem Lands vorgekommen ist." Nun, Tyler konnte ja nicht ahnen, daß später weit schlimmere Katastrophen zu verzeichnen waren.

Kentish Town (Großbritannien) September 1861

Zwei schwere Unfälle einige Jahre später kurz hintereinander ereigneten sich im Clayton Tunnel und in Kentish Town, die beide auf das unsichere Sicherungswesen der damaligen Zeit zurückzuführen waren. Der Zusammenstoß soll im Kapitel über Tunnelkatastrophen behandelt werden. Am Nachmittag des 2. September 1861 hatte ein Güterzug in Kentish Town gehalten, um dort einige Kohlenwagen entladen zu können. Nach der Entleerung zog der Lokführer seinen Zug vom Nebengleis auf das Hauptgleis, damit der Güterzug vor diesem auf das andere Hauptgleis für die Rückfahrt gesetzt werden konnte. Dem Güterzug folgte nun ein Sonderzug mit Eisenbahnern als Fahrgäste. Es war zu jener Zeit bei der North Western Eisenbahn üblich, am Ende eines Zuges eine Flagge als Zeichen dafür zu setzen, daß ein anderer Zug folgte. Hier war es wohl vergessen worden, denn die Männer des Güterzuges wußten nichts von dem nachfolgenden Sonderzug.

Um 7.00 Uhr abends war der reguläre Signalmann gegangen und hatte den Dienst einem jungen 19-jährigen Mann übertragen. Als der Güterzug sein Hauptgleis für die Rückfahrt wechselte, kam der Sonderzug mit hoher Geschwindigkeit angefahren, da er „Freie Fahrt" hatte und fuhr in den Güterzug hinein. Drei Personenwagen wurden zertrümmert und fielen die Böschung hinab. 16 Menschen wurden getötet. Infolge der Dämmerung und der Kurve an dieser Stelle glaubte der junge Signalmann, daß der Güterzug bereits auf seinem Gleis stünde, und das Gleis für den Sonderzug frei sei.

Rednal (Großbritannien), Juni 1865

Die Verantwortung der Eisenbahner, die den Oberbau kontrollieren und ausbessern, ist besonders groß. Eine dauernde Beobachtung der Schienen, Laschen und Schwellen ist die Voraussetzung für einen sicheren Verkehr. Das gilt besonders für die sehr kalten und heißen Jahreszeiten, da starke Temperaturwechsel große Kräfte auf die Schienen und ihre Verbindungen ausüben. Arbeiten am Oberbau während des Verkehrs haben schon manchen ernsten Unfall ausgelöst, sei es durch zu schnelles Fahren über die Baustelle oder aber durch ungenügende Absicherung für die Züge, wie das früher häufiger vorgekommen ist.

Hier sollen zwei Unfälle aus dem Jahre 1865 an englischen Bahnen behandelt werden, die sich kurz hintereinander abgespielt haben. Der erste Unfall ereignete sich bei Rednal zwischen Chester und Shrewsbury, wo der Oberbau an einer Gefällestrecke ausgebessert werden sollte. Auf der Anhöhe etwa 1000 m von der Baustelle entfernt, hatte man zur Sicherung eine grüne Flagge an einem Pfahl angebracht. Eine Stunde nach Beginn der Arbeiten kam zur Mittagszeit ein Ausflugszug von Chester angefahren, der aus 32 Wagen und zwei Bremswagen bestand. Dieser lange Zug wurde von zwei Lokomotiven gezogen, einer 1 B Vorspannlok Nr. 5 mit Lokführer Anderton und als Zugmaschine einer ähnlichen Lok Nr. 72 mit Lokführer Evans. Als sich der Zug mit zunehmender Geschwindigkeit der Baustelle näherte, sah Lokführer Anderton die grüne Flagge nicht; er behauptete auch im Sterben nach dem Unfall noch, daß er sie wirklich nicht gesehen hatte.

Doch der zweite Lokführer hatte sie gesehen und durch einen kurzen Pfiff machte er Anderton darauf aufmerksam. Aber Anderton reagierte nicht und schloß den Dampfregulator nicht. Endlich sichtete Anderton die Arbeitskolonne und durch seinen schrillen Bremspfiff leitete er natürlich viel zu spät die Bremsung für den schweren Zug ein. Dieser überfuhr bremsend die Baustelle, wobei die Vorderachse der Vorspannlokomotive aus den Schienen sprang und über die Schwellen weiterrumpelte, bis die Maschine schließlich auf dem Bahnhof Rednal beim Überfahren von Weichen ganz aus der Spur kam und dabei umkippte. Die zweite Maschine hatte sich auf den Schienen gehalten, traf dann auf den Tender der ersten und schob ihn vor sich her. Durch die lebendige Kraft des schweren Zuges wurden die ersten vier Personenwagen vollkommen zerstört und elf weitere besonders stark beschädigt. Die Folge war, daß Anderton und der Heizer der zweiten Lok sowie elf Fahrgäste getötet wurden. 30 Fahrgäste erlitten schwere Verletzungen.

Colonel Rich, der die Untersuchung leitete, bemängelte sofort, daß ein solch schwerer Zug nur mit zwei Bremswagen ausgerüstet war. Außerdem hielt er die Absicherung der Baustelle durch eine Fahne für nicht ausreichend, mindestens hätten noch Knallkapseln zur Warnung ausgelegt werden müssen. Uns ist unverständlich, daß Evans von sich aus nicht sofort durch Bremspfiffe die Bremsung eingeleitet hatte, da er doch die

Fahne gesehen hatte und Anderton nicht sofort den Dampf abstellte.

Staplehurst (Großbritannien) 9. Juni 1865

Nur zwei Tage später erfolgte ein ebenso schweres Unglück bei Reparaturarbeiten auf einer stark befahrenen Strecke zwischen Folkstone und London. In der damaligen Zeit war es die Praxis, daß bei Streckenarbeiten am Oberbau der Vorarbeiter einzig und allein entschied, wann und wo die betreffenden Reparaturen auszuführen wären. Weder höhere Dienststellen noch die Lokführer erfuhren davon, die letzeren wurden lediglich durch Sicherungssignale wie Fahnen, Lampen oder Knallkapseln auf die Gefahrenstelle hingewiesen. Was der Vorarbeiter brauchte, war lediglich ein Fahrplan und eine genau gehende Uhr, und er konnte danach entscheiden, ob die Zeitdifferenz zwischen zwei fälligen und fahrplanmäßigen Zügen ausreichte, Schwellen auszuwechseln, Laschen zu lösen oder gar Schienen herauszunehmen und durch neue zu ersetzen. In fast allen Fällen war diese Art der Reparatur gut gegangen, zumal jene Eisenbahner lange genug solche Streckenarbeiten präzise ausgeführt hatten. Doch am 9. Juni 1865 führte eine derartige Ausbesserung am Oberbau zu einem folgenschweren Unglück bei Staplehurst, da mehrere unglückliche Umstände die Katastrophe unvermeidlich werden ließen.

Nahe diesem Ort überquert die Hauptstrecke von Folkstone den kleinen schmutzigen Fluß Beult über eine Brücke in niedriger Höhe, deren Pfeiler massiv und deren Träger noch aus Gußeisen waren. Die Schienen waren auf hölzernen Längsschwellen montiert, die ausgewechselt werden mußten. Es handelte sich um 32 solcher Balken von etwa sieben Meter Länge, von denen fast alle zwischen den einzelnen Zugfahrten durch neue ersetzt worden waren. Von Folkstone verkehrte nun ein Expresszug, der die vom europäischen Festland über den Kanal mit Dampfschiffen ankommenden Reisenden schnell nach London beförderte. Zu jener Zeit war der Hafen von Folkstone, in dem die Kanaldampfer landeten, noch sehr primitiv, was zur Folge hatte, daß je nach dem Stand von Ebbe und Flut die Anlandung zu verschiedenen Zeiten erfolgen mußte. Der die Fahrgäste aufnehmende Zug hatte also keine feste Abfahrtszeit, da sich diese täglich nach dem Wechsel von Ebbe und Flut richten mußte. Diesen von den Gezeiten abhängigen Zug nannten die Briten den „Tidal", der lange Zeit unter diesem Namen gefahren ist. Es wurde für ihn ein besonderer Fahrplan ausgearbeitet, der genau sagte, zu welcher Zeit an jedem Tag im Monat der Tidal fährt, und den alle Dienststellen wie Bahnhöfe, Stellwerke und natürlich die Vorarbeiter der Streckenarbeiter-Kolonnen bekamen.

John Benge, der Vorarbeiter solcher Arbeitskolonne, hatte mit seinem Zimmermann beschlossen, die letzen beiden Balken auf der Brücke über den Beult am Nachmittag zwischen 2.51 und 4.15 des 9. Juni auszuwechseln. Die Zeit zwischen diesen beiden Zügen würde nach ihrer Erfahrung vollkommen ohne jedes Risiko ausreichen, diese Arbeit auszuführen, denn sie hatten bereits viele solcher Brücken repariert. Doch an diesem schönen, sonnigen Nachmittag unterliefen dem erfahrenen Vormann zwei verhängnisvolle Fehler. Einmal hatte Benge für die Durchfahrt des Tidal den falschen Tag im Fahrplan genommen. Er glaubte nämlich, daß der Tidal an diesem Nachmittag nach fünf Uhr kommen würde, tatsächlich kam er aber schon nach drei Uhr. Das Schicksal wollte es außerdem, daß der Zimmermann, der ebenfalls einen solchen täglichen Fahrplan hatte und seinen Vormann auf diesen Ablesefehler hätte aufmerksam machen können, an diesem Tage seinen Plan auf den Schienen bei der Arbeit verloren hatte, der dann von einem vorbeifahrenden Zug zerfetzt wurde. Der zweite Kardinalfehler, der aber wohl mehr der übliche Schlamperei war, bestand darin, daß Benge seinen Flaggenmann zur Absicherung der Strecke nur etwa 500 m entfernt von der Brücke wider der Vorschrift aufgestellt hatte. Nach Betriebsvorschrift hätte er alle 250 m eine Fahne setzen müssen, so daß die erste Fahne 1000 m von der Baustelle entfernt gewesen wäre.

Als Benge mit seinen Arbeiten begann, konnte er von der Brücke deutlich das Signal auf „Freie Fahrt" stehen sehen. Damals, als man noch im offenen Block und Zeitintervall fuhr, zeigten die Signale immer „Freie Fahrt", sie zeigten nur dann „Halt", wenn gerade ein Zug vorbeigefahren war. Waren 10 - 15 Minuten nach der Durchfahrt verstrichen, stand das Signal wieder auf „Freie Fahrt". Man konnte also aus dieser Signalstellung niemals ersehen, wann der nächste Zug kommen würde. Heute und schon seit langer Zeit ist es umgekehrt. Das Signal steht immer auf „Halt" und wird nur kurze Zeit geöffnet, wenn ein Zug erwartet wird. Wenn man heute also auf freier Strecke ein Signal auf „Freie Fahrt" stehen sieht, dann weiß man, daß kurze Zeit später ein Zug kommt. Aber unser Vormann Benge konnte damals aus der Signalstellung „Freie Fahrt" nichts entnehmen und wußte also auch nicht, daß wenig später, als gerade die beiden Schienen herausgenommen worden waren, der Tidal mit großer Geschwindigkeit herangebraust kam. Wenn es auch lange her ist, so können wir es uns doch gut vorstellen, welches Entsetzen Benge und die Streckenarbeiter erfaßt haben mag.

chen „Haaresbreite und Beinahe" Unfällen muß es damals sehr viel gegeben haben, soviel vielleicht, wie heute in der Luftfahrt. Doch für den Tidal gab es kein Entrinnen mehr. Auf solch einer kurzen Strecke konnte ein Lokführer mit den schlechten Bremssystemen von damals einen Zug von 80 km/st Geschwindigkeit nicht mehr vor der Gefahrenquelle zum Stillstand bringen, zumal der Bremsschaffner das Signal des Flaggenmannes nicht gesehen hatte. Bis die Patentbremsen des Tidals richtig anzogen, war die Maschine bereits auf der Brücke und in wenigen Sekunden entstand vor den Augen der Streckenarbeiter eine entsetzliche Tragödie. Wider Erwarten sprangen die Lokomotive, der Tender und die nächsten beiden Wagen über die schienenlose Stelle, doch der furchtbare Stoß war für die Gußeisenträger zu viel und die Brücke brach zusammen. Die folgenden Wagen stürzten durch die Öffnung kopfüber in den schmutzigen Fluß, wobei sie zertrüm-

1 — Staplehurst, Juni 1865. Entgleisung wegen Bauarbeiten.

Der Lokführer des Tidal sah die Warnfahne in 500 m Entfernung und reagierte prompt; hätte sie in 1000 m Entfernung nach Vorschrift gestanden, wäre das folgende Unglück wahrscheinlich um Haaresbreite noch vermieden worden. Die Vermeidung von sol-

mert wurden. Zehn Fahrgäste waren sofort tot und 49 schwer verletzt.

Diesmal kamen die Reisenden in den ersten Personenwagen mit dem Schrecken davon, unter ihnen der berühmte englische Schriftsteller Charles Dickens, der gerade sein Manuskript „Our Mutual Friend" durcharbeitete. In einem Nachwort zu diesem Werk schilderte Dickens die schrecklichen Erlebnisse dieses Unglückes, und es wird behauptet, daß er sich niemals wieder von den Nachwirkungen erholt habe. Am 5. Jahrestag nach der Katastrophe starb im 85. Jahr dieser große Dichter Großbritanniens.

Abergele (Großbritannien)
August 1867

In dem schweren Eisenbahnunglück bei Abergele war der Irish Mail, ein bekannter Schnellzug, verwickelt, der von Chester nach Holyhead fährt, von wo aus eine wichtige Fährverbindung mit Irland besteht. Am Morgen des 20. August eilte der Irish Mail von Euston kommend nach Chester. Etwas früher traf dort ein Güterzug von Crewe ein, der dieselbe Strecke wie der Irish Mail weiterlaufen sollte. Der Güterzug verließ Abergele um 12.15 Uhr mit 26 leeren und 17 beladenen Waggons und erreichte die nächste Station Llandulas nach Überwindung einer starken Steigung zwischen 1 : 100 bis 1 : 147 um 12.24 Uhr. Hinter ihm kam der Irish Mail, der in Chester 11.47 Uhr mit etwas Verspätung abgefahren war und in Llandulas um 12.39 Uhr sein mußte. Der lange Güterzug sollte in Llandulas vom Schnellzug überholt werden. Es stellte sich aber heraus, daß für die Nebengleise der Güterzug zu lang war und deshalb geteilt werden mußte.

Der Stationsvorsteher in Llandulas ließ sieben Wagen und einen Bremswagen am Schluß auf dem Hauptgleis, das im Bahnhofsbereich ein Gefälle hatte, zunächst stehen. Diese sieben Wagen wurden von dem Bremswagen festgehalten, dessen Bremsen stark angezogen waren. Statt nun diese acht Wagen schnell vom Hauptgleis auf ein anderes Nebengleis zu rangieren, wurden erst noch drei Waggons, beladen mit Holz, von diesem Nebengleis geholt und an die acht Waggons auf dem Hauptgleis herangefahren. Da die Zeit wegen des herannahenden Schnellzuges drängte, wurde dieser Rangiervorgang so heftig vorgenommen, daß die drei Holzwaggons kräftig gegen die stehenden acht Wagen stießen. Dabei brach die Sicherung am Bremswagen und nunmehr ungebremst fuhren die acht Gü-

terwagen die Gefällestrecke abwärts in Richtung Abergele dem näherkommenden Schnellzug entgegen. Die „Ausreißer" waren nicht mehr aufzuhalten und kurze Zeit später waren sie aus dem Blickfeld der entsetzten Eisenbahner verschwunden.

Unterdessen fuhr der Irish Mai um 12.39 Uhr durch Abergele mit einer Geschwindigkeit von 65 km/st, und kurz dahinter sah Lokführer Thompson die ausgerissenen Güterwagen auf sich zukommen. Zuerst dachte er, sie führen auf dem anderen Hauptgleis. Doch dann sah er, daß dies nicht der Fall war, und er schrie schnell seinem Heizer zu: „Um Gottes willen spring, Joe, wir können nichts mehr tun." Thompson sprang darauf vom Führerstand seiner Maschine, aber Joe folgte ihm nicht. In dem nachfolgenden, heftigen Zusammenstoß hörte er noch die verzweifelten Schreie seines Heizers. Was nun geschah, war entsetzlich, obgleich der Zusammenstoß nicht allzu stark war. Die beiden letzten Güterwagen hinter dem Bremswagen hatten viele Fässer mit Paraffinöl geladen. Durch den Stoß fielen sie herunter, zerbrachen und das ganze Öl ergoß sich über den Tender und die nachfolgenden vier Personenwagen. An der Feuerbuchse entzündete sich das Öl und in den nächsten Sekunden waren die vier Personenwagen in ein Feuermeer eingehüllt. Für die Insassen gab es kein Entkommen mehr, alle 32 Passagiere verbrannten am lebendigen Leibe.

Die letzten neun Wagen blieben völlig unbeschädigt. Beherzte Männer brachten es fertig, diese Wagen abzuhängen, so daß sie dem Feuer nicht zum Opfer fielen. Der die Untersuchung leitende Colonel Rich glaubte dem Senior Bremser, daß er die Bremse seines Bremswagen in Llandulas festangezogen hatte, und er konnte anhand der in den verbrannten Trümmern gefundenen Bremsgestänge die Ursache für das Lösen finden. Die Presse kritisierte lautstark, daß die Türen der verbrannten Wagen wie üblich verschlossen waren und so die Fahrgäste nicht mehr fliehen konnten, wie dies bei dem schweren Unglück in Versailles der Fall war. Ob bei dem sich schnell ausbreitenden Feuer eine Flucht noch möglich war, weiß man natürlich nicht mit Sicherheit. Besonders heftig kritisierte Rich aber den Stationsvorsteher mit seinen falschen Rangieranordnungen und die Eisen-

2 — Abergele, August 1867. Ausgerissene Güterwagen fahren auf Express.

bahngesellschaft, daß sie den langsamen Güterzug vor dem Schnellzug fahrplanmäßig hatte fahren lassen. Schließlich verurteilte er auch den Lageplan der Eisenbahnanlagen von Llandulas, der niemals vom Board of Trade geprüft und genehmigt worden wäre.

Stairfoot (Großbritannien)
Dezember 1870

In den 70er Jahren des vorigen Jahrhunderts weist die englische Eisenbahngeschichte eine erschreckend hohe Zahl von schweren Unfällen auf, von denen einige hier näher beschrieben werden sollen. Auf der Manchester, Sheffield & Lincolnshire Eisenbahn ereignete sich am 12. Dezember 1870 ein ähnlich schweres Unglück wie bei Abergele, das auch durch ausgerissene Güterwagen auf einer Gefällestrecke verursacht wurde. In Barnslay wurde eine Rangierbewegung auf den Nebengleisen dieses Bahnhofs vorgenommen, der ebenfalls ein Gefälle von 1 : 119 hatte. Damit die auf einem Nebengleis stehenden zehn Wagen nicht wegliefen, hatten die Rangierer eine Stange durch die Speichen einer der

Wagen geschoben. Bei dem Rangieren wurden nun zwei Gastankwagen zu heftig gegen die zehn stehenden Wagen geschoben, um sie anzukuppeln. Doch das Anhängen mißlang dem Rangierer, da die Stange in den Speichen durch den harten Stoß gebrochen war, und die zwölf Waggons sich langsam in Bewegung setzten.. Ein Weichensteller versuchte, die Handbremse eines der langsam abwärts fahrenden Waggons anzuziehen, doch er rutschte aus und fiel hin. Alle weiteren Versuche der Eisenbahner, die Wagen zum Stehen zu bringen, mißlangen und so rollten dann die „Ausreißer" immer schneller werdend vom Nebengleis auf das Hauptgleis, das sogar ein Gefälle von 1 : 72 hatte, in Richtung Stairfoot. Auch die Signalmänner von den an der Strecke liegenden Stellwerke hatten keine Möglichkeit, über Weichen die Waggons von der Hauptstrecke runter zu bekommen. Sie mußten hilflos zusehen, wie die Wagen davonfuhren.

Mittlerweile stand der um 6.15 Uhr von Barnslay abgefahrene Personenzug zur Abfahrt fertig auf dem Bahnsteig Stairfoot. Durch den lauten Krach beim Überfahren einer eisernen Brücke in einer Entfernung von etwa 200 Meter wurde man auf dem Bahnsteig auf die mit 60 - 70 km/st Geschwindigkeit heranbrausende Wagengruppe aufmerksam. Kurze Zeit später trafen sie mit unerhörter Wucht auf den am Bahnsteig stehenden festgebremsten Zug auf und schlugen die letzten Personenwagen in Stücke. Der Lokführer stürzte zu Boden, und als er nach dem Aufstehen die Bremse lockerte, schoß seine Lok 30 m nach vorn durch die Kraft der zusammengedrückten Puffer. Der auf dem Bahnsteig stehende Schaffner und der Stationsvorsteher wurden niedergerissen und bewußtlos durch die Luft geschleudert, bis sie auf den Gleisen jenseits des Bahnsteiges liegend wieder zu sich kamen, ohne sonst verletzt zu sein. Aus den zersplitterten Wagen barg man 15 Tote und 59 Schwerverletzte.

Der die Untersuchung leitende Colonel Rich stellte dieselben Fehler wie bei Abergele fest. Die Rangierer hatten ihre Wagen auf den Nebengleisen zu wenig und zu provisorisch abgesichert und in den Bahnhofsanlagen von Barnslay fehlten die Sicherungsweichen mit dem toten Gleis, in die falsch fahrende Fahrzeuge abgelenkt werden können.

Wigan (Großbritannien), August 1873

Im viktorianischen Zeitalter machte der niedere Adel Englands mit Kindern, Dienstboten, Pferden, Wagen und viel Gepäck seinen jährlichen Sommerurlaub in Schottland. Sie fuhren zu diesem Zweck mit dem „Tourist Spezial" von Euston (London) und Kings Cross auf den westlichen oder östlichen Linien nach dem Norden. Dieser Zug vom 2. August 1873 bestand aus 25 Wagen der North Western und Caledonian Eisenbahn, darunter vielen besonders bestellten Familienwagen. Dieser lange Zug wurde von zwei Lokomotiven gezogen. Als er in den frühen Morgenstunden durch den Bahnhof Wigan auf der westlichen Route in der Nähe Liverpools fuhr, bemerkte der Lokführer kurze Zeit später, als er zufällig nach hinten schaute, ein Funkenregen am Ende des Zuges. Er stoppte vorsichtig seinen Zug und ging nach hinten, um zu sehen, was los war. Zu seinem Entsetzen stellte er fest, daß er nur noch 17 Wagen hatte, von denen die beiden letzten entgleist waren. Die Entgleisung hatte direkt an dem südlichen Ende des Inselbahnsteiges Wigans und zwar an der Eingangsweiche begonnen. Der vorletzte Wagen Nr. 16 war von zwei vornehmen Damen und der letzte Nr. 17 vom Zugführer besetzt, der halb betäubt war, da das viele aufgestapelte Gepäck wie eine Lawine über ihn gefallen war.

Das Bahnhofspersonal war von dem Krach der beiden entgleisten Wagen so erschrocken, daß es gar nichts davon gemerkt hatte, was sich am südlichen Ende des Bahnhofs ereignet hatte. Alle Wagen hinter dem siebzehnten waren an der Eingangsweiche entgleist und lagen zerstreut durcheinander, ein Teil von ihnen mit abgedeckten Dächern, einer mit Rädern nach oben. Ein anderer hatte eine Mauer durchschlagen und landete auf dem Dache einer Gießerei. Nur die beiden letzten Wagen waren unbeschädigt geblieben. 13 Fahrgäste wurden getötet und 30 schwer verletzt. Um 1.20 Uhr war das Unglück geschehen und um 2.53 Uhr setzte der vordere Teil des Zuges seine Reise nach Schottland fort.

Die öffentliche von Kapitän Tyler geleitete Untersuchung des Wigan Unglückes dauerte fünf Wochen, in deren Verlauf nicht weniger als 104 Zeugen vernommen worden waren. Die späteren Berichte bestätigten immer wieder, daß die Entgleisung an der Eingangsweiche unter dem fahrenden Zug begonnen hatte, doch ihre Prüfung ergab, daß die Weiche fest verriegelt war. Auch war sie kaum beschädigt, so daß nach dem Unfall Züge einwandfrei darüber fuhren. Auch die Fahrgäste sagten aus, daß auf der Reise von London die Geschwindigkeit des Zuges hoch gewesen sein muß, da die Wagen manchmal stark schwankten. Tyler konnte die wahre Ursache der Entgleisung nicht mit Sicherheit feststellen. Er meinte deshalb wie die meisten anderen, daß die Geschwindigkeit bei der Durchfahrt durch den Bahnhof von Wigan zu hoch war, möglicherweise wegen des Wettbewerbes zwischen den westlichen und östlichen Gesellschaften, die sich gegenseitig mit der Fahrzeit nach Schottland zu übertrumpfen suchten. Zur Zeit des Unfalles glaubte man, daß der Zug eine Geschwindigkeit von 60 - 70 km/st hatte. Doch alles war Spekulation, die Entgleisung in Wigan blieb ein Geheimnis.

Norvich (Thorpe) Großbritannien
September 1874

Dieser Unfall bezieht sich auf einen Frontalzusammenstoß auf einer eingleisigen Strecke zwischen Norvich und Yarmouth der Great Eastern Eisenbahn, die als erste im Lande durch einen elektrischen Telegraphen der Bauart Cook und Wheatstone überwacht wurde. Seit 1848 wurde der Verkehr auf dieser Linie über 26 Jahre ohne jeden Unfall durchgeführt. Man baute dann aber 1874 die Strecke zweigleisig zwischen Thorpe und East Norfolk aus. Für das fertig verlegte zweite Gleis fehlte nur noch die amtliche Zulassung durch das Handelsministerium. Das Schicksal wollte es aber nun, daß kurz vor Eröffnung des zweiten Gleises doch noch ein verhängnisvoller Zusammenstoß infolge menschlichen Versagens erfolgte.

Die Bewegung der Züge in dem eingleisigen Abschnitt wurde durch die telegraphischen Instrumente in Thorpe und Brundall, der nächsten Station östlich von Norvich kontrolliert. In Brundall bediente der Stationsvorsteher den Telegraphen persönlich, in Thorpe dagegen war für diese Arbeit ein junger Angestellter zur Unterstützung des Stationsinspektors engagiert. Normalerweise erfolgten die Kreuzungen immer an demselben Ort. Nur bei starken Verspätungen wurden in Thorpe andere Kreuzungen telegraphisch vereinbart. Der Stationsinspektor schrieb seine Instruktionen auf einen Block, die der Angestellte aber nur dann telegraphieren durfte, wenn die Meldung vom Inspektor unterschrieben war. Die empfangene Antwort von Brundall trug dieser dann in ein Berichtbuch ein und der Inspektor konnte entsprechend dem Lokführer eine schriftliche Anweisung zum Fahren geben.

So wurde der Verkehr seit Jahren ohne Risiko auf der eingleisigen Strecke gehandhabt, doch am Abend des 10. September 1874 begann eine Tragödie, die zu einer furchtbaren Katastrophe führte. Der 17 Uhr Express von London sollte normal um 20.40 Uhr den entgegenkommenden Postzug in Brundall kreuzen. Doch der Londoner Schnellzug hatte an diesem Abend Verspätung. Um 21.16 Uhr begann der Nachtinspektor Cooper seinen Dienst und holte sich seine Order für die Nacht vom Stationsvorsteher Sproule, wobei es die ersten Unklarheiten über die Kreuzung der beiden Züge zwischen Cooper und Sproule gab. Danach eilte Cooper zum Telegraphenbüro und schrieb auf einen Zettel, daß der Telegraphenangestellte Robson nach Brundall telegraphieren sollte, den dort wartenden Postzug nach Norvich abfahren zu lassen. Cooper hatte es aber eilig und unterschrieb seine Meldung nicht. Es war jetzt 21.22 Uhr und in diesem Moment fuhr der verspätete Schnellzug mit der Maschine 218 in Norvich ein. Der noch anwesende Taginspektor Parker stand bei der Maschine des Schnellzuges und wollte dem Lokführer die Order zum Weiterfahren geben. Doch in diesem Moment kam Cooper dazu, und Parker fragte ihn, ob er schon Order für den Postzug gegeben hätte. Und hier begann das Verhängnis an diesem Abend. Unerklärlicherweise antwortete Cooper mit Nein, obwohl er doch kurz vorher mündlich Robson die Anweisung gegeben hatte, den Postzug kommen zu lassen. Parker gab daraufhin um 21.30 Uhr dem Lokführer den Befehl zum Abfahren.

Mit diesem ersten unerklärlichen Fehler von Cooper machte gleichzeitig Robson den zweiten, der die Katastrophe perfekt machte. Der letztere hatte nämlich die Meldung von Cooper, den Postzug abfahren zu lassen, ohne seine Unterschrift nach Brundall weitergegeben. In diesem Augenblick, als der Schnellzug gerade den Bahnsteig verlassen hatte, kam Cooper zu Robson gelaufen und fragte, ob er den Postzug in Brundall auch hätte nicht abfahren lassen. Robson versuchte schnell seinen Fehler zu korrigieren und telegraphierte sofort nach Brundall mit der Aufforderung „Postzug nicht abfahren lassen." Kurz darauf kam die Antwort „Postzug hat Brundall bereits verlassen." Und was sich auf dem Bahnsteig und im Telegraphenbüro abspielte, wollen wir dem Leser nicht vorenthalten.

Nach der Unglücksbotschaft vom Telegraphen in Brundall legte Robson Cooper den Zettel Cooper mit dessen Meldung vor und forderte ihn auf, diese zu unterschreiben. „Nein", schrie der unglückliche Cooper, „ich gab Ihnen niemals diese Meldung, ich tat es nicht, ich tat es nicht." Warum, wenn Sie es nicht taten, kommen Sie jetzt zurück, sie zu widerrufen?" war die unwiderlegliche Antwort Robson's. In diesem

Augenblick kam der Fahrkartenknipser Hayden herein. „Was ist los?" fragte er und Cooper antwortete, „der Postzug ist unterwegs". „Um Gotteswillen," sagte Hayden, „das ist furchtbar." Der Stationsvorsteher hatte die erregten Stimmen gehört, da er vermutete, daß irgend etwas nicht in Ordnung war, kam er herein. Später bei der Untersuchung beschrieb er die Szene so. „Was ist mit dem Postzug?" Cooper stand am Fenster mit dem Rücken ihm zugewandt. Als er sich rumdrehte, war sein Gesicht weiß wie Kalk und er stand wie gelähmt da. „Ich habe Order für den Postzug gegeben," antwortete er. Beide Männer wußten, was dies zu bedeuten hatte. Sie meinten, daß in dieser dunklen und regnerischen Nacht die Sichtweite unter 250 m läge.

vorgekommen. Als Beispiel seien nur die deutschen Katastrophen in Radevormwald und Warngau genannt. Ein gleiches Entsetzen wird auch dort die Betriebsbeamten erfaßt haben, als sie erkennen mußten, daß zwei Züge aufeinander zufuhren und sie kein verfügbares Mittel besaßen, die Züge zum Stillstand zu bringen.

Während nun die kleine betroffene Gruppe von Eisenbahnern hilflos auf dem Bahnsteig stand, spielte sich die Tragödie in dunkler Nacht ab, in der beide Schnellzüge mit großer Eile gegeneinander zufuhren, ohne daß einer von ihnen allen, die in den Zügen fuhren, von der großen Gefahr wußten. Zwischen Yare Bridge und East Norfolk Junction trafen sie mit ungeheurer Wucht

3 — Norvich, September 1874. Zusammenstoß auf eingleisiger Strecke.

Zwei Züge fuhren jetzt aufeinander zu und keine Macht der Welt konnte sie noch retten. Der Stationsvorsteher war, wie er sagte, so abgespannt, daß er nicht mehr richtig wüßte, was sich danach ereignet hätte. Er suspendierte Cooper vom Dienst und setzte Hayden vertretungsweise an seine Stelle. Wie erinnerlich, sind ein Jahrhundert später solche Frontalzusammenstöße auf eingleisigen Strecken trotz verbesserter Brems- und Sicherungstechnik immer wieder

zusammen und in Norvich klang es wie ein Donnerschlag in der Ferne. Was beide Lokführer in diesen schrecklichen Sekunden erlebt haben mögen, bleibt ein Geheimnis, denn beide Lokführer und Heizer waren sofort tot. Man weiß nur, daß auf der Lok des Postzuges der Dampf abgestellt und die Bremse angezogen war. Insgesamt verloren 25 Menschen bei diesem tragischen Unfall ihr Leben und 73 wurden mehr oder weniger verletzt.

Nach der Untersuchung Kapitäns Tyler waren eindeutig der unglückliche Cooper und der 18jährige Robson schuld an der Katastrophe. Es ist dabei müßig zu fragen, wer von beiden die größere Schuld auf sich geladen hatte. Robson hatte Coopers Instruktion unmittelbar danach nach Brundall übermittelt und signiert mit A. Cooper, obwohl dieser die Meldung nie unterschrieben hatte. Die Methode für den eingleisigen Betriebsablauf war eigentlich gut, denn sie hatte damals einwandfrei 26 Jahre funktioniert. Im Grunde ist sie wohl heute 100 Jahre später kaum anders möglich und wird genau noch so gehandhabt, aber gegen menschliches Fehlverhalten ist bisher kein Mittel erfunden worden.

Shipton (Großbritannien) Dezember 1874

Wohl das größte Unglück bei der Great Western Eisenbahn ereignete sich am Heiligabend des Jahres 1874 bei Shipton. Wegen des Weihnachtsfestes war der Verkehr außerordentlich stark, so daß der aus 14 Personenwagen bestehende Zug von Peddington (London) nach Birkenhead übermäßig besetzt war. Er wurde von einer sieben Fuß einachsigen Maschine Nr. 478 gezogen und erhielt ab Oxford noch eine Vorspannmaschine gleichen Types Nr. 386. Um die vielen Fahrgäste in Oxford im Zug unterzubringen, wurde noch ein Wagen gleich hinter der Maschine angehängt. Der Zug war mit einer Kommunikationsleine von Harrison an der Wagenseite ausgerüstet, die aber wegen des eingesetzten Wagens etwas zu kurz war. Diese Leine konnte bei Gefahr von den Fahrgästen gezogen werden, wobei dann eine Glocke auf der Lokomotive anschlug. Dieses System zur Verständigung zwischen Fahrgästen und Lokomotive war Jahrzehnte bei vielen Bahnen auch den preußischen Staatsbahnen in Gebrauch. Der angehängte Wagen war ein uraltes zweiachsiges Modell aus dem Jahre 1855, das wohl aus Mangel an Personenwagen zur verkehrsreichen Weihnachtszeit verwendet wurde.

Nach Verlassen von Oxford erreichte der Zug bald mit einer Geschwindigkeit von 65 km/st die Station Woodstock. Kurz dahinter vor einer Brücke über den Oxford-Kanal brach ein Stück des Radreifens des alten Wagens wahrscheinlich wegen der eisigen Kälte heraus, wobei diese Achse entgleiste. Der Lokführer der Zugmaschine bemerkte schnell, daß irgend etwas am Zuge nicht in Ordnung war. Er schaute nach hinten und sah am Oberbau eine Fontäne von Schnee immer hochfliegen. Wenig später sah der Heizer auf der anderen Seite des Zuges einen Mann am Fenster eines Abteiles verzweifelt winken. Er bemerkte jetzt auch, daß der Klöppel der Alarmglocke sich bewegte aber die Glocke nicht zum Ertönen brachte. Der Zug war jetzt dicht an der Brücke und an dieser Stelle tat der Lokführer etwas zwar Verzeihliches, aber entschieden Verkehrtes. Er ließ nämlich sofort seine Dampfpfeife für die Bremser ertönen und bevor diese überhaupt reagieren konnten, gaben beide Lokführer Gegendampf und die beiden Heizer zogen kräftig ihre Spindelbremsen an.

Die Wirkung dieser falschen Maßnahme war furchtbar. Zuerst wurde der alte Wagen von dem nachdrückenden Zug zersplittert, die Kupplungen rissen dann, und neun der nachfolgenden Wagen purzelten durcheinander, wobei die Trümmer zu beiden Seiten des Eisenbahndammes herunterfielen. Nur drei Wagen blieben oben entgleist stehen. Die beiden Maschinen und die letzten beiden Wagen entgleisten nicht und blieben unbeschädigt. Aus den Trümmern holte man 34 Tote und 65 Schwerverletzte heraus. Angesichts dieser Katastrophe handelte die Zugmannschaft mit bemerkenswerter Geistesgegenwart, um weiteres Unheil abzuwenden, da die Strecke noch nicht geblockt war. Der Schlußschaffner lief mit zwei Fahrgästen rückwärts und erreichte die Station Woodstock, so daß der nachfolgende „Cheap" rechtzeitig gewarnt werden konnte. Vorn kuppelte man eine Maschine ab und fuhr mit ihr vorwärts nach Kidlington, um den Verkehr zu stoppen und die erste Hilfe zu mobilisieren.

Colonel Yolland, der die Untersuchung leitete, sparte nicht mit starker Kritik in seinem Bericht. Zuerst hatte er gefunden, daß die Radreifen des alten Wagens an vier Punkten auf der Radfelge angenietet waren, eine Konstuktion, die schon seit 1855 als gefährlich galt. Weiter bemängelte er, daß die Leine für die Kommunikation nicht einwandfrei funktioniert hatte. Dieses System, das von Harrison erfunden wurde, galt nach Meinung des Amtes seit 1873 nicht mehr als zuverlässig, vor allem bei Abteilwagen. Nur in Verbindung mit der durchgehenden Vakuumbremse ließ man die Harrisonleine noch zu. Im Jahre 1898 wurde sie endgültig abgeschafft. Weiter fand Yolland, daß die Bremskraft des Zuges mangelhaft war, das große Übel des vorigen Jahrhunderts. Die Lokführer hatten nach seiner Meinung die Bremsung des Zuges völlig falsch gehandhabt; hätten sie nur den Dampf abgestellt, wäre wahrscheinlich das Unglück nicht eingetreten. Er tadelte allerdings weniger die Lokführer, dafür mehr die Great Western Gesellschaft, die ihrer Zugmannschaft nicht genaue Verhaltensmaßnahmen in derartigen Notfällen gegeben hätte. Die Lehre aus diesem schrecklichen Unfall zu Weihnachten und aus der scharfen amtlichen Kritik hatte zur Folge, daß die Great Western neue Anweisungen und Betriebsvorschriften für die Bremsung von Zügen in solchen Notfällen herausgab.

Abbots Ripton (Großbritannien) Januar 1876

Am Freitagabend des 21. Januar 1876 tobte ein schrecklicher Schneesturm über das östliche und mittlere England. Der Schnee fiel in solch dicken Flocken, wie es vorher niemals beobachtet worden war. Da die Temperatur des Bodens niedriger war, als die Luft, fror der Schnee an und setzte sich bis zu fünf cm im Durchmesser auf die Telegraphen und Signaldrähte fest. Trotz dieses schlimmen Wetters lief der Eisenbahnverkehr bemerkenswert pünktlich.

Um 17.53 Uhr verließ ein Kohlenzug Peterborough in Richtung London, allerdings mit 18 Minuten Verspätung. Hinter ihm folgte in der gleichen Richtung der Expresszug „Flying Scotsman" um 18.18 Uhr. Nach diesem kam 15 Minuten später ein Expresszug von Manchester nach London. Etwa zur gleichen Zeit fuhr in der entgegengesetzten Richtung ein Expresszug von London (Kings Cross) nach Leeds, der in dem Raum um Abbots Ripton dem Flying Scotsman begegnen mußte. Wegen der Verspätung des Kohlenzuges ordnete man die Überholung dieses Zuges in Holme an, etwa zwölf km südlich von Peterborough. Was den Lokführer Bray mit seinem aus 37 Waggons bestehenden Zug veranlaßte, an Holme vorbeizufahren, ist nie ganz geklärt worden. Er behauptete aber, „Freie

Fahrt" gehabt zu haben. Die nächste Überholung war nun erst in Abbots Ripton nach weiteren elf km Entfernung möglich. Zwischen Peterborough und Huntingdon hatten nur die Stationen Holme und Abbots Ripton Nebengleise, und diese vier Stationen standen telegraphisch miteinander in Verbindung. Zwischen Holme und Abbots Ripton gab es aber noch zwei Blockposten, Connington und Woodwalton, und zwischen Abbots Ripton und Huntingdon den Blockposten Stuckeley. Die ersten beiden Blockposten hatten nur Signale, daß sie Züge stoppen oder durchfahren lassen konnten. Sie konnten also einen Zug anhalten, wenn sich noch ein Zug im nächsten Block aufhielt. Grundsätzlich war auch auf dieser Hauptstrecke das Offenblock-System, d.h. das Signal stand immer auf „Freie Fahrt", wenn nicht gerade vorher ein Zug durchgefahren war. Diese Signalmänner hatten die Aufgabe laut Betriebsvorschrift, bei Nebel, diesigem Wetter sowie Schneetreiben zusätzlich mit einer roten Handlampe das auf Rot stehende Signal zur besseren Sicherheit zu unterstützen.

Der Kohlenzug mit Lokführer Bray fand auf seiner langsamen Fahrt überall „weißes Licht" vor. Nachdem dieser Zug in Holme deshalb durchgefahren war, hatte der Signalmann von Holme den von Abbots Ripton mit Namen Johnson benachrichtigt, den Zug aufzuhalten und bei ihm zu shunten, da der Express „Scotsman" dicht hinter dem Kohlenzug war. Signalmann Johnson, der sein Signal auf Rot gestellt hatte, winkte außerdem mit seiner roten Lampe, als er den Kohlenzug kommen sah.

Lokführer Bray, der natürlich wußte, daß der „Scotsmann" hinter ihm war, sah die rote Handlampe Johnsons, obwohl sein Signal weiß zeigte. Es war seine Absicht, in Abbots Ripton auf jeden Fall zu halten, um dort auf's Nebengleis zu fahren. „Wo ist der Express?" war seine erste Frage an Johnson. Dieser rief ihm zu: „Schnell fahr auf's Nebengleis zurück, der Express ist bereits in Woodwalton — nur wenige km entfernt!"

Hier wäre zum besseren Verständnis einzufügen, daß die Gleisanlagen in der ersten Eisenbahnzeit noch Stückwerk waren und wenig durchdachte Planarbeiten zeigte. Viele kleine Unfälle vor allem an den Eingangsweichen bei zu hoher Geschwindigkeit veranlaßten die Eisenbahningenieure, den Einbau von solchen Eingangsweichen an Hauptstrecken zu vermeiden. Lieber nahm man das umständliche Shunten in Kauf. Wenn also ein Güterzug auf ein Nebengleis zwecks Überholung abgestellt werden mußte, wurde dieser erst vorgefahren und dann rückwärts in das Nebengleis hineingedrückt. So war es auch in Abbots Ripton. Der angehaltene Kohlenzug wurde rückwärts in das Nebengleis geschoben, ein Vorgang, der Zeit brauchte und der schließlich wegen Mangel an Zeit zur Kollision mit dem Express führte. Da der Signalmann Rose von Woodwalton unterlassen hatte, seine rote Lampe zu schwenken, fuhr der „Scotsman" an dieser Blockstation vorbei und raste kurze Zeit später in den gerade in das Nebengleis fahrenden Kohlenzug hinein. Dabei wurden die Maschine und die Personenwagen umgeworfen und die Trümmer versperrten zum Teil das andere Hauptgleis.

In diesem Moment des Zusammenstoßes näherten sich von beiden Seiten die anderen oben erwähnten Schnellzüge. Signalmann Rose, alarmiert dadurch, daß trotz Haltstellung seines Signales der „Scotsman" durchgefahren war, schwenkte jetzt seine rote Lampe, als er den Manchester Express herankommen sah. Der Lokführer sah die rote Lampe und es gelang ihm vor dem Signal von Abbots Ripton zum Stehen zu kommen. Der von London kommende Express nach Leeds hatte nicht soviel Glück, da der Signalmann Johnson wohl in der ersten Aufregung durch den eben erfolgten Zusammenstoß vergessen hatte, sofort die Blockstation von dem Unfall zu benachrichtigen. Er tat es kurze Zeit später und erhielt die Antwort, daß der Express gerade die Blockstation Stuckeley passiert hätte. Dafür war man aber in Abbots Ripton nicht untätig gewesen und versuchte alles, den Zug noch aufzuhalten. Der Heizer des Kohlenzuges war dem Express entgegengelaufen und konnte am Vorsignal eine Knallkapsel auslegen. Lokführer Bray war etwas später mit seiner Lokomotive und einem Schaffner, der eine rote Lampe schwenkte, entgegengefahren und gerade beim Aufsteigen des vorausgelaufenen Heizers kam der Express angefahren. Der Lokführer Wilson auf seiner acht foot single Maschine sah die

Notsignale und hörte die Knallkapsel. Er versuchte mit allen Mitteln seinen Zug auf den glitschigen Schienen zum Halten zu bringen. Seine beiden Bremser in den Bremswagen reagierten prompt und er selber gab Gegendampf. So konnte er beträchtlich seine Geschwindigkeit herabsetzen und fuhr mit etwa 20-25 km/st Geschwindigkeit in die Trümmer des „Scotsman" hinein. Insgesamt wurden 13 Personen getötet und 24 verletzt.

Die Board of Trade Untersuchung wurde von Captain Tyler geleitet. Er tadelte in seinem Bericht den Signalmann Rose von Blockstation Woodwalton, da er den „Scotsman" mit seiner roten Lampe nicht aufgehalten hätte. Diese rote Handlampe wäre nach Betriebsvorschrift eine zusätzliche Sicherung bei extrem schlechten Wetterbedingungen. Über die eigentliche Ursache gab es keinen Zweifel. Die Signalanlagen hatten bei dem Winterwetter versagt, da einige Arme in der „Freie Fahrt" Stellung mit weißem Licht eingefroren waren. Als Folge des Abbots Ripton Unfalles befaßte man sich mit der fundamentalen Änderung des bestehenden Signalsystemes, die darin bestand, die Dauerstellung der Signale nicht auf „Freie Fahrt" wie bisher, sondern auf „Halt" oder „Gefahr" einzurichten, da bei einem Anfrieren des Signalarmes ein falsches „Halt" besser wäre als ein falsches „Freie Fahrt". Ein Fehler würde also in diesem Falle auf der Seite der Sicherheit liegen. Und eine weitere Lehre zog man aus diesem Unglück. Man glaubte nicht mehr darauf verzichten zu können, weiterhin die Lokomotiven ohne Bremsen fahren zu lassen. Mitte der 70er Jahre baute man 1A1 Schnellzuglokomotiven mit einem riesigen Treibrad von 2,5 m Durchmesser. Die zuerst gebaute „acht foot single" Maschine Nr. 221 rüstete man im Juli 1876 mit einer Smith Vakuum Bremse aus, zwar eine schlechte Bremse, wie wir noch an weiteren Beispielen zeigen werden, die aber viel besser war als gar keine.

Die unfallreichen 70er Jahre endeten mit dem damals größten Unfall der britischen Eisenbahnen, dem Einsturz der Tay-Brücke in einer furchtbaren Orkannacht zu Weihnachten 1879.

4 — Die Fahrbahn einer hölzernen Brücke über die Ungh in Ungarn brach am 7. Dezember 1877 zusammen als ein Güterzug darüber fuhr. Dabei stürzte die Lokomotive mit dem Tender in das Flußbett. Infolge Bruches der Kupplung blieben die Güterwagen auf den Gleisen stehen.

Balta/Birsula, Januar 1876 (Rußland)

Mit zu den schwersten Eisenbahnunglücken im vorigen Jahrhundert gehört auch die Entgleisung eines Zuges zwischen den Bahnhöfen Balta und Birsula auf der Odessaer Bahn im Januar 1876. Die Bahn überschreitet dort eine tiefe Talschlucht nicht auf einer Brücke, sondern auf einem 30 m hohen Damm. Streckenarbeiter hatten auf diesem Damm Schienen ausgewechselt, da fahrplanmäßig ein Zug vorerst nicht erwartet wurde. Wider Erwarten verkehrte aber ein Zug eine Stunde früher, ohne daß darüber die Streckenarbeiter unterrichtet wurden. Der Zug entgleiste und stürzte mit sämtlichen 26 Wagen unglücklicherweise an der höchsten Stelle des Dammes in das Tal hinab. Kurze Zeit später brach in diesem gewaltigen Trümmerhaufen aus Holz und Eisen Feuer aus. Der Brand dauerte fünf Tage und war deshalb nicht zu löschen, weil an dieser Stelle ein 100 Meter langer Durchlaß von vier Meter Durchmesser war, der wie ein Kamin wirkte und das Feuer immer wieder anfachte.

75 Menschen fanden hierbei den Tod und 50 wurden verletzt. Immerhin konnten sich aber 300 Menschen retten. Sicherlich war die Strecke nur ungenügend gesichert worden. Wir erinnern uns, daß das Unglück bei Staplehurst in Südengland fast in gleicher Weise entstanden ist.

Tay-Bridge (Schottland), 1879

Zur größten europäischen Brückenkatastrophe kam es dann am 28. Dezember 1879, als in einer stürmischen Nacht Schottlands kühnstes Bauwerk, die Tay-Brücke bei Dundee einstürzte, während der letzte Abendzug die Brücke passierte. Kein anderer Eisenbahnunfall hat einen so tiefen und lange andauernden Eindruck auf die Öffentlichkeit in aller Welt gemacht wie dieser. Hier ist die Geschichte dieses tragischen Unglückes, bei dem alle 75 Insassen des Zuges ums Leben kamen.

Die beiden tief in das Land eingreifenden Meeresbuchten des Firth of Forth bei Edinburgh und des Firth of Tay bei Dundee mußten vor dem Bau der großen Brücken von der Eisenbahn noch umfahren werden, wenn man von Edinburgh nach Dundee oder Aberdeen reisen wollte. Kürzer, aber unbequemer war diese Reise, wenn man die Eisenbahnfähre über den Forth und den Tay benutzte. Natürlich waren längst Pläne für die Überbrückung dieser beiden Meeresbuchten vorhanden, aber die technischen Voraussetzungen fehlten noch. Das Riesenprojekt für eine Tay Brücke wurde schließlich 1870 spruchreif, da es dem Ingenieur Thomas Bouch gelungen war, den Plan nach vieljährigen und unermüdlichen Kämpfen im Parlament durchzusetzen, obwohl man in diesem Gremium kein gutes Gefühl für dieses Bauwerk hatte, was ein Abgeordneter später nach dem Unglück so ausdrückte: „Es war ein großes Experiment."

Für die Brücke hatte man 85 Pfeiler vorgesehen. Sie mußte so hoch sein, daß die Seeschiffe freie Durchfahrt bis Perth hatten. Die Tiefe des Tay am Ort der Brückenaufstellung betrug bei Niedrigwasser etwa fünf Meter und bei Hochwasser zehn Meter. Die Gründung der Pfeiler war so schwierig, daß die Brücke nicht nach drei Jahren, wie geplant, sondern erst nach sechs Jahren fertig wurde. Die Pläne mußten aufgrund der schwierigen Fundierungsverhältnisse geändert werden und in dieser Änderung lag von Anfang an der Keim zum späteren Unglück. Ursprünglich sollte die eingleisige oben etwa fünf Meter breite Brücke auf Steinpfeilern ruhen. Für die einzelnen verschieden breiten Öffnungen zwischen 20 bis 75 Metern hatte man Parallelfachwerkträger mit oben liegender Fahrbahn vorgesehen. Nur für die Durchfahrt der Seeschiffe wurden solche mit Spannweiten von 65-75 Meter Länge und untenliegender Fahrbahn eingebaut. Die Durchfahrtshöhe betrug an dieser Stelle der Brücke zwischen Hochwasser und Schienenoberkante etwa 27 Meter.

Eine Fahrt über diese Brücke, von der der Reisende praktisch nichts sah, hat sicherlich in manchem ängstlichen Gemüt Unbehagen hervorgerufen. Dafür bot sich den Fahrgästen ein herrliches Panorama nach beiden Seiten. Eine Entgleisung auf dieser Brücke bedeutete wahrscheinlich sicherer Tod, wenn Wagen umkippten und ins Wasser stürzten. Die Tay-Brücke war nicht gerade. Am nördlichen Ufer machte sie einen Bogen von 400 Meter Radius und lief mit der von Perth kommenden Bahn in den Bahnhof von Dundee ein. Um die erforderliche Höhe für die Durchfahrt zu erreichen, stieg die Brücke bis

5 — Die Tay-Brücke vom nördlichen Ufer (Dundee) aus gesehen.

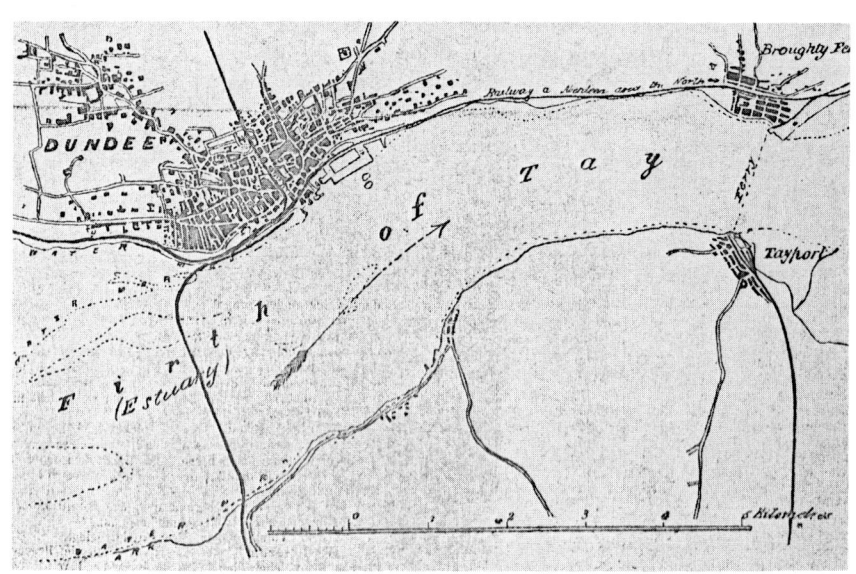

6 — Situations-Skizze

zu den Pfeilern 28-36 von dem südlichen Ufer her an und fiel dann im Verhältnis von 1 : 73 nach dem Nordufer ab. Die Brückenlänge betrug über Wasser 3,16 km und einschließlich der Viadukte auf dem Land 3,62 km. Sie war damals die größte Brücke der Welt.

Der Bau begann 1871 vom Südufer her. Zu diesem Zweck wurde an diesem Ufer ein großer Arbeitsplatz im mittleren Ebbespiegel für die Montage der Überbauten und Fundierungszylinder angelegt. Der Bau der Pfeiler 1-14 klappte ohne jegliche Schwie-

leichter werden, um die Bodenpressung nicht zu groß werden zu lassen. Dies wurde damit erreicht, daß die Pfeiler massiv nur bis zu einer Höhe von 1,5 Meter über Hochwasser aufgemauert wurden, und daß man auf diesen Sockel gußeiserne Säulenpfeiler bis zu einer Höhe von 25 Meter aufsetzte, die gut im Steinpfeiler verankert wurden. Diese Säulen bestanden im einzelnen aus gußeisernen Rohren mit fünf cm starken Flanschen an den Enden in einer Länge von 3,30 Meter. Die mit Löchern versehenen Flansche wurden abgedreht und dann die einzelnen Rohre auf-

7 — *Probefahrten auf der 1878 fertiggestellten Tay-Brücke.*

rigkeiten. Sie wurden bis oben mit Ziegelwerk aufgemauert, wie es planmäßig vorgesehen war. Bei Pfeiler 15 begannen die ersten Schwierigkeiten und zugleich auch der erste Unfall, wobei die eisernen Fundierungszylinder umkippten, da der felsige Untergrund an dieser Stelle stark abfiel. Im Flußbett trat nunmehr feiner Triebsand mit einer dünnen Schicht kieshaltigen Geschiebes auf. Aus diesem Grunde vergrößerte man den Abstand zwischen den Pfeilern auf 65-75 Meter. Damit wurden die Überbauten länger und schwerer und die Pfeiler mußten deshalb im Gewicht

einander gesetzt und verschraubt. Diese langen Säulen wurden schließlich mit Beton gefüllt.

Für die Pfeiler 15-53 wurden sechs solcher Säulen im Sechseck aufgestellt, im Steinpfeiler gut verankert und in einem Diagonalverband aus Flach- und Winkeleisen miteinander verbunden. Die Befestigung an den Säulen erfolgte mittels Ösen, die gleich mit angegossen wurden.

Der Durchmesser der Säulen betrug etwa 40 cm bei den Pfeilern 28-41 mit einer Wandstärke von 2,5 cm. Bei den übrigen Pfeilern lagen die Durchmesser zwischen 30-38 cm. Alle Säulen waren leicht nach innen geneigt, aber die Neigung war so gering, daß man sie nicht sehen konnte. Je drei der Säulen waren oben mit einer Kopfplatte verbunden, auf denen die Träger ruhten. Zwischen den Pfeilern 28-41 mit den weiten Öffnungen fuhr der Zug zwischen den 8,2 Meter hohen Trägern durch. Die Fahrbahn bestand aus eisernen Querträgern, die mit den senkrecht stehenden Fachwerkträgern vernietet und auf denen hölzerne Längsschwellen befestigt waren. Dieser Teil der etwa 30 Meter hohen Brücke zwischen den Pfeilern 28-41 war etwa 1000 Meter lang und man nannte sie die ,,High girders". Die Fachwerkträger für den übrigen und größeren Teil der Brücke waren wegen der kleineren Pfeilerabstände nur fünf Meter hoch und hatten einen Abstand von 2,83 Meter. Auf diesen lag nun die Fahrbahn, die aus hölzernen Querschwellen von 30/23 cm Stärke bestand, im Abstand von einem Meter auf den Trägern befestigt waren. Auf diesen Querschwellen wurden hölzerne Längsschwellen zur Befestigung der Schienenstühle für die Schienen und ein hölzerner Bodenbelag zum Begehen der Brücke angebracht. Die ganze, recht primitive Fahrbahn, bestand also aus Holz und man kann sich leicht vorstellen, was bei einem Ausbruch von Feuer oder bei einer Entgleisung auf der Brücke passieren würde.

Im September 1877 war die Brücke soweit fertig, daß der 1. Zug mit Direktoren, Unternehmern und Ingenieuren, zusammen etwa 600 Personen, unter großer Anteilnahme der Bevölkerung über die Brücke fahren konnte. Nach Abnahme der Brücke durch das Board of Trade erfolgte die Inbetriebnahme Mitte des Jahres 1878. Die Höchstgeschwindigkeit auf der Brücke sollte nicht mehr als 40 km/h betragen. Doch schon nach einer Betriebszeit von 19 Monaten wurde dieses stolze und imposante Bauwerk des Erbauers Sir Thomas Bouch in einem heftigen Orkan samt darüberfahrenden Personenzuges umgeworfen und in den brodelnden Tay gestürzt.

Am Sonntag des 28. Dezember 1879 begann in Schottland das Barometer zu fallen. Dabei machte sich ein starker Wind auf, der zuerst vom Süden mit zunehmender Geschwindigkeit blies. Um 3 Uhr nachmittags erreichte der Sturm eine Geschwindigkeit von 75 km/st, um 6 Uhr abends etwa 110 km/st und um 7 Uhr mehr als 130 km/st. Zwischen 7 und 8 Uhr schätzte man die Geschwindigkeit in den Böen auf mehr als 160 km/st. In Dundee und den Orten an den Ufern des Tay wurden die Ziegel von den Dächern gerissen, Schornsteine fielen massenweise um und zersplittertes Glas lag auf vielen Fensterscheiben überall auf den Straßen. Mit dem Sturm peitschte ein starker Regen über das ganze Land. Bäume wurden dabei entwurzelt und Äste flogen durch die Luft. Das Wasser im Tay wurde bis auf den Grund aufgewühlt und auf den hohen Wellen tanzten die Schaumkronen. Die große Brücke über den Tay zitterte und ächzte in ihren stelzenartigen Beinen unter der Wucht des furchtbaren Orkanes. Sie stand im Todeskampf mit den Elementen, ohne daß dies jemand ahnte. Die Leute am Tay liebten ihre Brücke und Abend für Abend gab es viele schaulustige Schotten, die das Fahren der Züge am Abend beobachteten. Auch in dieser stürmischen Regennacht standen viele Leute an den Fenstern ihrer Wohnung. Man erwartete voller Sorgen den letzten Zug von Burntisland und wollte ihn über die Brücke fahren sehen.

Sonntags herrschte wenig Verkehr auf den schottischen Eisenbahnen. Es fuhren deshalb nur wenige Züge. Jeden Sonntag verließ um 13.30 Uhr der Postzug Dundee und fuhr nach Burntisland. Da die Forthbrücke noch nicht stand, benutzten die Fahrgäste von hier die Fährdampfer auf die andere Seite nach Edinburgh. Um 17.20 Uhr fuhr der Postzug zurück nach Dundee. Dieser Zug wurde meist von dem Lokführer Mitchel gefahren. einem zuverlässigen Mann mit freundlichem Gesicht und Backenbart. Früher fuhr er die Züge von Tayport nach Burntisland und mit Inbetriebnahme der Brücke zog er mit seiner sechsköpfigen Familie nach Dundee. Sein Heizer war ein junger Mann von 24 Jahren, namens Marshall, der eng mit seinem Meister befreundet war und in dessen Familie ein- und ausging. Normalerweise benutzte man für diese Strecke eine kleine Drummond C-Tendermaschine. Da diese aber an jenem Sonntag in Reparatur war, fuhren die beiden Lokmänner eine hübsche 34 t schwere Reservemaschine vom Typ 2 B Nr. 224, die 1871 gebaut worden war und eine olivgrüne Farbe mit roten Linien hatte. Der Zug bestand aus fünf Personenwagen älterer Bauart, zwei- und dreiachsig und einem Bremswagen für das Gepäck, der am Schluß fuhr und in dem der bärtige und schweigsame Schaffner Macbeath saß. Der Zug hatte ein Gewicht von 114 t und eine Länge von 75 Meter.

Pünktlich um 17.20 Uhr fuhr der Zug in Burntisland bei tiefer Dunkelheit und starkem Südwestwind nach Dundee ab. Es waren nur wenige Passagiere von Edinburgh mit dem Fährschiff gekommen, dafür aber 46 Postsäcke. In den folgenden Stationen stiegen weitere Fahrgäste, Männer, Frauen und Kinder dazu, die meist alle nach Dundee wollten. Langsam füllte sich der Zug. Es war kurz vor 7 Uhr, als sich der Zug St. Fort, der letzten Station vor der Brücke, näherte. Der Regen schlug jetzt gegen die Fenster der Wagen und in den offenen Führerstand der Maschine hinein. Pünktlich fünf Minuten nach 7 Uhr traf der Zug in dieser kleinen ländlichen Station ein, wo von dem Bahnhofspersonal die Fahrkarten wie üblich eingesammelt wurden. Wenig später gab der Schaffner Macbeath das Abfahrtszeichen mit seiner grünen Lampe. 75 Menschen waren in dem Zug, als dieser langsam an dem südlichen Stellwerk der Brücke vorbeifuhr. Hier wartete der Signalwärter Barclay, der dem Heizer auf dem fahrenden Zug den Stab überreichte. Mit ungeheurer Wucht blies jetzt der Sturm über die Meeresbucht. Barclay hatte alle Mühe, sein Stellwerk wieder zu erreichen. Er überließ dem dort anwesenden Bahnbeamten Watt die vorgeschriebene Beobachtung des sich auf der Brücke entfernenden Zuges, dessen rote Schlußlampen deutlich zu sehen waren. Plötzlich sah Watt das rote Licht nicht mehr und machte Barclay darauf aufmerksam. Doch beide nahmen an, daß der Zug bereits die Kurve der Brücke erreicht hatte, so daß die roten Lampen nicht mehr gesehen werden konnten.

Ungeduldig warteten nun beide Männer auf das übliche Signal des Wärters am nördlichen Ende der Brücke, denn die normale Fahrzeit war mittlerweile verstrichen. Doch der Telegraph blieb stumm und Barclay bekam auf keine Verbindung mit der Station Tay Bridge in Dundee. Die beiden Beamten liefen trotz des schweren Sturmes zum Flußufer hinunter, um festzustellen, was mit dem Zug geschehen war. Als für

Augenblicke der Mond durch die dahinjagenden Wolken schien, sahen sie mit Entsetzen, daß ein Teil der Brücke verschwunden war. Genau das Stück mit den 13 hohen Pfeilern und Trägern mußte in den Fluß gestürzt sein.

Barclay lief nun nach Newport und erzählte jedem aufgeregt: „The Bridge is down." Ebenfalls rannte Watt nach St. Fort und der nächsten Station Leuchars (8 km), um allen mitzuteilen, daß die Brücke zum Teil zusammengebrochen wäre. Unterdessen wartete auf der Nordseite der Signalwärter Somerville, der bereits unruhig geworden war, weil der Zug nicht schon längst da war. Die ersten Leute kamen aus der Stadt an das Ufer, wo sie in kleinen Gruppen standen. Viele Fragen, viele Antworten, doch keiner wußte etwas Genaues. Der einzige Mann, der in jener Nacht gesehen hatte, was wirklich geschehen war, so behauptete er wenigstens, war der Wageninspektor der Caledonian Eisenbahn, namens Barron. Bei seinen Beobachtungen sah er zuerst den ersten hohen Träger ins Wasser fallen, dann schließlich alle 13 nacheinander.

Auf der Tay Bridge Station stand der Stationsvorsteher Smith auf dem Bahnsteig und starrte Richtung Brücke. Es war bereits 19.30 Uhr und die Signale standen noch auf Einfahrt. Dies bedeutete, daß der Zug in die Brücke eingefahren war, aber sie noch nicht verlassen hatte. Eine telegraphische Verbindung mit der Südseite der Brücke war nicht herzustellen. Smith ging nun zum Lokomotivvorsteher James Roberts. Dieser war aber schon zum Signalwärter Somerville gegangen, um die Signale zu prüfen. Kurze Zeit später kam Smith hinzu, und beide beschlossen, auf der Brücke entlang zu gehen, um sich Gewißheit über das Geschehene zu verschaffen. Der Wind war am Anfang ihres gefährlichen Unternehmens nicht allzu stark. Als sie aber die Kurve erreichten, blies der Sturm derartig heftig, daß sie sich schnell hinlegen mußten, um nicht weggeblasen zu werden. Smith sah nichts mehr, auch Roberts nicht mehr, nach dem er gerufen hatte. Der Mut verließ ihn nun verständlicherweise ganz und auf dem Bauche kroch Smith langsam wieder zum Stellwerk zurück.

Roberts war mutiger, er kroch auf allen vieren Meter um Meter weiter, mit dem Bauch immer dicht auf den Bohlen entlang. Er sah nichts vor sich und über sich. Bisweilen hielt er inne, um Atem zu schöpfen und neuen Mut zu sammeln. Wenn das Mondlicht kurz durch die Wolken brach, sah er den vom Sturm aufgepeitschten Fluß unter sich. Und dazu das schreckliche Zittern der Brücke. In seiner Jugend war er Seemann gewesen, und dies gab ihm den Mut weiterzukriechen. Als es wieder einmal hell wurde, sah er plötzlich, daß vor ihm nichts mehr war. Vor ihm tauchte eine große Öffnung wie ein Riesenschlund in der Brücke auf. Unter sich sah er zwölf große weiße Flecken von aufgewirbelten Schaum, den der wütende Fluß an den gebrochenen Pfeilern hochwarf. In weiter Ferne sah er ein einzelnes rotes Licht, und er hatte in diesem Augenblick die vage Hoffnung, daß dies der Zug war, der rechtzeitig gestoppt hatte, bevor er den Abgrund erreichte. Wasser stürzte aus dem gebrochenen Trinkwasserrohr vor ihm.

Roberts lag frierend einige Minuten, um noch einmal auf Mondlicht zu warten. Die gebogene Schiene neigte sich dicht an seinem Gesicht abwärts in den Fluß. Er fühlte in der Dunkelheit zersplittertes Holz und verbogenes Eisen. Es war klar, die Brücke war hier eingestürzt, das sah er mit eigenen Augen, aber wo war der Zug?. Lag er mit im Tay oder stand er auf der anderen Brückenhälfte, durch ein gütiges Geschick aufgehalten. Tief traurig drehte er sich jetzt auf seinem Bauch um und kroch mühsam den langen Weg zurück. Nach endloser Zeit kehrte er zum nördlichen Stellwerk zurück, wo bereits eine große Menschenmenge zorniger Männer sowie schreiender Frauen und Kinder auf ihn wartete. Der Hafenmeister Robertson wurde um 20 Uhr, als er aus dem Gottesdienst kam, ebenfalls von einer Menschenmenge umringt, wie eine solche die Bahnstation belagerte. Robertson ließ nun den Bürgermeister Brownlee zum Hafen kommen, wo viele aufgeregte Menschen auf sie warteten und forderten, ein Boot loszuschicken. Aber einen Dampfer konnte man nicht sofort zur Unglücksstelle fahren lassen, da gerade Ebbe herrschte und die Dampfer auf Grund saßen und keinen Dampf hatten. Es war jetzt 22 Uhr, es regnete und stürmte noch stark. Um diese Zeit kam das Fährschiff „Dundee" und legte an. Kapitän Methven war sofort bereit, zur Brücke zu fahren. Unterdessen warteten im geschlossenen Bahnhof und in der geschlossenen Telegraphenstation der Caledonian Eisenbahn die Bahnangestellten ängstlich, da der Mob in Panikstimmung zu kommen geriet.

Um 22.30 Uhr, also drei Stunden nach dem Fall der Brücke, fuhr endlich das Fährschiff zur Unglücksstätte. An Bord waren der Bürgermeister, der Stationsvorsteher, der Hafenmeister, Roberts und andere Herren des Fährdienstes sowie ein Arzt. Wegen der Ebbe mußte der Kapitän die gefährlichen Sandbänke auf der Nordseite des Flußes umfahren. Die vielen Menschen auf der Uferesplanade verfolgten schweigsam die Lichter des kleinen Fährschiffes, als dieses sich langsam an die Brücke heranarbeitete. Wenige Minuten nach 23 Uhr ankerte der Kapitän sein Schiff etwa 200 Meter von der eingestürzten Brücke entfernt. Sie sahen alle dasselbe, was Roberts auf seiner waghalsigen Tour viel früher gesehen hatte. Man verhielt sich vollständig still, um eventuell noch Hilferufe zu hören. Man rüstete nun ein Rettungsboot mit einer freiwilligen Besatzung aus, das direkt und vorsichtig um den eingestürzten Brückenteil herumfahren sollte. Doch weder Lebende noch Tote wurden entdeckt. Kurz nach Mitternacht kehrte die Dundee zurück. In der Nacht konnte nichts mehr getan werden.

Kein Mensch ging in dieser Nacht des Schreckens zu Bett. Die Menschen standen still und schauten traurig auf ihre Brücke. Die verstärkte Polizei hatte inzwischen den Hafen und die Bahnstation abgeriegelt, aber es war nicht mehr nötig einzugreifen, denn der Zorn der Menschen hatte sich längst in Kummer und Trauer verwandelt. Smith telegraphierte noch in der Nacht nach Edinburgh und unterrichtete die Eisenbahnverwaltung über das Geschehene. Ein Extrazug fuhr am frühen Morgen nach Dundee. Auch Thomas Bouch, wurde zu dieser Fahrt eingeladen. Er wurde in derselben Nacht von dem Fall seiner Brücke unterrichtet.

Schon bald nach dem Unglück suchten die Fachleute nach der Ursache des Einsturzes. War der Zug durch die starke Windpressung gekippt und hatte dabei die hohen Träger beschädigt? Dieser Version neigte Thomas Bouch mit seinen Mitarbeitern zu, da sie ihn von jeder Schuld freisprechen würde.

8 — *Die in einer Sturmnacht eingestürzte Brücke, als ein Personenzug darüber fuhr.*

9 — *Ansicht des eingestürzten Teils der Tay-Brücke.*

10 — *Die fast fertige Tay-Brücke kurz vor Eröffnung 1877; Blick vom Südufer nach Dundee.*

11 — *Die Tay-Brücke 1879 kurz nach dem Einsturz durch einen furchtbaren Orkan.*

12 — Das eingestürzte Teilstück der Tay-Brücke.

Hatten vielleicht die Pfeiler versagt oder die Überbauten, die durch den seitlichen Wind von den Pfeilern geworfen worden waren und diese mit sich in die Tiefe gerissen hatten. Schnellstens wurde vom zuständigen Ministerium eine Untersuchungskommission aus dem Vorsitzenden Mr. Rothery und den Beisitzern Colonel Yolland und Mr. Barlow gebildet. Sie prüfte zuerst das Wrack und nahm eine Zeugenvernehmung in Dundee vor. Nachdem alle Wrackteile fotographiert worden waren, wurde einem Unternehmer die Beseitigung der Trümmer übertragen, die jahrelang dauerte. Aus dem Schrott wurde neuer Stahl für den Lokomotivbau hergestellt.

Die ersten vernommenen Zeugen waren Passagiere, die täglich mit der Bahn über die Brücke gefahren waren. Übereinstimmend bezeugten sie, daß die Züge vom Süden nach Dundee vor allem die Lokalzüge zu schnell gefahren waren. Sie hatten die Fahrzeit mit der Uhr gemessen und dabei Geschwindigkeiten über den hohen Teil der eingestürzten Brücke bis zu 60 km/st ermittelt. Smith, der Stationsvorsteher von der Station Tay Bridge, bestätigte die Kla-gen von Fahrgästen, die sich über die manch-mal zu hohe Geschwindigkeit beschwert hatten und gab zu, seine Lokführer ermahnt zu haben, nicht zu schnell über die Brücke zu fahren. Dann wurden sämtliche Maler befragt, die dauernd mit Streicharbeiten beschäftigt waren. Sie bestätigten überein-stimmend die starken Horizontal- und Ver-tikalschwingungen besonders bei höherer Zuggeschwindigkeit und heftigeren Winden. Sie mußten deshalb ihre Farbzöpfe gut be-festigen, damit sie nicht in die Tiefe fielen.

Danach erfolgte die Befragung der Arbei-ter der Gießerei in Wormit, wo die Säulen gegossen worden waren. Sie bestätigten übereinstimmend, daß die Dicke der Säulen zum Teil sehr unterschiedlich zwischen 12-32 mm betragen hätte (Sollwert 25 mm), viele Lunker aufgetreten wären und die Ösen für die Befestigung der Verstrebungen manchmal schlecht angegossen wären, was durch eine miserable Nacharbeit vertuscht wurde. Alle diese Mängel waren dem Werk-meister bekannt. Eine werkseigene oder gar behördliche Bauaufsicht war nicht vorhan-den. Die Aussagen der Gußputzer waren besonders belastend. Sie hatten Säulen mit

13 — Die aus dem Tay geborgene Lokomotive 224, die nach ihrer Reparatur noch fast 40 Jahre im Dienst war. Die Lokführer nannten sie liebevoll "The Diver" (,,Der Taucher").

14 — Ein gehobener Träger mit einem Personenwagen des Unglückszuges.

Lunkern, Rissen und Fehlern an den Ösen gesehen, die zum Teil mit einer Mixtur aus Bienenwachs, Harz, Ruß und Bohrspänen im flüssigen Zustand nach dem Abdrehen der Flansche repariert und dann schnell gestrichen wurden. Man nannte diese Prozedur „Beaumontage". Nur der Werkmeister entschied allein in eigener Verantwortlichkeit, welche Säulen wieder zerschlagen und eingeschmolzen wurden. Die dauernd kontrollierenden Ingenieure wußten bei ihrer Befragung nichts von fehlerhaften Säulen wahrscheinlich hat man sie dauernd hinters Licht geführt — und ihre Prüfmethoden mit dem Hammer waren doch wohl sehr primitiv. Nach ihrer Aussage wurde jede 15. Säule etwa ausgeschieden und wieder eingeschmolzen.

Nach den Zeugenaussagen in Dundee tagte der Ausschluß mit Rechtsanwälten und Sachverständigen in London über Monate weiter. Die Verhandlungen endeten schließlich im Juli 1880 mit der Veröffentlichung von zwei Berichten der Untersuchungskommission. Wie kam es zu diesem merkwürdigen Ergebnis? Ein Bericht stammte von den beiden Beisitzern, der zweite vom Vorsitzer Rothery. Es müssen also schwerwiegende Gründe gewesen sein, wenn sich die dreiköpfige Kommission nicht zu einem einzigen Bericht entschließen konnte. Alle drei Mitglieder waren sich zwar einig über die Mängel, die sie in 14 Punkten aufgestellt hatten, aber sie hatten eine unterschiedliche Meinung in der Beurteilung der Schuldfrage. Yolland und Barlow waren nicht willens, die Schuldfrage zu stellen und die Schuldigen beim Namen zu nennen. Sie waren der Ansicht, daß mit der Feststellung der Einsturzursachen ihre Aufgabe erfüllt war.

Damit war nun Rothery nicht einverstanden, so daß er sich zu einem eigenen Bericht entschließen mußte, wenn die ganze Wahrheit gesagt werden sollte. Sein Urteil war vernichtend für den Erbauer der Brücke und lautete so: „Die Brücke ist schlecht konstruiert, schlecht gebaut und schlecht unterhalten." Aufgrund ihrer Konstruktionsfehler wäre ihr Zusammenbruch früher oder später gekommen und hierfür hätte in der Hauptsache ihr Erbauer Sir Thomas Bouch die volle Verantwortung zu tragen. Für ihn stünde fest, daß die Brücke allein durch den starken Sturm gefallen wäre und nicht durch Entgleisen und Kippen des Zuges, der den Träger auf der Leeseite beschädigt hätte."

Weiter beanstandete Rothery, daß die Baufirma Hopkins, Gilkes & Co. Unregelmäßigkeiten beim Guß der Säulen zugelassen und die Überwachung einzig und allein ihrem

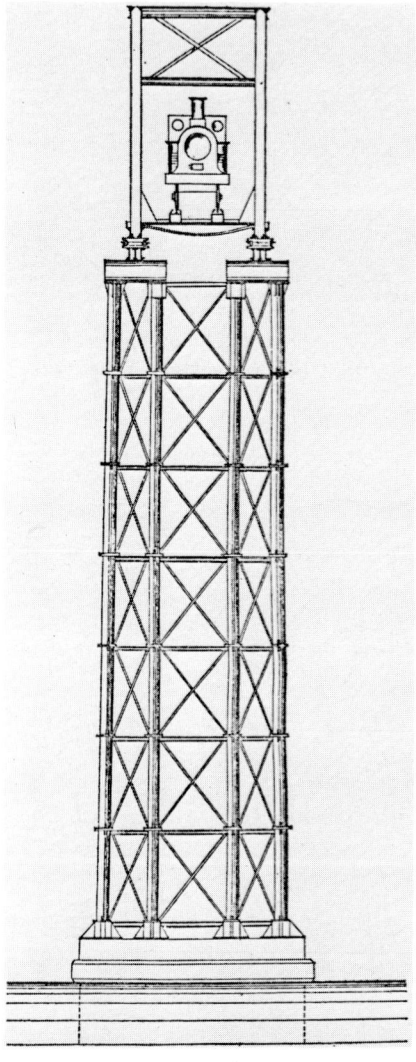

15 — Skizze eines Pfeilers der Tay-Brücke aus Gußeisen-Rohren.

Werkmeister überlassen hätte. Und das alles nur des Profites wegen, um mit einem geringeren Ausschuß davonzukommen. Auch die Eisenbahngesellschaft hielt er nicht frei von Schuld, da sie nichts dagegen unternommen hätte, die Geschwindigkeit auf der Brücke besser zu überwachen.

Im Gegensatz zu seinen Beisitzern hielt es Rothery für seine Pflicht, nicht nur die Ursachen der Katastrophe zu finden, sondern auch die Verantwortlichen beim Namen zu nennen. Rothery war ein mutiger, aufrichtiger und pflichtbewußter Mann, der es wagte, nicht nur die Wahrheit zu suchen, sondern auch deutlich zu sagen. Es ist deshalb nicht unwahrscheinlich, daß der Bericht Rotherys ein halbes Jahr nach dem Unglück nochmals viel Staub in der Welt aufgewirbelt hat.

Diese schwere Schuld nach den peinlichen Untersuchungen und Vernehmungen, vielleicht auch Gewissensbisse haben den Erbauer der Brücke zermürbt und sein altes Leiden verstärkt. Mit dem Fall seiner Brücke wurde der einst berühmte Sir Thomas Bouch verachtet, verfemt und angefeindet. In sich verschlossen, ohne Arbeit, war das Leben für ihn zwecklos geworden. Er starb am 1. November 1880, 58 Jahre alt, an einer Erkältung, der zu widerstehen er keine Kraft und keinen Willen mehr hatte. Dennoch bleibt es eine Tatsache, daß Bouch ein großer Ingenieur seiner Zeit war, der 300 Meilen Eisenbahnen in Schottland gebaut hat. Er war es, der schon in den 50er Jahren des vorigen Jahrhunderts die Überbrückung des Tay- und Forth Mündung für möglich gehalten und vorangetrieben hatte, was ihm aber anfangs nur ein Lächeln der Eisenbahndirektoren eingebracht hatte, die ihn für einen Träumer hielten. 20 Jahre später hatte Thomas Bouch mit dem Bau der Tay Brücke nach langen Kämpfen sein Ziel erreicht. Daß sein erstes Vorhaben schief ging, war nach menschlichem Ermessen nicht vorauszusehen.

Die Bergung der Lok 224 aus dem Tay war besonders schwierig. Sie gelang erst nach dem dritten Versuch. Die Maschine war so wenig beschädigt, daß sie auf ihren eigenen Rädern in die Werkstatt nach Cowlairs gefahren werden konnte. Nach ihrer Reparatur fuhr sie lange Zeit bis zum Jahre 1907 Expreßzüge an der Ostküste, aber über die zweite Tay Brücke fuhr sie kein Lokführer. Dieser Bann wurde erst am 28. Dezember 1908 gebrochen, dem 29. Jahrestag des Brückeneinsturzes, als sie ebenfalls an einem Sonntag abends den Postzug nach Dundee fuhr. Ihre Lokführer waren stolz auf sie und nannten sie liebevoll „The Diver" (Der Taucher). Im Jahre 1919 wurde sie nach einer fast sechzigjährigen Dienstzeit verschrottet.

Trotz des Unglückes war es den Engländern und besonders den Schotten klar, daß die Brücke über den Tay eine unbedingte Lebensnotwendigkeit war, die für das öffentliche Leben nicht mehr wegzudenken war. Nur wenige Leute prophezeiten im Winter 1880, daß in weniger als zehn Jarhen sowohl der Forth als auch der Tay mit zwei großen neuen Brücken überspannt sein würden. Doch die Atmospähre der Verzweiflung lebt im Menschen nur kurze Zeit. 1881 passierte die Gesetzesvorlage für die neue Tay Brücke das Parlament. Eine stärkere und zweigleisige Brücke sollte es werden. Neue Pfeiler ganz aus Stein wurden die alten gesetzt und da die Träger der alten Brücken als ausgezeichnet befunden wurden, setzte man sie nach Errichtung der Pfeiler auf die neue Brücke. Die alten Säulenpfeiler wurden entfernt und die Sockel stehen gelassen.

Die zweite Tay Brücke wurde am 11. Juli 1887 mit einer einfachen und stillen Zeremonie eröffnet. Die Eröffnung der Forth Brücken erfolgte am 4. März 1890. Beide Brücken haben bis heute allen schottischen Orkanen widerstanden. Die Baukosten der Tay Brücke betrugen etwa 14 Millionen Mark, also doppelt so viel wie die alte Brücke. Der Einsturz der Tay Brücke muß die Menschen in aller Welt damals sehr bewegt haben, und es fanden sich Dichter und Schriftsteller, die dieser Katastrophe in dichterischer Form ein Denk- und Mahnmal gesetzt haben. So hat Theodore Fontane, der zu dieser Zeit in Schottland weilte, wohl mit aller Deutlichkeit die menschliche Unzulänglichkeit in seiner Ballade „Die Brücke am Tay" zum Ausdruck gebracht. Sie endet mit dem bekannten Satz „Tand, Tand, ist das Gebilde von Menschenhand!"

Hugstetten bei Freiburg i.B. (Deutschland), September 1882

Das erste große Eisenbahnunglück in Deutschland ereignete sich am 3. September 1882 in Hugstetten bei Freiburg im Breisgau. Es wirbelte damals ebenfalls viel Staub auf. An diesem Tage hatte man einen Vergnügungszug zwischen Kolmar und Freiburg eingesetzt, der früh von Kolmar abfuhr und abends kurz nach 8 Uhr zurückfahren sollte. Der Zug war mit etwa 1200 Personen besetzt und wurde von der Generaldirektion in Straßburg gestellt. Er bestand aus 26 zweiachsigen elsaß-lothringischen Personenwagen und einem Güterwagen als Schutzwagen hinter der Lokomotive. Das Zugpersonal wurde von der badischen Eisenbahnverwaltung (außer zwei Schaffnern) zur Verfügung gestellt. Der Zug erhielt für die Rückfahrt zusätzlich einen Packwagen zum Schutz. In dieser Komposition liefen

Der Bahnkörper bestand aus kieshaltigem Boden und der Oberbau aus fast durchweg 102 mm hohen Schienen mit dem Gewicht von 26,6 kg pro lfd. Meter, die 7,5 m lang waren und auf neun kiefernen oder eichenen Schwellen befestigt waren. Auf dieser Strecke waren in Abständen von 1 bis 1,5 km fünf Bahnwärter verteilt, die die Übergänge bedienten und die Strecke überwachten.

Nach der Einfahrt des etwas verspäteten Personenzuges 287 fuhr der Sonderzug um 20.15 Uhr in Freiburg ab, dem dann eine Viertelstunde später der fahrplanmäßige Zug 288 folgen sollte. Da zur Abfahrtzeit um 20.30 Uhr immer noch keine telegraphische

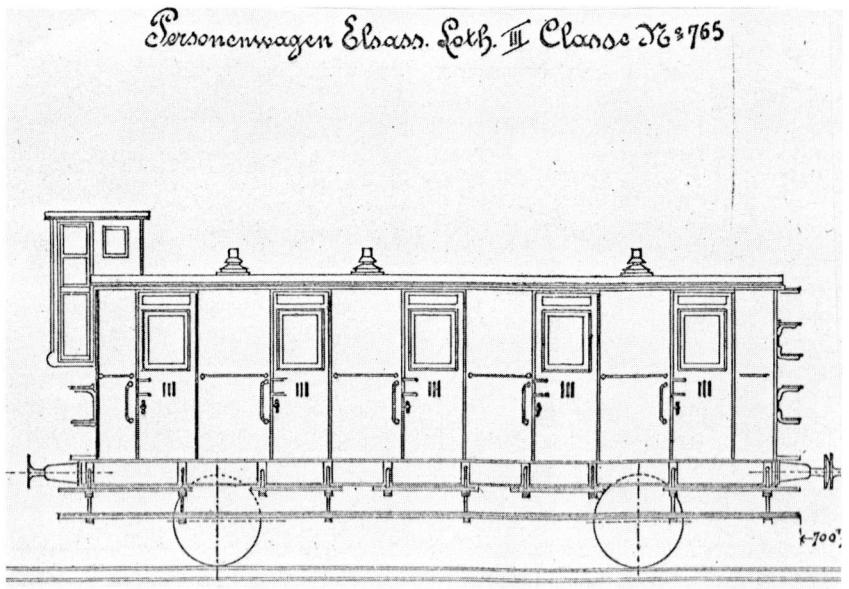

sieben mit Bremsen ausgestattete Wagen, so daß von den 56 Achsen 14 Achsen gebremst werden konnten. Diese Zahl gebremster Achsen hielt man für ausreichend auf der zum Teil starken Gefällestrecke.

Die Lok war eine dreiachsig gekuppelte Güterzugmaschine mit vor der Feuerbüchse liegenden Achsen und einem Dienstgewicht von 36 t, die einen zweiachsigen mit Bremse versehenen Tender von 18 t hatte. Die Bahnstrecke hatte ein starkes Gefälle von Freiburg nach dem 7,5 km entfernten Hugstetten, das in der ersten Hälfte etwa 1 : 85 und in der zweiten 1 : 111 bis 1 : 146 betrug.

Annahme dieses Zuges von Hugstetten erfolgt war, ließ man den fahrplanmäßigen Zug mit der schriftlichen Anweisung, vorsichtig zu fahren, in Freiburg abfahren. Doch schon bei Wärterhaus 4 wurde er vom Streckenwärter angehalten. Durch Glockensignale „Hilfsmaschine kommen" war man in Freiburg unterrichtet, daß dem Sonderzug ein Unfall zugestoßen sein mußte. Aber erst 22.10 Uhr, fast zwei Stunden nach dem Unfall, kam das erste Telegramm von Kolmar über Appenweier durch, das lautete „Nach Meldung Hugstetten Extrazug entgleist, Details fehlen." Um diese Zeit wurde wahrscheinlich erst der Alarm ausgelöst.

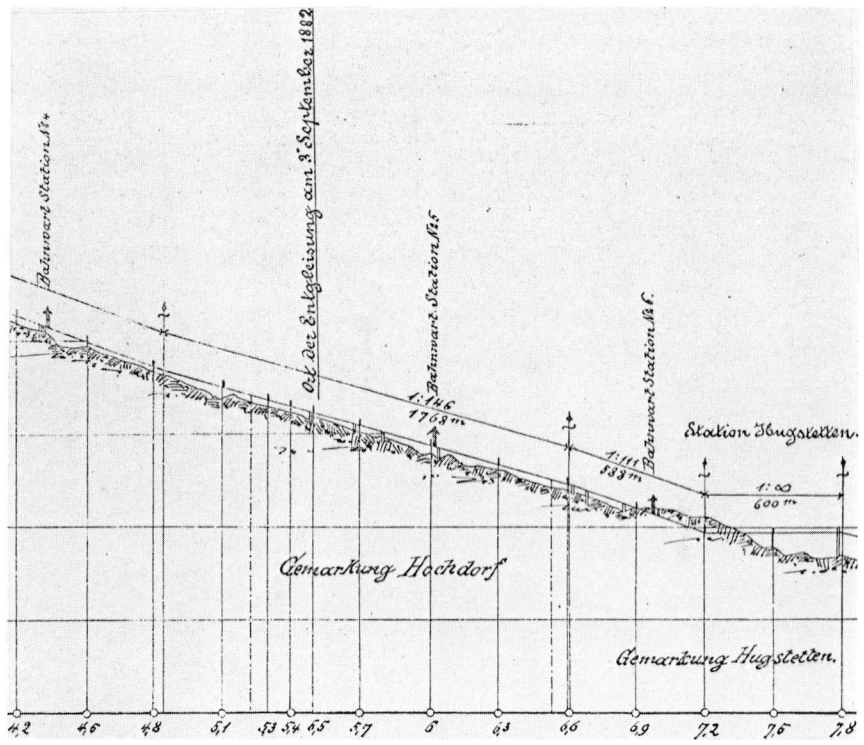

Was war nun zwischen 20.15 Uhr und 20.30 Uhr geschehen? Wie die Depesche besagte, war er bei km 5,5 dicht vor Hugstetten auf einer geraden Gefällstrecke von 1 : 146 scheinbar bei einer hohen Geschwindigkeit entgleist, wobei ein großer Teil des langen Wagenzuges völlig zertrümmert worden war. Die zuerst aus den Schienen gesprungene Lokomotive samt Tender lag in stehender Lage fast ohne jede Beschädigung neun m seitlich des Bahndammes im morastigen Wiesengrund. Noch 30 m über diesen Punkt hinaus war der vordere Teil des Zuges geschoben worden, wobei die Wagenkasten übereinander und ineinander stark zertrümmert wurden. Der hintere Teil des Zuges war nicht mehr so stark beschädigt, obwohl die Wagen zum Teil auch quer durcheinander lagen. Dabei waren nicht nur der Oberbau, sondern auch die Telegrafenmaste zerstört worden, was zur Folge hatte, daß keine telegraphische

Verbindung zwischen Hugstetten und Freiburg bestand. Von den 28 Personenwagen waren nur neun unbeschädigt und einige leicht beschädigt geblieben. Der 275 m lange Zug hatte an der Unfallstelle nur noch eine solche von 167 m. Die erste Untersuchung ergab, daß die Schienenverbiegung bereits 225 m vor der Unfallstelle begann. Bei km 5,4 zeigte sich dann die erste Spur von Rädern auf den Schwellen, und kurz dahinter fing die totale Zerstörung der Schwellen und Schienen an. Die Folge dieser Wagenzertrümmerung führte zu einer hohen Verlustzahl an Reisenden. 52 Menschen waren auf der Stelle tot; dazu kamen etwa 100 Schwerverletzte, von denen in den folgenden Tagen mindestens 20 starben. Vom Bahnpersonal kam keiner zu Tode.

Der Eisenbahnverwaltung war zum Vorwurf gemacht worden, daß sie eine für den Zug nicht geeignete Güterzuglokomotive einge-

18/19 — Hugstetten, September 1882. Entgleisung auf fallender Strecke durch zu hohe Geschwindigkeit.

42

setzt hätte. Doch diese konnte nachweisen, daß nach dem Bahnpolizeireglement für deutsche Eisenbahnen die Bestimmung galt, daß erstens Personenzüge mit Lokomotiven, deren sämtliche Achsen vor der Feuerbüchse liegen, nicht schneller als 45 km/st fahren dürfen, und zweitens, daß der Durchmesser der Treibräder bis zu 45 km/st Geschwindigkeit mindestens 1,2 m betragen müßte. Die eingesetzte Güterzuglok hatte einen Raddurchmesser von 1,525 m und die Geschwindigkeit des Sonderzuges war mit 40 km/st festgesetzt worden. Damit waren die polizeilichen Bestimmungen eingehalten worden. Nach Ansicht des Kommissars vom Reichseisenbahnamt, Oberregierungsrat Streckert, hatte der Sonderzug an der Unfallstelle eine weit höhere Geschwindigkeit, für die man die Eisenbahnverwaltung nicht verantwortlich machen konnte.

Nach der Katastrophe setzte in der nachfolgenden Zeit eine lebhafte Pressekampagne ein, in deren Verlauf neben wahren Berichten auch viele falsche oder übertriebene Nachrichten sowie Schmähungen aller Art in den deutschen Ländern verbreitet wurden. Den wahren Sachverhalt aus den vielen Artikeln der Zeitungen herauszufinden, wäre sicherlich schwer, wenn man nicht das Gutachten der Sachverständigen-Kommission zur Verfügung hätte. Über die Entgleisung war auch viel technischer Unsinn erzählt worden; besonders die eingesetzte Lokomotive hat vielen Laien Anlaß zu Angriffen gegen die Bahnverwaltung gegeben. Andere sprachen von einem Dammrutsch infolge des in der Unglücksnacht herrschenden Unwetters oder gar von faulen Schwellen und einem miserablen Oberbau. Auch die Chauvinisten mischten und hetzten mit, weil der Vergnügungszug nach Freiburg einem politischen Ziel diente (Sedanfeier). Am schlimmsten übertrumpfte aber die Redaktion des „Paris" alles Dagewesene. Man wollte wissen, ob die befahrene Strecke von Freiburg nach Kolmar nötigenfalls schwere Lasten ertragen könnte. Das Experiment hat vielen Leuten das Leben gekostet, aber man weiß nun, was man wissen wollte. Anlaß zu Klagen gab auch das langsame Anlaufen der Rettungsmaßnahmen, besonders aber das verspätete Eintreffen der ärztlichen Hilfe.

Den besten Einblick über Ursache und Ablauf des Unglückes erhält man aus dem Gutachten der Sachverständigen, das diese dem badischen Untersuchungsrichter vorgelegt hatten. Danach bestand der Extrazug, der am 3. September 1882 abends 8.15 Uhr Freiburg verließ, aus der dreiachsigen Güterzuglokomotive „Kniebis" Nr. 153 und 28 zweiachsigen Personenwagen (1-28). Die Wagen 1, 2, 8, 15, 20, 27, 28 waren mit Bremsen ausgerüstet. Außerdem hatte der Tender noch eine Spindelbremse, die vom Heizer bedient wurde. Die meisten Wagen gehörten den elsaß-lothringischen Eisenbahnen. Die Mannschaft des Zuges bestand aus Lokführer Schlatterer, Heizer Satter, Zugmeister Rupp, Hauptbremser Rummel, die Schaffner Martin und Treder der elsässischen Bahnverwaltung und die Schaffner Wild und Dengler der badischen Bahnverwaltung. Rupp hatte zu bedienen Bremswagen 1, Rummel Bremswagen 28, Martin Bremswagen 27, Treder Bremswagen 20, Wild Bremswagen 8 und Dengler Bremswagen 15. Für Bremswagen 2 fehlte der Bremser. Mit dieser Bremsmannschaft hätte man zuverlässig den Zug abbremsen und die festgesetzte Geschwindigkeit von 40 km/st einhalten können. Wie die Sachverständigen zum Teil aus den Trümmern ersehen konnten, sah die Praxis jedoch so aus: Martin und Treder waren völlig streckenunkundig, Wild und Dengler sammelten Fahrkarten ein und waren bis zum Eintritt der Entgleisung überhaupt nicht auf ihren Bremsplätzen. Der Zugmeister Rupp hatte seine Bremse in Wagen 1 so gut wie nicht angezogen und Rummel hatte den letzten Bremswagen nicht besetzt, sondern saß im vorletzten Bremswagen mit Martin zusammen, dem er sagte er solle seine Kurbel zwei- bis dreimal rumdrehen.

Beim Abfahren des Zuges in Freiburg waren auf der Gefällestrecke nur drei Bremsplätze besetzt, deren Bremsen nur wenig angezogen waren. Aus den Untersuchungen ergab sich also einwandfrei, daß der schwere Extrazug bis zur Katastrophe entweder gar nicht oder nur unbedeutend aber völlig unzureichend gebremst worden war, und infolgedessen eine große Geschwindigkeit annehmen mußte. Die Entgleisung begann ciwa 5,4 km von Freiburg entfernt in dem Augenblick, als der Heizer auf Veranlassung des scheinbar in Panik geratenen Lokführers die Tenderbremse stark anzog, wobei die Lok durch einen heftigen Stoß des schweren Zuges entgleiste, 40 m auf dem Bahndamm weiterfuhr, schließlich über den Graben sprang und 9 m abseits vom Bahnkörper in einem sumpfigen Wiesengelände landete, wo sie so gut wie unbeschädigt liegen blieb. Die Wagen fuhren auf der geraden Strecke noch ein Stück weiter, überschlugen sich und wurden zum Teil seitwärts herausgeworfen, wobei sie sich zu mächtigen Trümmerhaufen zusammenschoben.

Die Kommission untersuchte nun sorgfältig den Oberbau, die Schienen und die zertrümmerten wie ganz gebliebenen Wagen einschließlich der Maschine. Nach ihrer Überzeugung war das Unglück weder durch verbrecherische Handlung noch durch irgendeine Naturkatastrophe entstanden. Ursache war auch nicht eine mangelhafte Bahnanlage und Unterhaltung des Bahnkörpers noch der Bruch von Achsen, Rädern oder Radreifen, sondern einzig und allein eine nicht pflichtgemäße, den Betriebsvorschriften entsprechende Zugführung. Die hohe Geschwindigkeit, wie sie von vielen Fahrgästen beobachtet worden war, spielte bei dem Unglück die entscheidende Rolle. Nach theoretischen Überlegungen und praktischen Versuchen kam man zu dem Resultat, daß im Augenblick der Entgleisung die Geschwindigkeit des Zuges etwa 72 km/st betragen hätte. Die verwendete Lokomotive war ein Dreikuppler, deren Achsen zwischen Feuerbüchse und Rauchkammer lagen. Wegen des kleinen Radstandes und der schweren Massen vorn und hinten war die Maschine in ihrem Lauf nicht sehr stabil und neigte beim Fahren zu starken Schwankungen und Schwingungen.

Diese horizontal laufenden Schwingungen erzeugen nun Kräfte, die von den Schienen aufgefangen werden müssen. Sie sind im einzelnen wohl gering, werden aber gefährlich bei Häufung derselben. Die Kommission war der Ansicht, daß der Oberbau für die im Gefälle so schnell fahrenden Züge zu schwach war, denn man hatte festgestellt, daß alle Züge auf der Unglücksstrecke zu schnell fuhren und Geschwindigkeiten bis zu 65 km/st häufig vorgekommen sind. Am 5. Dezember 1877 waren die Schienen bei km 3 durch einen Personenzug so verschoben und verbogen worden, daß sie sofort ausgewechselt werden mußten. Nur um Haaresbreite kam es damals zu keiner Entgleisung. In den Jahren 1879 - 82 muß-

ten vielfach Laschen an dieser Stelle erneuert werden. Bei dem am 3. September 1882 entgleisten Zug wurden schon vor der eigentlichen Unglücksstelle verschobene und verbogene Schienen vorgefunden. Bei der Katastrophe hat der nicht gebremste, sehr schwere Zug von mehr als 300 t stark auf die Puffer des Tenders gedrückt. Als der Heizer die Tenderbremse auf Geheiß des Lokführers stark anzog, hat der Zug der bereits heftig in Schwingungen geratenen Maschine einen heftigen Stoß versetzt, der sie schließlich zur Entgleisung gebracht hat. Wäre der Zug zuerst gebremst und ein stärkeres Schienenprofil an dieser Stelle eingebaut worden, wäre es möglicherweise zu keiner Entgleisung gekommen.

Die Bahn von Freiburg nach Breisach war von untergeordneter Bedeutung. Sie war mit einem schwachen Oberbau und schwachen Schienen nur für geringe Geschwindigkeiten zugelassen. Die Ursache der Entgleisung war nach Ansicht der Kommission in einer zu hohen Geschwindigkeit und einer nicht geeigneten Lokomotive zu suchen. Es wäre sicher nie zu dem Unglück gekommen, wenn der Extrazug die vorgeschriebene Geschwindigkeit von 40-45 km/st eingehalten hätte. Die richtige Geschwindigkeit einzuhalten, war aber einzig und allein Sache der Zugmannschaft und ohne technische Schwierigkeit durchzuführen. Grobe Fahrlässigkeit war also die Ursache des Unglückes, nicht etwa eine ungeeignete Maschine, die durchaus dem damaligen Bahnpolizeireglement entsprach. Mit großer Wahrscheinlichkeit sind alle Regelzüge die schnurgerade Gefällestrecke so schnell gefahren, wobei man nur wenig oder gar nicht die Bremsen bediente. Immer war jede Fahrt ein Risiko gewesen und immer war es wieder gut gegangen. Für den schweren Sonderzug gab es kein Entrinnen mehr vor der längst fälligen Katastrophe, die leichtfertig von dem verantwortlichen Zugpersonal verschuldet worden war.

Kehren wir noch einmal zu jener Schreckensnacht vom 3. September zurück, in der über jenem Gebiet in den Abendstunden ein schweres Gewitter mit wolkenbruchartigen und langanhaltenden Regengüssen niedergegangen war. Die Tochter eines Bahnwärters oder aber die leicht verletzte Zugmeister Rupp brachten als erste die Kunde von dem Ereignis nach dem nahen Hugstetten. Von diesem Ort und dem Nachbardorf Hochdorf, wo man die Sturmglocke läutete, setzte die erste Hilfe ein. Mit Fackeln, Sturmlaternen und Pechkränzen sowie Fuhrwerken, Betten und Stroh eilten trotz schwerstem Regen die Anwohner dieser Orte herbei. Um 21 Uhr waren schon über 100 Helfer an der Unglücksstätte und schon um 22.30 Uhr soll kein Verwundeter mehr in den Trümmern gelegen haben. Erst später kamen die ersten Ärzte von Freiburg auf Kutschen an.

Und was geschah auf dem Freiburger Bahnhof? Erst um 21.20 Uhr kam das erste Alarmsignal vom Bahnwärterhaus 4 an.

dem Bahnhof ein, da sie ja erst nach 22 Uhr alarmiert worden waren. Sie wurden schnell mit Privatfuhrwerken an die Unfallstelle gefahren, weil ein Zug nicht zur Verfügung stand. Hilfszug und Kurszug, die beide vor dem Unglücksort standen, kehrten gegen 24 Uhr mit Leicht- und Schwerverletzten sowie unverletzten Passagieren zurück. Da der Bahnkörper von den Verunglückten zum Laufen nach Freiburg benutzt wurde, konnten die beiden Züge nur im Schrittempo fahren, um weiteres Unheil zu vermeiden. Nachtwächter Meier schritt dem ersten Zug mit einer Lampe voran. Um 23.30 Uhr erschienen die Ärzte am Ort des Unfalles. Zu diesem Zeitpunkt

Zeitgenössische Darstellungen des Zugunglücks bei Hugstetten

Bahnhofsvorsteher Ambros, den man natürlich erst holen mußte, beauftragte nach Alarmierung aller verfügbaren Eisenbahner den Werkmeister Meier, eine Maschine zur Verfügung zu stellen, doch er hatte keine. So nahm man die Lok des gerade eingetroffenen Güterzuges 508 und stellte den ersten Hilfszug aus zwei dritte Klasse Wagen und einem Hilfswagen mit Werkzeugen zusammen. Von der Schwere des Unglückes hatte man natürlich noch keine Ahnung. Dieser Zug fuhr mit Eisenbahnern aber ohne Ärzte um 22.16 Uhr vom Bahnhof ab. Unterdessen trafen dort die ersten unverletzten und leicht verwundeten Fahrgäste des verunglückten Zuges ein, ohne daß diese viel über die Katastrophe aussagen konnten. Gegen 23 Uhr trafen die ersten Ärzte auf

waren aber schon die meisten Verwundeten mit Notverbänden versehen.

In den Basler Nachrichten schrieb Prof. Courvoisier aus Basel, der an der Sitzung der Freiburger Ärzte und Behördenchefs teilgenommen hatte, daß alle Schwerverwundeten und alle Toten nach Freiburg gebracht worden wären. Es stimmt nicht, daß nach 24 Stunden noch Leichen unter den Trümmern gelegen hätten, und daß es 800 Tote und Verletzte gegeben hätte. Nach Freiburg wurden 50 Tote, 104 Schwerverletzte und 40-50 Leichtverletzte gebracht, so daß mit 200 Toten und Verletzten gerechnet werden müßte. Von den Schwerverletzten dürften im Laufe der folgenden Tage noch 20-30 gestorben sein.

45

21 — Die umgestürzten Wagen des Unglückszuges, der am 3. September 1882 bei Hugstetten entgleiste.

Nachdem der erste Hilfszug und der Kurszug gegen 24 Uhr nach Freiburg zurückgekehrt waren, fuhr alsbald ein zweiter Hilfszug mit Ärzten, Feuerwehrmännern, Werkzeugen und Fackeln zur Unglücksstätte. Warum die Hilfsmaßnahmen so spät einsetzten, ist unverständlich. Fast zwei Stunden lang war man in Freiburg im Ungewissen über das Schicksal des Extrazuges und das bei einer Entfernung von 5 km. Wenn auch die telegraphische Verbindung zwischen Hugstetten und Freiburg durch die Zerstörung der Telegraphenmaste unterbrochen war, so hätten die Glockensignale der Bahnwärter schon kurz nach der Entgleisung Freiburg unterrichten müssen. Die Strecke war viele Tage gesperrt, mit Omnibussen wurde der Verkehr aber bald wieder aufgenommen. Das Unglück bei Hugstetten war der erste schwere Eisenbahnunfall an deutschen Bahnen, es hat soviel Staub aufgewirbelt wie der Einsturz der Tay-Brücke in Schottland etwa drei Jahre früher.

Der Einsturz der Eisenbahn-Holzbrücke über die Drau bei Essegg (Osijek, Jugoslavien)

Schon immer waren die Pfeiler und Widerlager von Brücken durch Hochwasser gefährdet, da durch Auskolkungen bedrohliche Unterspülungen entstehen können und damit akute Einsturzgefahr besteht. Viele Brücken sind auf diese Weise zerstört worden, ohne daß es dabei zu einer Katastrophe gekommen ist, weil solche Brücken meist rechtzeitig für den Verkehr gesperrt wurden. Solche Auskolkungen muß man regelmäßig oder besonders bei Hochwasser beobachten und sie gegebenenfalls durch Steinaufschüttungen beseitigen.

Ein schweres Unglück durch Zusammenbruch einer Eisenbahnbrücke über die Drau ereignete sich bei der Überfahrt eines Personenzuges am 23. September 1882 bei Essegg. Die eingestürzte Holzbrücke war 1870 erbaut worden und sie war ein Jochbrücke von neun Öffnungen zu 30 Meter, die mit hölzernen Gitterträgern nach dem System Howe überspannt waren. Sie galt schon nach einigen Jahren nicht mehr ganz sicher, war aber vor dem Hochwasser von Fachleuten für befahrbar erklärt worden. Wegen der Unzuverlässigkeit der Brücke war am Anfang des Jahres 1882 mit dem Setzen von vier Steinpfeilern flußaufwärts von der alten begonnen worden, die mit eisernen Überbauten überbrückt werden sollten.

Im September dieses Jahres erfolgten gewaltige Wolkenbrüche in Kärnten und Tirol, die zu starken noch nie vorgekommenen

Hochwassern der Drau führten. Bei solch starker Wasserführung führt dieser Nebenfluß der Donau stets Strauchwerk, Stämme und ganze Bäume mit sich, die bis zu 1,5 m dick und 8-15 m lang sind. Die neue Eisenbahnbrücke sollte auf einem Gerüst montiert werden, das zu diesem Zweck bereits aufgeschlagen war und aus 9,6 m voneinander entfernten Pfahlreihen bestand. Durch diese engen Öffnungen mußte alles im Hochwasser der Drau schwimmende Strauch- und Baumwerk hindurchtreiben und 50 Arbeiter versuchten mit langen Feuerhaken die Öffnungen freizuhalten. In der Nacht konnte man aber bei starkem Regen die Stämme nicht mehr sehen, so daß sich viele Bäume schließlich vor dem Baugerüst stauten. Die Folge war, daß dieses Gerüst nachgab und dieses samt Stämmen gegen die dahinterliegende hölzerne Eisenbahnbrücke gedrückt wurde. Der Sektionsingenieur der Eisenbahn ließ daraufhin eine Lokomotive kommen, die Probebelastungen vornahm. Diese verliefen so, daß man den Zugverkehr bei langsamer Geschwindigkeit aufrecht erhalten konnte. Doch das Wasser stieg weiter und weiter und immer mehr Bäume schwammen im Wasser, die sich schließlich an der Holzbrücke festsetzten. Einen Tag später, am 23. September, fuhr der von Essegg kommende Personenzug um 2.10 Uhr nachmittags langsam über die Brücke, nachdem zuvor vier andere Züge darüber gefahren waren, ohne daß die Ingenieure und Arbeiter verdächtige Anzeichen bemerkt hätten. Die Lokomotive des Unglückszuges hatte etwa die Mitte der siebenten Öffnung erreicht, als das sechste Brückenjoch sich langsam umlegte, worauf sich die hölzernen Träger fast bis zum Wasserspiegel, also etwa 5 m tief, einsenkten und dann unmittelbar über den angrenzenden Jochen durchbrachen. Dabei kam das sechste und siebente Brückenfeld zum Einsturz und riß den über diesen befindlichen Zugteil in die Tiefe, der aus der Maschine mit Tender und sechs Güterwagen bestand. In den beiden letzten befanden sich Soldatenurlauber.

Das Zugpersonal und die in den zweiten Mannschaftswagen untergebrachten Soldaten konnten sich durch Schwimmen oder Festhalten an Wrackteilen retten, das gleiche galt auch für den leitenden Ingenieur, der beim Einsturz gerade auf diesem Teil der Brücke stand. Dagegen ertranken die 26 Soldaten in dem ersten Mannschaftswagen, da sie wahrscheinlich in dem Wagen eingesperrt waren. Es war ein großes Glück, daß nicht der ganze Zug in die hochgehenden Fluten der Drau stürzte, da der folgende Postwagen aus den Schienen sprang und dadurch die nachfolgenden Personenwagen auf der Brücke zum Stehen brachte. Die nachfolgende Untersuchung ergab, daß sich an dem siebenten Joch eine Auskolkung von 6 m Tiefe durch den Stau gebildet hatte und dieses dadurch nachgab. Jeden Monat hatte man die Joche auf Auskolkungen untersucht, nur während des Hochwassers hatte man dies unterlassen. Leider hat diese Unterlassung 26 Soldaten den Tod gebracht.

Steglitz-Berlin (Deutschland), September 1883

Wohl einer der eigenartigsten und leider auch schwersten Unfälle in der deutschen Eisenbahnzeit des vorigen Jahrhunderts geschah am 2. September 1883 in Steglitz, einem Vorort von Berlin. Zum besseren Verständnis für dieses Unglück soll zunächst auf die betrieblichen Gefahren für die Reisenden beim Überschreiten von Hauptgleisen hingewiesen werden. Bei zweigleisigem Verkehr muß stets dann das eine Hauptgleis zum Einsteigen überschritten werden, wenn der Zug auf dem hinteren Hauptgleis einfährt. Die Betriebsvorschriften müssen in diesem Falle sehr streng durchgeführt werden, wenn die Reisenden nicht durch den Gegenverkehr auf dem vorderen Hauptgleis gefährdet werden sollen. Entweder müssen dann die Züge des Gegenverkehres vor dem Einfahrtsignal angehalten werden, oder aber die Reisenden dürfen erst nach der Durchfahrt auf die Bahnsteige herausgelassen werden. Bei kleinen Bahnhöfen werden beide mögliche Fälle wohl bis heute noch so praktiziert. Bei größeren Bahnhöfen mußte man sich schon frühzeitig dazu entschließen, durch Personentunnel, weniger durch Überbrückungen, das Überschreiten der Hauptgleise zu unterbinden. Bei dem schnellen Aufbau des Eisenbahnnetzes im vorigen Jahrhundert kam man aber mit dem Bau solcher Tunnel nicht schnell genug mit und betrachtete ihren nachträglichen Einbau in der Priorität meist als zweitrangig.

So waren auch die Verhältnisse in dem Bahnhof Steglitz an der Berlin-Potsdam-

Magdeburger Eisenbahn im Jahre 1883. Aus dem Lageplan erkennt man, daß direkt am Bahnhofsgebäude ein großer Bahnsteig lag. An diesem führten zwei Nebengleise für den Lokalverkehr vorbei. Dann folgten die beiden Hauptgleise, das erstere für die Richtung Berlin — Potsdam und das zweite für die umgekehrte Richtung. Ganz außen lag der Bahnsteig für die nach Berlin fahrenden Züge und zwischen beiden Hauptgleisen ein schmaler Bahnsteig für die Züge nach Potsdam. Ein breiter mit Bohlen belegter Übergang führte über sämtliche vier Gleise, über den die Reisenden unter Überquerung der Hauptgleise zu den Bahnsteigen gelangten. Zwischen den beiden Nebengleisen und den beiden Hauptgleisen war ein starker Eichenholzzaun angebracht, der nur am Übergang mit vier Schiebebäumen geöffnet werden konnte. Diese wurden von Bahnbeamten bedient, wenn die Reisenden Zugang zu den Bahnsteigen der Hauptgleise erhielten. Diese Lösung für das Erreichen der Bahnsteige in Steglitz war also schlecht und geradezu gefährlich. Im gleichen Jahr hatte die preußische Regierung 400 000 Mark für die Umgestaltung des Bahnhofs mit einem großen Personentunnel vorgesehen, dessen Ausführung von dem Abgeordnetenhaus vorerst aber nicht genehmigt worden war.

Zehlendorf nach Berlin benutzen wollten. Um 9.50 Uhr war von Berlin der Curierzug, wie man damals noch zu den Schnellzügen sagte, nach Magdeburg und Köln abgegangen, der den Lokalzug normalerweise zwischen Berlin und Steglitz kreuzte. Unglücklicherweise hatte der Lokalzug aber fünf Minuten Verspätung, so daß die Kreuzung mit dem Schnellzug direkt in Steglitz stattfinden mußte. Die 800 Menschen auf dem Bahnsteig vor dem Bahnhof sollten bei geschlossener Barriere solange festgehalten werden, bis der Schnellzug durchgefahren war. An den Schiebebäumen stand der Bahnhofsvorsteher mit weißer Lampe und ein Bahnarbeiter mit roter Lampe, die die Reisenden auf die Durchfahrt des Schnellzuges aufmerksam machten und dauernd vor Übersteigen des Holzzaunes warnten.

Als der Schnellzug herankam, fuhr langsam der verspätete Lokalzug ein und die Menschenmassen gebärdeten sich in diesem Augenblick wie toll und völlig undiszipliniert. Viele übersprangen den Zaun und die Schiebebäume und rissen dabei die beiden Bahnbeamten um, die noch versucht hatten, mit ihren Lampen den Schnellzug zum Stehen zu bringen. Der Lokführer, der das Unheil sah, konnte natürlich seinen schnell-

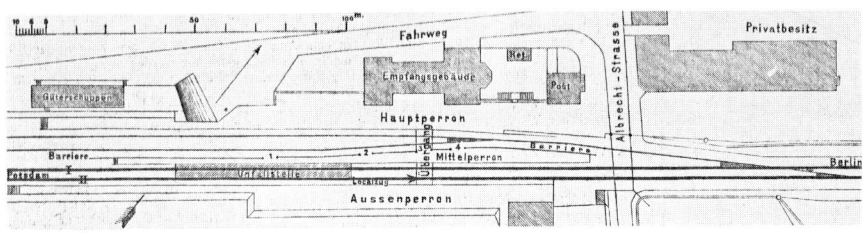

22 — *Steglitz, September 1883. Lageplan des alten Bahnhofs.*

Kehren wir nun zu den Geschehnissen am 2. September 1883 zurück. Es war ein herrlicher Sonntag, an dem die Berliner mit der Eisenbahn in ihre schöne Umgebung fuhren. Doch gegen Abend wurde das Wetter unsicher und so strömten die Sonntagsfahrer schon frühzeitig zu den Bahnhöfen, um mit den meist überfüllten Zügen heimzufahren. Auf dem Bahnhof Steglitz hatten sich seit 7 Uhr abends bis gegen 10 Uhr an die 800 Personen aus dem nahen Grunewald eingefunden, die den Lokalzug 9.51 Uhr von

fahrenden Zug nicht mehr zum Halten bringen und raste in die sich gerade auf den Schienen befindlichen Menschenleiber hinein. Der Tod hatte innerhalb drei Sekunden reichliche Ernte gehalten. Auf dem Mittelbahnsteig und zum Teil unter dem Lokalzug lagen viele Tote, insgesamt 15 Männer, 17 Frauen, fünf Kinder und einige Schwerverletzte, die kurze Zeit später starben. Der Schnellzug kam am Ende des Bahnhofs zum Stehen, er zeigte kaum Spuren des grausigen Massakers, so daß er gleich weiterfuhr und mit 13 Minuten Verspätung in Potsdam eintraf.

Die meisten der Betroffenen waren von den Trittbrettern der Wagen tödlich verletzt worden. Die Gesamtlänge der Unfallstrecke betrug 65 m. Nachdem die Toten fortgeschafft waren, setzte der Lokalzug mit 15 Minuten Verspätung seine Fahrt nach Berlin fort. Zweifellos lag bei diesem tragischen Unfall kein Verschulden der Bahnbediensteten vor. Schuld allein war wohl die unbesonnene und undisziplinierte Haltung eines Teiles der Reisenden, die in einem ungestümen Drang nach einem Platz im Lokalzug die Gefahr mißachteten und schließlich darin umkamen. Die Steglitzer Katastrophe war ein Beweis dafür, wie wichtig für das gefahrlose Erreichen der Bahnsteige der Bau von Personentunnels geworden war. Sicher wird seit jenem Zeitpunkt die Errichtung solcher Anlagen überall im Vordergrund gestanden haben.

Peninstone (Großbritannien) Juli 1884

In einem früheren Kapitel war bereits darauf hingewiesen worden, daß bei der Entwicklung der Bremseinrichtungen England eigene Wege gegangen war, da es sich, von einigen nordischen Eisenbahngesellschaften abgesehen, nicht entschließen konnte, die automatische Druckluftbremse von Westinghouse auf seinen Bahnen einzuführen. Das Board of Trade war gegenüber den mächtigen Eisenbahndirektoren und Ingenieuren machtlos, seinen Willen bezüglich automatischen durchgehenden Bremsen durchzusetzen, da die gesetzlichen Mittel fehlten. Die meisten Gesellschaften zogen es vor, die einfache und billigere Smith'sche Vakuumbremse in ihrem Betrieb einzuführen, die nicht als automatisch anzusehen war. Das Prinzip der alten einfachen Smith-Bremse bestand darin, die Bremsen durch einen Unterdruck im Bremszylinder an die Räder zu drücken. Das Vakuum wurde von einer Dampfvakuumpumpe auf der Maschine erzeugt und bei Einleitung einer Bremsung mußte Luft aus der Bremseinrichtung herausgesaugt werden, wobei die Bremsklötze auf die Räder drückten. Das Gefährliche dieses Bremssystemes war, daß beim Zerstören oder Zerreißen der Bremsleitung, sowie beim absichtlichen Öffnen der Ventile die Bremsung sofort unwirksam wurde. Später hat man diese einfache Smithbremse zu einem automatischen Bremstyp entwickelt, indem man den umgekehrten Weg wie bei der automatischen Westinghouse-Bremse gegangen ist. In diesem Fall hielt das Vakuum die Bremsklötze von den Rädern ab und die Bremsung erfolgte dann, wenn man Luft in die Vakuumleitung einströmen ließ. Wurde die Leitung aus irgendeinem Grunde undicht oder strömte Luft durch Zerreißen ein, traten die Bremsen in Tätigkeit. Die Lokomotive hatte für diesen Bremstyp eine kleine und eine große Dampfvakuumpumpe, die einen Unterdruck erzeugten. Die kleine Pumpe mußte immer laufen, um das Vakuum wegen der Undichtigkeit der Leitungen aufrecht zu erhalten.

Die große Pumpe sorgte für ein schnelles Lösen der Bremsen, wenn die Bremsung aufgehoben werden sollte. Beide Bremsarten hat man auf bestimmten Lokomotiven eingebaut, so daß man durch eine einfache Umschaltung sowohl Züge mit der einfachen Smith-Bremse als auch solche mit der automatischen Vakuumbremse bremsen konnte. Diese Umschaltung auf der Lok war aber wohl nicht ganz narrensicher, da eine Reihe kleinerer Unfälle darauf zurückzuführen war. Die alte einfache Smith'sche Vakuumbremse hat während der Zeit ihrer Anwendung in den 70er und 80er Jahren des vorigen Jahrhunderts neben einigen Beinahe-Unfällen einige schwere Katastrophen verursacht, von denen einige wie die von Peninstone, Hexthorpe und Armagh hier näher beschrieben werden sollen.

Am 16. Juli 1884 fuhr um 12.40 Uhr der unter dem Namen „Boat Train" bekannte Schnellzug von Manchester nach den Grimsby Docks an der Ostküste Englands, wo eine Dampferverbindung nach Hamburg und Rotterdam bestand. Diese Linie wurde von der Manchester, Sheffield und Lincolnshire Railway betrieben (MSL), deren rollendes Material mit der einfachen Smithbremse ausgerüstet war. Als an jenem Tage der Zug durch die große Kurve bei Bullhouse in der Nähe Peninstone fuhr, bemerkte der Lokführer plötzlich eine unregelmäßige Bewegung seiner Lok und stellte kurze Zeit später fest, daß die Kurbelachse seiner Maschine gebrochen war. Der damit verbundene Stoß zerriß die Luftleitung zwischen dem Tender und dem ersten Wagen, so daß der Zug keine Bremskraft mehr hatte. Während die Maschine mit Tender fast unversehrt auf den Schienen blieb, stürzte der ganze Zug die hohe Böschung herab und wurde dabei vollständig zertrümmert. Insgesamt wurden 24 Menschen getötet und 60 schwer verletzt.

Major Marindin war nach der Untersuchung der festen Überzeugung, daß das Unglück, ausgelöst zweifellos durch den Bruch der Kurbelachse, nicht so schwer ausgefallen wäre, wenn eine automatische Bremse vorhanden gewesen wäre, die sofort nach der Zerstörung der Luftleitung die Bremsung ausgelöst hätte. Er erinnerte die MSL nach diesem zweiten Unfall daran, wie wichtig die Einführung automatischer Bremsen für ihren Betrieb wäre. Trotz dieses Unfalles soll einer der bekannten und großen Eisenbahndirektoren jener Gesellschaft gesagt haben, er würde ein gelegentliches „Peninstone" vorziehen, als von der Regierung gezwungen zu werden, das zu tun, was er nicht wolle!

Brückeneinstürze in Amerika

Zusammenbrüche von hölzernen und eisernen Eisenbahnbrücken häufig mit schweren Verlusten waren in Amerika des vorigen Jahrhunderts an der Tagesordnung. Das ist nicht übertrieben, wenn man sich die Statistik der Brückeneinstürze in den Jahren 1878-1895 ansieht. In den Jahren 1878-1887 brachen nach einer Zusammenstellung des Brückeningenieures F. Stowell vom Eisenbahnausschuß des Staates New York insgesamt 251 Fachwerkbrücken zusammen, wobei die Gerüstbrücken (trestle bridge) nicht einmal mitgezählt wurden. In jedem Monat stürzten also zwei Brücken unter Einwirkung einer direkten Zugbelastung zusammen. Von diesen 251 Einstürzen waren 57 die Folge von Entgleisungen oder Achsbrüchen, 30 waren reine Zusammenbrüche, fünf entstanden beim Schienenauswechseln, und die Ursache für die anderen konnte nicht einwandfrei geklärt werden.

Von 1888-1895 waren nach der Zusammenstellung der „Railroad Gazette" ebenfalls 251 Brückeneinstürze, allerdings einschließlich der Gerüstbrücken zu verzeichnen (also drei Brücken pro Monat). Diese auffallend große Zahl von Einstürzen wurde zum Teil auf die in Amerika immer wieder angewandte gelenkartige Ausbildung der Knotenpunkte und auf die Verwendung von Gußeisen und Schweißeisen im damaligen Brückenbau zurückgeführt, eine Bauart, die in Europa nicht üblich war. In diesem Kontinent wurden die Brücken grundsätzlich starr vernietet, so daß sie gerade bei Entgleisungen wesentlich stabiler waren und Brückeneinstürze im alten Erdteil von Ausnahmen abgesehen so gut wie nicht vorkamen. Am Ende des vorigen Jahrhunderts setzte sich dann auch in Amerika die Erkenntnis durch, daß starre Nietverbindungen für die Sicherheit einer Brücke besser sind, wenn man dafür auch eine etwas längere Bauzeit in Kauf nehmen muß. In der Pionierzeit des amerikanischen Eisenbahnbaus war es wichtig, daß das Aufstellen von Brücken schnell ging.

Die nach der damaligen Bautechnik in Amerika hergestellten Brücken hielten zwar die ihnen zugedachten Lasten aus, waren aber außerordentlich empfindlich gegen Verletzungen der Brückenträger, die durch Entgleisungen infolge Achs- oder Radbrüche sowie sonstiger Ursachen entstanden waren. Die europäischen starr vernieteten Brücken waren in dieser Beziehung wesentlich widerstandsfähiger, so daß Einstürze dieser Art kaum vorgekommen sind. Anhand einiger illustrierter Beispiele veranschaulicht Stowell interessante Brückeneinstürze in den USA der achtziger Jahre des vorigen Jahrhunderts.

Das rechte Bild (23) zeigt einen Brückeneinsturz, der durch die gebrochene Achse eines Wagens entstanden war. Früher oder später sind deshalb fast alle Brücken auf diese Weise eingestürzt, da Kollisionen und Entgleisungen damals doch häufig vorgekommen sind. Diese Brücke, die bereits 40 Tage nach ihrer Errichtung einstürzte, war an sich eine gute Konstruktion, die ohne weiteres die Last zweier schwerer Lokomotiven und eines schweren Zuges ausgehalten hat.

Bild 24 zeigt einen Brückeneinsturz am 30. April 1887 auf der Baltimore und Ohio Eisenbahn bei Independence. Der Unfall wurde durch eine Kuh verursacht, die auf den Schienen am Ende der Brücke stand. Die Maschine warf sie gegen einen der Brückenpfosten, was bereits genügte, sie einstürzen zu lassen, obwohl die Brücke schwerste Züge ausgehalten hat.

23 — Brückeneinsturz infolge einer gebrochenen Achse.

24 — Brückeneinsturz, verursacht durch Zusammenstoß mit einer Kuh.

25 — Brückeneinsturz durch Entgleisung eines Güterwagens.

Bild 25 illustriert den Brückeneinsturz über den Dundee See nahe Patterson, New Jersey, an der New York, Susquehanna & Western Eisenbahn am 24. September 1886. Es handelte sich bei dieser um eine im Bau begriffene Brücke. Eine Öffnung war fertiggestellt, unter den benachbarten stand noch das Baugerüst. Ein leichter Bauzug fuhr langsam über die Brücke und dabei entgleiste ein flacher Wagen, der einen Pfosten des Brückenträgers traf. Die fertige 44 m lange Brückenöffnung stürzte daraufhin mit sechs Wagen in die Tiefe.

Neben diesen glimpflich verlaufenden Brückeneinstürzen hat es aber auch viele solcher mit schweren Menschenverlusten gegeben. Erwähnt seien hier nur der Einsturz der Bussey-Brücke in der Nähe von Boston am 14. März 1887 und der Zusammenbruch der Eisenbahnbrücke über die Chester, einen Nebenfluß des Westfield River, so geschehen am 31. August 1893.

Bei der Bussey-Brücke handelte es sich um eine Straße überquerende Brücke, die zusammenbrach, als ein nach Boston fahrender Zug darüberfuhr. Die Lok und drei Wagen kamen gerade noch auf die andere Seite, die nachfolgenden wurden aber mehr

oder weniger an dem Widerlager durch den Schwung der Fahrt zertrümmert. Der vierte Wagenkasten wurde fast vollständig zerstört, während die letzten in die Öffnung hineinfielen. Die aus den Öfen gefallenen Kohlen setzten die Trümmer in Brand, der bald gelöscht werden konnte. Von den 300 Reisenden des Zuges wurden 23 auf der Stelle getötet und 100 mehr oder weniger schwer verletzt. Die Brücke war eine Unglückskonstruktion. Sie war ursprünglich eine Holzbrücke, die mehrmals (1869 und 1876) umgebaut worden war. Richtige Belastungsproben waren niemals durchgeführt worden. Wie sich in der Verhandlung herausstellte, war der Prüfer der Brücke zwar ein Maschineningenieur, der aber vom Brückenbau nur wenig verstand. Der aus neun Wagen bestehende Zug war mit einer Geschwindigkeit von etwa 50 km/st über die Brücke gefahren.

Der Einsturz der Chesterbrücke war durch unglaublichen Leichtsinn verursacht worden. Die genietete Brücke überquerte den Fluß in zwei Öffnungen von je 35 m Länge in 9 m Höhe auf zwei Widerlagern und einem mittleren Steinpfeiler. Die 1874 von der Niagara-Brückenbaugesellschaft hergestellte Brücke war an sich in einem guten

26 — Die Bussey-Brücke vor dem Einsturz.

27 — Die Bussey-Brücke nach dem Einsturz durch darüberfahrenden Zug.

28 – *Die Chester-Brücke nach dem Einsturz durch darüber fahrenden Zug.*

Zustand, sie sollte aber verstärkt werden. Die Pläne für die Verstärkungen waren von den Brückeningenieuren der Boston und Albany Eisenbahngesellschaft angefertigt worden, aber die Ausführung der Arbeiten wurde an eine Baufirma vergeben. Das Unglaubliche ist nun, daß die Verwaltung der Eisenbahn keine Bauaufsicht bei diesen Arbeiten vornehmen ließ. Nicht einmal eine Geschwindigkeitsbeschränkung wurde angeordnet. Die Baufirma war genauso leichtsinnig, weil sie Nieten aus der Konstruktion entfernte und diese nicht einmal durch Schrauben während der durchgeführten Arbeiten ersetzte. Die Konstruktion wurde dadurch mehr oder weniger geschwächt. Als der Zug in der Nacht mit normaler Geschwindigkeit über die Brücke fuhr, geschah dann der Zusammenbruch. Zunächst stürzte der zweite Träger mit dem ersten Wagen ein und dann erfolgte der ganze Zusammenbruch, wobei die Schlaf- und Speisewagen in einem wüsten Trümmerhaufen hängen blieben. Leider wurden bei diesem Einsturz 17 Reisende getötet und 30 schwer verletzt.

Das Eisenbahnunglück bei Würzburg, 1. Juli 1886

Im vorigen Jahrhundert war die relative Unfallzahl weit größer als heute, da die Sicherheitseinrichtungen noch nicht den Grad von Perfektion unserer Zeit erreicht hatten. Dadurch war auch das Unglück bei Würzburg am 1. Juli 1886 entstanden, das damals mit zu den schwersten der bayrischen Eisenbahnen gehörte. Die Hauptstrecken waren zu jener Zeit in Bayern meist noch eingleisig. Die Strecke von Würzburg nach Bamberg und die von Würzburg nach Nürnberg lagen bis zum benachbarten Ort Rottendorf nebeneinander, und die Regel war, daß das nördliche Gleis dem Verkehr nach Bamberg und das südliche nach Nürnberg diente.

Die Gleise waren aber am Ende des Bahnhofs in Würzburg und in Rottendorf durch entsprechende Weichen miteinander verbunden. Es war nun im Betriebsdienst vorgesehen und zugelassen, daß beide Gleise auch im Wechselbetrieb benutzt werden

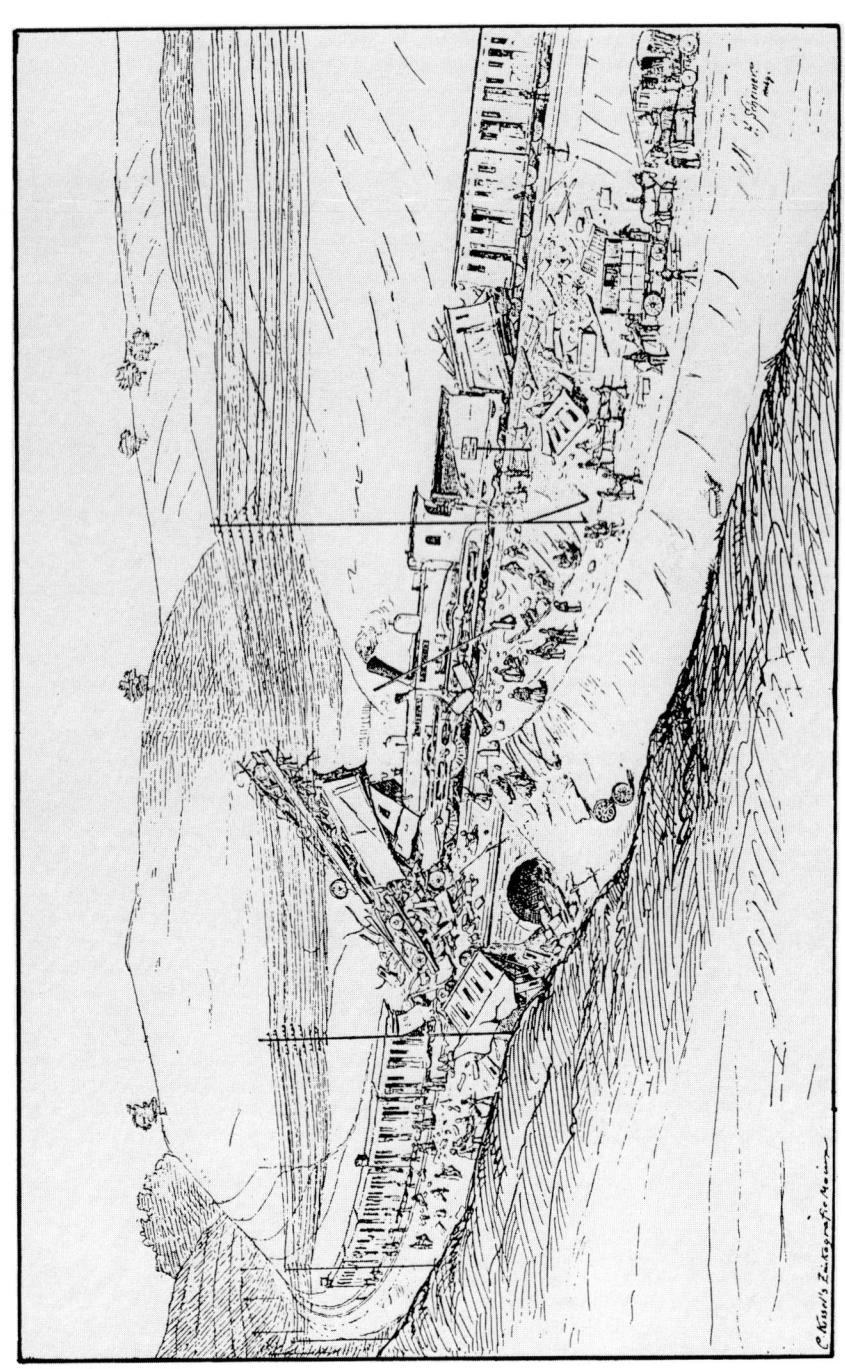

29 — *Eisenbahnunglück bei Würzburg, 1. Juli 1886.*

konnten, wenn die Fahrdienstleiter dies aus betrieblichen Gründen für nötig erachteten. Auf schriftlichen Befehl hatten dann die Wechselweichen-Wärter entsprechend ihre Weichen zu stellen.

Am 1. Juli 1886 hatte der von Bamberg kommende Postzug, Ankunft in Würzburg 13.20 Uhr, etwa 20 Minuten Verspätung. Um die gleiche Zeit sollte fahrplanmäßig der Blitzzug von Stuttgart nach Berlin, wie man damals wohl noch für die Schnellzüge sagte, abfahren, was er aber wegen der Besetzung des Bamberger Gleises noch nicht konnte. Man hielt es in der Regel so, daß der ankommende Postzug auf dem Bamberger Gleis einfuhr und der abfahrende Schnellzug das Nürnberger Gleis benutzte. Infolge der Verspätung des Postzuges entschied nun der Fahrdienstleiter in Würzburg aus Gründen, die uns nicht bekannt sind, den Schnellzug 16 Minuten nach seiner Abfahrtzeit abfahren zu lassen, was mit einem Wechselbetrieb möglich war. Er ordnete weiter an, daß der Postzug in Rottendorf auf das Nürnberger Gleis und der Schnellzug auf das Bamberger Gleis geleitet wurde, so daß sich beide Züge zwischen Rottendorf und Würzburg begegnen konnten. Dies setzte natürlich eine schriftliche Benachrichtigung der Wechselweichen-Wärter voraus.

Hierbei ging nun etwas schief. Der den Laufzettel austragende Bedienstete war neu und wegen der Unkenntnis der örtlichen Verhältnisse kam dieser zu spät bei dem Würzburger Weichenwärter an. Die Folge davon war, daß der Weichenwärter seine Weichen nicht stellte und der ankommende Schnellzug wie üblich auf das Nürnberger Gleis einfuhr, auf dem ihm jetzt jeden Augenblick der Postzug entgegenkommen mußte. Wohl merkte der Lokführer des Schnellzuges den Irrtum. Er fuhr sofort langsamer und bremste sofort, als er den Postzug kommen sah. Dieser jedoch fuhr mit hoher Geschwindigkeit auf der unübersichtlichen Gefällestrecke in das Maintal und prallte mit voller Wucht auf den stehenden Schnellzug frontal auf.

Die Wirkung dieses Zusammenstoßes war furchtbar, da für den kaum abgebremsten Postzug der zum Stillstand gekommene Schnellzug ein unbewegliches Hindernis war. Die beiden Loks bohrten sich ineinander, und der Tender und die ersten Wagen des Postzuges türmten sich auf, wobei die hölzernen Wagen buchstäblich in Stücke zerschlagen wurden. Beim Schnellzug dagegen war nur das erste Abteil des ersten Wagens eingedrückt worden. Von den schrecklichen Szenen, die sich nach dem donnerähnlichen Knall abspielten, soll hier nichts gesagt werden. Sie sind bei Unfällen dieser Art immer die gleichen. Die erste Hilfe leisteten die von den nahen Feldern herbeieilenden Bauern und Knechte und schon wenig später waren die Soldaten aus einer nahen Kaserne mit ihren Sanitätswagen- und gehilfen zur Stelle. Auch ein Hilfszug von dem nahen Würzburger Bahnhof kam mit Ärzten, Arbeitern und Geräten bald angefahren.

Mit Windeseile verbreitete sich in Würzburg die Nachricht von der nahen Eisenbahnkatastrophe. Zu Fuß, mit Pferdewagen und „Velocipeds" strömten die Bewohner Würzburgs, getrieben von der Neugierde, zur Unglücksstätte und behinderten mehr oder weniger die Rettungsarbeiten, genau wie es auch in unseren Tagen geschieht. Militär mit aufgepflanztem Bajonett, wie es damals üblich war, und Polizeieinheiten aus Würzburg trieben die neugierigen und lästigen Zuschauer zurück. Nach den ersten amtlichen Meldungen starben sofort oder wenige Tage später 16 Reisende und 29 wurden meist schwer verletzt.

Über die Schuldfrage konnte unser Gewährsmann, der diesen Unfall in der verschnörkelten und blumenreichen Sprache jener Tage veröffentlicht hatte, nichts sagen, da das Gerichtsverfahren ja erst viel später stattfand. Dennoch kam er zu einem ziemlich abwertenden Urteil über die Schlamperei in dem bayrischen Eisenbahnbetrieb dieser Zeit. Aus der heutigen Sicht gesehen war das Unglück bei Würzburg fast zu erwarten, denn ein Wechselbetrieb mit den damals geringen Sicherheitseinrichtungen stellte wohl doch einen großen Risikofaktor für einen Zusammenstoß dar. Noch in unserer Zeit haben sich ähnliche furchtbare Katastrophen abgespielt.

Hexthorpe (Großbritannien) September 1887

Während der alljährlichen St. Leger Woche in Doncaster fuhren viele Menschen aus Nord- und Westengland mit der Bahn nach Doncaster. In dieser hektischen Woche, in der viele Sonderzüge dort eintrafen und wieder abfuhren, mußte Doncaster von allem sonstigen Verkehr freigemacht werden, um die vielen Sonderzüge auf den Nebengleisen abstellen zu können. Die vom Westen Englands kommenden Züge hielten an einem 2 km vor Doncaster gelegenen Bahnsteig für die Fahrkartenkontrolle. Dieser Bahnsteig Hexthorpe lag zwischen den beiden Signalstationen Hexthorpe Junction und Cherry Tree Lane. An dem Bahnsteig selbst gab es keine festen Signale. Während der St. Leger Woche wurde der sonst übliche Signaldienst suspendiert und zwei Flaggenmänner vor dem Bahnsteig zur Regelung des lebhaften Verkehres stationiert. Die MSL Eisenbahngesellschaft hatte einen dicken Katalog für das ganze Betriebsreglement einschließlich der St. Leger Woche herausgegeben, um so Lokführern die nötigen Instruktionen zu geben. Eine Reihe von Lokführern war mit diesen vielen Anordnungen nicht recht vertraut und erhielten zusätzliche Anordnungen durch die beiden Signalmänner; wenigstens sollte es so sein.

Am 16. September 1887 folgten zwei Midlandzüge dicht aufeinander. Der Lokführer des zweiten Sonderzuges hatte zwar keine besonderen Instruktionen erhalten, kannte aber die Betriebsverhältnisse vom vorangegangenen Jahr. Er hielt vorsichtig vor dem ersten an dem Bahnsteig stehenden Zug und fuhr anschließend vor, als er an der Reihe war. Hinter diesem zweiten Midlandzug folgte nun ein fahrplanmäßiger Expresszug von Liverpool. Man sollte annehmen, daß der Lokführer dieses Zuges mit den Verhältnissen auf seiner Strecke bestens vertraut gewesen und entsprechend vorsichtig zwischen den beiden Signalstationen gefahren wäre. Als er sich der ersten Blockstation Hexthorpe näherte, standen Vor- und Hauptsignal auf Halt und nachdem er seine Geschwindigkeit gemäßigt hatte, bekam er "Freie Fahrt". Er glaubte nun, bis zum nächsten Signal volle Fahrt aufnehmen zu können, obgleich er doch eigentlich hätte wissen müssen, daß in diesem Block ein oder zwei Sonderzüge vor dem Bahnsteig stehen würden. Der erste Flaggenmann gab überhaupt kein Signal und der zweite ein völlig unklares mit seiner Fahne. Als der Liverpool Zug um die nächste Kurve fuhr, sah der Lokführer zu seinem

Entsetzen in einer Entfernung von 200 m den Midlandzug am Bahnsteig stehen. Mit voller Kraft betätigte er seine Vakuumbremse und gab Gegendampf, das einzige, was er noch tun konnte. So ermäßigte er seine Geschwindigkeit bis auf schätzungsweise 20-30 km/st und fuhr in den haltenden, aus Holzwagen bestehenden Sonderzug hinein. Merkwürdig war nun, daß der erste Stoß nicht sehr heftig war. Dann aber erfolgte kurze Zeit später ein zweiter kräftiger Stoß, der die letzten Personenwagen zertrümmerte und die Lok des Extrazuges um 20 m nach vorn trieb. Die Folgen waren wieder entsetzlich. 25 Tote und 94 Schwerverletzte holte man aus den Trümmern.

Dieser schwere Unfall verursachte neben der Schockwirkung eine ungeheure Sensation in der Öffentlichkeit insofern, als man den Lokführer und Heizer des Liverpool Zuges des Totschlages anklagte, obwohl die MSL sich nicht des besten Rufes erfreute. Der die Untersuchung leitende Major Marindin bemängelte sehr bald das fragwürdige Betriebsreglement an der Unglücksstelle. Nach seiner Ansicht hätte man den Liverpool Zug an der Hexthorpe Signalstelle anhalten und den Lokführer mündlich über die Verhältnisse im folgenden Abschnitt informieren müssen. Die Schwere des Unglückes war zweifellos wieder auf die Smith'sche Vakuumbremse zurückzuführen, die gleich nach Beginn des ersten Stoßes durch Zerreißen der Leitung unwirksam wurde. Die Folge war, daß die nunmehr ungebremsten Wagen einen zweiten kräftigen Stoß ausüben konnten.

Die Verhandlung gegen die angeklagten Lokführer und Heizer vor dem "Lord Chief Jusitce of England" erregte starkes Aufsehen in der Öffentlichkeit und löste eine große Sympathie für die Lokmänner aus. Die Angeklagten wurden zu ihrem Glück erstmals von der gerade neugegründeten Gewerkschaft für Lokführer und Heizer durch deren Anwälte vertreten, mit dem Ergebnis, daß nach langem Kampf die Geschworenen zu dem Spruch "Unschuldig" kamen. Der Lord Chief Justice sprach sie frei und bemerkte dazu, er könne sich nicht denken, daß sich eine Eisenbahngesellschaft ernstlich blamieren würde, eine Bremse zu verwenden, die nicht nur als die nicht beste gelte, sondern die sogar dafür bekannt sei, ungenügend und verantwortlich für den Unfall zu sein. Zweifellos ein harter Spruch, der Schimpf und Schande über die MSL brachte und zuviel war für das dickfellige Direktorium der Gesellschaft. Kurze Zeit später entschloß es sich zur Einführung einer automatischen Bremse. Dennoch konnte es sich jener bekannte Eisenbahndirektor nicht verkneifen, in einer Versammlung vor seinen Aktionären zu äußern: „Es war ein Unglück, daß der Richter den Lokführer und Heizer freigesprochen hat."

Armagh (Nordirland), Juni 1889

Es ist heute nach fast 100 Jahren schwer zu sagen, was so viele englische Eisenbahngesellschaften veranlaßt hat, sich gegen die Einführung von automatischen Bremsen zu stemmen, nationale Überheblichkeit, die die Westinghouse Bremse aus Amerika nicht zuließ, oder die Kostenfrage, die eine Umrüstung der meist teueren automatischen Bremse mit sich brachte. Mit dem Unglück in Hexthorpe war die Reihe der schweren Unfälle durch die einfache Smith Bremse nicht beendet. Erst die Armagh Katastrophe mußte kommen, um endlich dieses Bremssystem durch den Gesetzgeber zu verbieten.

Im Juni 1889 hatte man in Armagh einen Sonderzug für 800 Personen bei der „Great Northern Railway of Ireland" für eine Sonntagsausflugsfahrt nach Warrenpoint an der Irischen See bestellt. Die Abwicklung dieses Fahrtauftrages begann am 11. Juni, als die Lok Abteilung in Dundalk beauftragt wurde, einen Lokführer zu beschaffen und Wagen für 800 Personen für den nächsten Tag zusammenzustellen. Der Verkehrschef bestimmte, daß 13 Personenwagen einschließlich zwei Bremswagen bereitgestellt werden sollten. Verfügbar war der Lokführer Mc Grath, der die Strecke so gut wie nicht kannte, dennoch aber bereit war, den Zug zu übernehmen. Der stellvertretende Lok-Superintendent Fenton kannte die Strecke auch nicht und wählte deshalb eine viel zu schwache Lok, die nicht für die Steigung von 1 : 75 hinter Armagh geeignet war. Die eingesetzte Maschine war die 1 B-Lok Nr. 86 mit zwei Kuppelachsen von fast 2 m Durchmesser, also eine Schnellzuglok, die für den Verkehr zwischen Dublin und Belfast bestimmt war.

Der leere Sonderzug kam am 12. Juni um 8.35 Uhr in Armagh an. Dort verlangte der Stationsvorsteher Foster, daß zwei weitere Wagen angehängt werden müßten, da sich die Zahl der Teilnehmer erhöht hätte. Hiergegen protestierte aber der Lokführer, weil in diesem Falle ein Dreikuppler für die Last nötig gewesen wäre. Foster spöttelte über den Lokführer, weil er keinen Mut hätte, den verlängerten Zug zu fahren, andere Lokführer hätten ihm niemals Schwierigkeiten gemacht. Elliot, der Verkaufsmanager, versprach ihm daraufhin Schubhilfe mit der Lok des fahrplanmäßigen Zuges 10.35 Uhr zu geben. Aber der Spott des Stationsvorstehers hatte den Ehrgeiz des Lokführers Mc Grath so sehr angestachelt, daß er sich entschloß, den Sonderzug aus 15 Wagen ohne Hilfe über den Berg zu fahren. Der Zug startete pünktlich um 10.15 Uhr mit 940 Passagieren, darunter 600 Kindern, und wie es damals Praxis war, verschloß man alle Türen des Zuges. Auf der befahrenen Strecke herrschte noch das Zeit-Intervall-System, nach dem zwischen zwei Personenzügen mindestens eine Zeitdifferenz von zehn Minuten liegen mußte. Hinter dem Sonderzug folgte der reguläre Personenzug um 10.35 Uhr. Zu Beginn der Fahrt waren, was das Risiko anbelangt, bereits vier Fehler gemacht worden, die aber später die Ursache für die kommende Katastrophe wurden. Fenton schickte einen unerfahrenen Lokführer, der nicht streckenkundig war, McGrath übernahm 15 Personenwagen ohne Schubhilfe, Foster spöttelte über den Lokführer, der anfangs nicht 15 Wagen übernehmen wollte, und Elliot machte die versprochene Schubhilfe wieder rückgängig. Der Zug war mit einer einfachen Smithbremse ausgerüstet und führte einen Bremswagen vorn und einen hinten mit. Das Schlimmste, was eintreten konnte, war, daß der Zug auf der Steigung stehen bleiben würde.

Elliot fuhr auf dem Führerstand der Lok und der Zug machte anfangs einen recht guten Start, aber gegen Ende der Steigung nahm die Geschwindigkeit ab, bis der Zug ohne erkennbare Ursache etwa 200 m vor dem höchsten Punkt stehenblieb, obwohl der Dampfdruck der Maschine kaum gefallen war. Nach Ansicht des untersuchenden Inspektionsoffiziers General Hutchinson hätte die Maschine mit vollem Dampfdruck den 186 t schweren Zug mit einer Geschwin-

30 — Armagh, Juni 1889. Zusammenstoß mit Personenzug.

digkeit von 25 km/st über die schiefe Ebene glatt ziehen müssen. Was war also geschehen, daß der Zug stehen blieb? In den beiden Bremswagen waren gleichfalls Passagiere untergebracht worden und man nahm deshalb an, daß einige von ihnen mit der Bremse gespielt haben, was, wenn es wirklich so war, leicht zum Stillstand des Zuges geführt haben konnte. Bewiesen wurde das natürlich nie. Dagegen zeigte ein späterer Versuch des Generals, daß ein erfahrener Lokführer mit derselben Lok und einem gleich schweren Zug ohne Schwierigkeit die Steigung überwunden hatte.

Durch den Stillstand des Zuges war die Situation mißlich geworden, denn es gab keine Hoffnung, daß die Lok auf der Steigung den Zug wieder in Bewegung bringen würde. Guter Rat war nun teuer und McGrath schlug vor, den Zug zu teilen und diesen in zwei Teilen über die Höhe zu bringen. Dieser Vorschlag war natürlich die größte Torheit, weil ja bei der Trennung des Zuges der hintere Teil des Zuges nicht mehr gebremst würde. Elliot war damit einverstanden, obwohl eigentlich beide Eisenbahner hätten wissen müssen, wie ge-

fährlich eine Trennung des Zuges auf der Steigung war. Er ging also zu dem hinteren Bremswagen und beauftragte den Schaffner Henry, die Bremse stark anzuziehen und Steine unter die Räder zu legen. Dieser hatte alle Mühe, geeignete Steine herbeizuschaffen, und bevor er fertig war, ließ Elliot durch den Schaffner des vorderen Zugteiles, Moorhead, zwischen dem fünften und sechsten Wagen abkuppeln, was dieser auch sorgfältig zustande brachte. Nunmehr gab Elliot dem Lokführer das Zeichen zum Abfahren und hierbei ereignete sich etwas, an das er nicht gedacht hatte. Mit dem Öffnen des Dampfventiles mußte McGratz ja auch die Bremsen lösen, und da das Anzugsmoment nicht sofort wirksam wurde, rollte der vordere Zugteil etwa 40-50 cm zurück, wie Moorhead später in der Verhandlung aussagte. Diese kleine Bewegung genügte aber, den hinteren größeren Zugteil etwas anzustoßen, so daß dieser sich langsam trotz angezogener Bremse im letzten Bremswagen nach rückwärts in Bewegung setzte.

Panik ergriff jetzt Elliot, als er die Gefahr für seine 600 Passagiere erkannte. Er sprang auf den letzten Bremswagen und rief Henry zu, die Bremsen noch fester anzuziehen. Aber das half nichts mehr, denn die Geschwindigkeit des hinteren Zugteiles erhöhte sich langsam mehr und mehr und wohl in seiner Verzweiflung schrie er: „Oh, mein Gott, wir werden alle getötet werden." Dieser Zugteil war damit auf der Steilrampe nicht mehr unter Kontrolle. Es ist leicht, nachträglich weise zu sein und den Eisenbahnern vorzuhalten, was sie in dieser furchtbaren Situation alles falsch gemacht hatten. Es ist schon eine Preisfrage zu sagen, was man tatsächlich hätte tun müssen, um Herr der verzweifelten Lage zu werden.

Als um 10.39 Uhr die hinteren zehn Wagen rückwärts zu laufen begannen, fuhr in Armagh der fahrplanmäßige Personenzug zur gleichen Zeit ab. Mit seinen wenigen Wagen kam Lokführer Murphy schnell mit einer Geschwindigkeit von 40-45 km/st voran. Wenig später sah der Heizer die ausgerissenen Wagen auf ihren Zug zukommen. Murphy bremste sofort und gab Gegendampf, so daß er fast zum Stillstand kam, als die Wagen auf die Lok mit schätzungsweise 60 km/st Geschwindigkeit aufprallten. Die Lok wurde dabei umgeworfen und an diesem festen unbeweglichen Widerstand wurden die letzten Wagen des Sonderzuges geradezu in Stücke zerschlagen. Durch den Zusammenstoß war der Tender von der Lok abgerissen worden, was zur Folge hatte, daß der Personenzug nun seinerseits ungebremst zurück nach Armagh fuhr. Zum Glück war Lokführer Murphy auf den Tender geschleudert worden und so konnte er schnell die Tenderbremse anziehen. Das Gleiche tat der Schaffner im Bremswagen am Schluß des Zuges, nachdem er wieder zur Besinnung gekommen war. Auf diese Weise gelang es beiden, den Zug rechtzeitig anzuhalten, bevor er eine größere Geschwindigkeit annahm. Die Folgen dieser Katastrophe waren wieder entsetzlich. Von den 600 Personen wurden sofort 78 Menschen getötet und an die 250 zum Teil schwer verletzt.

Die Menschen in England waren tief schockiert. Wieder hatte die nicht automatische Smithbremse total versagt. Wenn es ein Raum-Intervall-System gegeben hätte, wären die Folgen vielleicht nicht so verheerend gewesen, da dann der reguläre Personenzug

nicht abgefahren wäre. So kam es 1889 endlich zum Railway Act im Parlament, das den Eisenbahngesellschaften verbindlich die automatische Bremse, das Raum-Intervall-Blocksystem und die Weichen mit Signalabhängigkeit vorschrieb. Das war ein Sieg für das Board of Trade, obwohl nicht verkannt werden darf, daß etliche große Gesellschaften bereits über alle drei Sicherheitssysteme verfügten. Der Fehler Elliots war eben, den Zug zu trennen, anstatt auf die Hilfe durch die Lok des nachfahrenden Zuges zu warten. Menschliches Versagen durch eine falsche Entscheidung in der Not; wer wollte in solchem Falle einen Stein werfen! Die Tragödie von Armagh erwies sich als der große Wendepunkt in der Geschichte der englischen Eisenbahnen. Jedoch gab es noch genug Leute in England, die das neue Gesetz für nicht weitgehend genug hielten. Man verlangte eine Standardisierung der automatischen Bremse für das ganze Land.

Esslingen (Württemberg), Januar 1888 und Röhrmoos (Bayern), Juli 1888

Einen Kampf um Bremssysteme hat es bei deutschen Bahnen kaum gegeben. Das mag vielleicht daran liegen, daß es ab etwa 1880 vorwiegend nur noch Staatsbahnen in Deutschland gab, wo Parlamente schon frühzeitig über die Sicherheit der Eisenbahnen wachten. Nachdem Westinghouse sein Bremssystem zu einem perfekten, schnell wirkenden und automatischen entwickelt hatte, gab es für die deutschen Bahnen eigentlich nur das Problem, so schnell wie möglich das rollende Material mit diesem Bremssystem auszurüsten. Die Umrüstung mit dem Neubau hat sich über Jahrzehnte hingezogen. Zuerst begann man mit den Schnell- sowie Personenzügen und bis alle Güterzüge mit einer durchgehenden Druckluftbremse fuhren, vergingen noch einige Jahrzehnte in unserem Jahrhundert. Das Unglück bei Hugstetten wie die bei Peninstone, Hexthorpe und Armagh wären sicher nicht geschehen oder bei weitem glimpflicher verlaufen, wenn diese Züge mit der Westinghousebremse ausgestattet gewesen wären. Die im folgenden geschilderten Unfälle beweisen dies wohl mit aller Deutlichkeit.

Am 2. Januar 1888 entgleiste auf der Württembergischen Staatsbahn der von Stuttgart kommende Expreßzug vor dem Bahnhof Esslingen infolge Bruches einer Weichenzunge. Die ersten vier Wagen fuhren mit der Maschine geradeaus und die folgenden acht liefen auf ein in Fahrtrichtung rechts liegendes Gleis ein. Die Maschine und zwei Gepäckwagen blieben auf den Gleisen. Der dritte Wagen und sämtliche nachfolgenden entgleisten aber an der gebrochenen Weichenzunge. Der Zug war mit einer Westinghousebremse ausgerüstet, wobei die Lok, die beiden Packwagen sowie die Wagen Nr. 3 und Nr. 4 keine Bremsen besaßen, wohl aber durchgehende Luftleitungen. Dagegen hatte jeder der nachfolgenden acht Personenwagen eine Bremseinrichtung. Die Lok und die ersten vier Wagen, die geradeaus 150-200 m weiterfuhren, wurden nur durch die Tenderbremse abgebremst. Schließlich riß die Kupplung zwischen den Packwagen und dem entgleisten Wagen Nr. 3, wobei dieser dann umkippte.

Der hintere Zugteil, der auf der Weichenabzweigung weiterholperte, wurde aber Wagen für Wagen automatisch durch die schnellwirkende Westinghousebremse stark abgebremst. Dabei kippte der erste Wagen dieses Zugteiles um und legte sich quer über die Schienen, ohne daß die nachfolgenden Wagen auf dieses Hindernis auffuhren. Bei einer einfachen Vakuumbremse der Bauart Smith oder Spindelhandbremsen wären in diesem Falle wohl die ersten Wagen des hinteren Zugteiles teleskopiert worden, was zu hohen Verlusten geführt hätte. Die Westinghousebremse verhinderte das aber und so kam nur ein Schaffner zu Tode, der zufällig auf der Plattform des umgestürzten Wagens stand und dadurch auf die Schienen geschleudert wurde. Auch Verletzungen soll es so gut wie nicht gegeben haben.

Nur 14 Tage später wurde gleichfalls durch die ausgezeichnete Wirksamkeit der Westinghousebremse eine Katastrophe verhindert. Nahe der Station Nordheim, auf der Strecke Bietigheim — Heilbronn, die im Neckartal an Berghängen entlangläuft, war am 16. Januar 1888 ein beträchtlicher Teil der überhängenden Felsen auf die Gleise gestürzt, kurz bevor der Expresszug Nr. 91 fällig war. Als sich der Zug mit einer Geschwindigkeit von 65 km/st jener Stelle der Strecke näherte, sah der Lokführer das Hindernis etwa 200 m vorher. Er machte sofort eine Schnellbremsung mit seiner

Westinghousebremse, so daß der Zug kurz vor dem Hindernis zum Stillstand kam. Hätte die Württembergische Staatsbahn noch Bremsen der Bauart Smith verwendet, würde wahrscheinlich vor den abgestürzten Felsen an der steilen Böschung zum Neckar hinab eine Katastrophe entstanden sein.

Die Folgen des Zugunglückes bei Röhrmoos in Bayern waren ernsterer Natur, sie wären aber wohl weit schlimmer gewesen, wenn auch hier nicht die Westinghousebremse schnell und kräftig gewirkt hätte. Auf der damals eingleisigen Strecke der bayrischen Staatsbahn Ingolstadt — München ereignete sich am 7. Juli 1888 ein folgenschwerer Unfall, da ein Weichenwärter eine Weiche falsch gestellt hatte. Der Schnellzug Nr. 4 Ingolstadt — München hatte erhebliche Verspätung, so daß die üblicherweise in Dachau vorzunehmende Kreuzung mit dem Gegenzug Nr. 2 München — Ingolstadt nach Röhrmoos verlegt wurde. Der Schnellzug von München fuhr bestimmungsgemäß in das geradlinige erste Gleis ein, während dem entgegenkommenden Schnellzug das Ausweichgleis für die Durchfahrt freigegeben wurde.

Von diesem zweigte in der Richtung nach München ein Sackgleis ab, wie man das auf den meisten Bahnhöfen vorfindet, auf dem Wagen abgestellt werden konnten. In Röhrmoos standen vier Güterwagen auf diesem Sackgleis. Da der Münchener Zug bereits auf dem Bahnhof stand, konnte der andere auf dem Ausweichgleis ohne anzuhalten vorbeifahren. Leider hatte aber der Weichenwärter die Weiche für das Sackgleis nicht richtig gestellt, so daß der Schnellzug mit erheblicher Geschwindigkeit auf die dort abgestellten vier Wagen auffahren mußte. Der heftige Zusammenstoß mit dem ersten Wagen brachte sofort die beiden Lokomotiven zur Entgleisung. Hinter diesen folgten ein Dienstwagen, ein Personenwagen sowie ein Gepäckwagen und dann die übrigen Personenwagen.

Die Wirkung des Auffahrens wurde deshalb verhängnisvoll, weil der leichte Gepäckwagen über die Puffer auf den davor befindlichen Personenwagen aufstieg und dessen Wagenkasten zusammenschob und zertrümmerte. Die darin befindlichen Reisenden wurden erdrückt und verstümmelt, so daß insgesamt neun Menschen umkamen und zehn schwer verletzt wurden. Da der Zug mit einer Westinghousebremse versehen war, liefen infolge der guten Abbremsung die hinteren Wagen nicht mehr auf. Der bereits 16 Jahre im Dienst befindliche Weichenwärter wurde verhaftet. Ein Signal- und Weichenstellwerk war noch nicht vorhanden, da der zweigleisige Ausbau der Strecke in Aussicht genommen war.

Borki (Rußland), Oktober 1888

Über Eisenbahnunfälle im damaligen zaristischen Rußland wissen wir sehr wenig. Soviel ist aber sicher, daß am Anfang des 20. Jahrhunderts sehr viele Unfälle stattgefunden haben müssen, bei denen viele Reisende getötet wurden. Das Statistische Sammelwerk des russischen Ministeriums der Verkehrswege veröffentlichte im Jahre 1909 eine Zusammenstellung von Unfällen, aus der wir eine Tabelle entnehmen, die die Zahl der getöteten und verletzten Reisenden bezogen auf eine Million Reisende für mehrere Länder wiedergibt (Jahr 1906).

	Tötungen	Verletzungen
Deutschland	0,08	0,39
Österreich-Ungarn	0,12	0,96
Frankreich	0,13	1,18
England	0,14	1,94
Schweiz	0,15	1,12
Belgien	0,22	3,02
USA	0,45	6,58
Rußland	2,24	11,63

Ein Unfall in Rußland ist damals in der Tages- und Fachpresse der ganzen Welt verbreitet worden. Er wurde deshalb so bekannt, weil der Hofzug des Zaren in ihn verwickelt war. Am 29. Oktober 1888 entgleiste dieser Zug auf der Strecke Charkow — Rostow 43 km südlich von Charkow in der Nähe der Station Borki, wobei ein großer Teil der Wagen zertrümmert wurde. In dem Zug fuhr der Zar mit seinem Hofstaat vom Kaukasus zurück in seine Residenz St. Petersburg. Der Zar und seine Familie blieben unverletzt, dagegen starben 22 Bedienstete in den Trümmern und 36 wurden zum Teil schwer verletzt. Damals ging die Nachricht um die Welt, daß es sich um ein Attentat auf den Zaren gehandelt habe; diese Version findet man noch heute in der Literatur. War es nun wirklich ein Attentat oder eine politische Zweckmeldung? Oder ist es vielleicht ein ganz gewöhnliches Unglück gewesen, das durch technische Mängel oder menschliches Versagen von Eisenbahnern verursacht wurde? Ohne Einsicht in Archivakten wird die Wahrheit kaum zu ermitteln sein und wem wird das schon in der westlichen Welt gelingen.

Am 12. Januar 1889 erschien im Centralblatt der Bauverwaltung, das vom preußischen Ministerium für öffentliche Arbeiten herausgegeben wurde, ein Bericht über das Eisenbahnunglück bei Borki in Rußland, worin es wörtlich u.a. heißt: ,, ...Mit der Feststellung der Ursache dieses Unfalles wurde ein aus höheren Gerichtsbeamten und Technikern bestehender Ausschuß beauftragt; über das Ergebnis der Untersuchungen ist bis jetzt indessen noch nichts bekannt geworden, und es konnten deshalb auch noch keine zuverlässigen Mitteilungen über den Unfall gebracht werden. Die in St. Petersburg als Organ der Eisenbahn-Abtheilung der kaiserl. russischen technischen Gesellschaft erscheinende Fachzeitschrift ,,Das Eisenbahnwesen" bringt nunmehr einige auf den Unfall bezügliche, als zuverlässig zu erachtende Darstellungen, deren Wiedergabe von Interesse erscheint." Merkwürdig ist nun, daß in den nachfolgenden Darlegungen des unbekannten Berichterstatters kein einziges Wort über ein mögliches Attentat ausgesprochen wird, weil auch kein Wort im russischen Fachblatt gestanden hat.

Die beigefügten Skizzen zeigen den Hofzug vor und nach dem Unfall. Danach war der Zug mit zwei Lokomotiven bespannt, von denen die vordere eine Güterzuglok und die hintere eine Personenzuglok war. Der Zug bestand aus 15 schweren Wagen, deren gesamtes Leergewicht 454 t betrug. Es war also ein äußerst schwerer Zug für damalige Zeiten. In der folgenden Tabelle ist die Indienststellung der Wagen, das Baujahr und das Gewicht eingetragen. Die gesamte Länge des Zuges betrug nahezu 300 m.

	Indienst-stellung	letzte Ausbes-serung	Leer-gewicht
1. Gepäckwagen mit Stromerzeugung	1881	1888	32,7 t
2. Handwerker-Wagen	1868	1881	35,7 t
3. Wagen des Ministers der Verkehre	1881	1886	31,7 t
4. Wagen für Bedienstete	1878	1885	29,9 t
5. Küchenwagen		1882	28,6 t
6. Buffet-Wagen		1883	27,3 t
7. Speisewagen	1847/ 1857	1882	26,6 t
8. Wagen der kaiserlichen Kinder		1886	27,8 t
9. Kaiserlicher Wagen		1885	48,1 t
10. Wagen des Großfürstlichen Thronf.	1887	1887	35,7 t
11. Wagen für die Damen des Gefolges	1878	1885	29,2 t
12. Minister-Wagen		1885	29,2 t
13. Gefolge-Wagen		1885	27,6 t
14. Wagen für die militärische Begleitung		1884	26,9 t
15. Gepäckwagen	1881	1888	18,1 t
		Gesamt-Leergewicht:	454,2 t

Der Unfall ereignete sich auf freier Strecke am Auslauf einer etwa 1 km langen Gefällestrecke von der Neigung 1:115 auf einem etwa 10 m hohen Damm. Die Gleise waren im Jahre 1886 neu verlegt worden. Die erste Lokomotive stand dicht an den Schienen, die zweite war mit dem Gepäckwagen bereits weiter von den Gleisen entfernt, ohne schwer beschädigt zu sein. Die hierauf folgenden Wagen von 2-8 waren dagegen fast vollständig zertrümmert, auch der Kaiserwagen 9 war stark beschädigt. Der Speisewagen 7 in welchem zur Zeit des Unfalles der Zar und die Zarin mit nächster Umgebung beim Frühstück saßen, war aus den Schienen geworfen und lag mit eingedrückten Wänden und ohne Dach auf der Dammböschung ebenso der Wagen 8 der kaiserlichen Kinder. Von dem Wagen 3 des Ministers der Verkehrsanstalten lag ein Teil unter den anderen Wagen und andere Teile fanden sich weitab von den Schienen. Die letzten Wagen waren im Geleise geblieben.

Der verunglückte Zug wurde, wie die in Kiew erscheinende Fachzeitschrift „Der Ingenieur" mitteilt, nach dem für ihn aufgestellten Fahrplan mit einer mittleren Geschwindigkeit von 39 km/st befördert. Diese Geschwindigkeit entsprach der für die befahrene Strecke zugelassenen. Der schnellste fahrplanmäßige Personenzug auf der 140 km langen Strecke Charkow-Borki-Losowo hatte eine mittlere Geschwindigkeit von 30,69 km in der Stunde. Wie groß die Geschwindigkeit des Hofzuges zur Zeit des Unfalles gewesen war, wußte man natürlich nicht zuverlässig. Man vermutete, daß sie etwa 70 km pro Stunde betragen hat, und daß die wahrscheinliche Ursache des Unfalles in der zu hohen Geschwindigkeit des schweren und langen Zuges zu suchen war. Wenn man den Zustand der abgebildeten Geleise nach dem Unfall näher betrachtet, kann man sich nicht des Eindruckes erwehren, daß Borki ein zweites Hugstetten war, bei dem die Schienen durch die stark schwankende Maschine infolge der überhöhten Geschwindigkeit ähnlich ausgesehen haben mögen. Es grenzt an ein Wunder, daß der Zar und seine Familie in dem stark zerstörten Speisewagen völlig unverletzt geblieben sind. Zur Erinnerung an diese Errettung der kaiserlichen Familie wurde vor dem Dünaburger Bahnhof in Riga eine Kapelle und in Borki eine große Kirche errichtet. Ferner wurde eine Medaille geprägt, die in den Museumssammlungen durch ihre Schönheit und eigentümliche Technik aufgefallen sein soll.

Norton Fitzwarren (Großbritannien), November 1890

Die schwerste Verantwortung im Eisenbahnbetriebsdienst haben in erster Linie die Lokführer und Stellwerksbeamten zu tragen. Man sagt nicht umsonst, daß diese Männer mit einem Bein im Grabe und mit dem anderen im Gefängnis stehen. Viele Gerichtsverhandlungen zeugen davon, daß, wenn es zu einem Unfall kommt, den Schuldigen jedes kleinste Versehen und Vergehen im Dienst oder manchmal auch im Privatleben vorgehalten wird, auch dann, wenn es sich um einen zuverlässigen und diensteifrigen Eisenbahner handelt. Wer diesen Beruf gewählt hat, muß wissen, daß er volle Verantwortung trägt, von der ihn keiner entbindet, wenn er einmal kurz versagt hat. Damals war diese Tätigkeit noch schwie-

riger als heute, wo es höchst komplizierte und zuverlässige Sicherheitsvorrichtungen gibt, die im Falle menschlichen Versagens dennoch das Risiko mindern. Alle Irrtümer der Signalmänner und Lokführer, sei es nun grobe Fahrlässigkeit, Vergesslichkeit, Übermüdung und Unachtsamkeit, trugen stets schwerste Folgen.

Nach einer Entwicklungszeit von 50 Jahren war die Eisenbahn ihren Kinderschuhen entwachsen. Die anfangs großen technischen Mängel waren behoben, die Sicherheitsvorschriften und -einrichtungen waren bereits auf einem hohen Niveau und die Bremseinrichtungen waren durchgehend, schnell wirksam und automatisch. Die Sicherheit, die Bequemlichkeit und die Reisegeschwindigkeit waren beachtlich und das Streckennetz hatte man weitgehend ausgebaut, so daß man überall mit der Eisenbahn hinfahren konnte. Dennoch blieb ein gewisses Risiko, das Leben auf der Bahn zu verlieren. Neben vielen kleinen unbedeutenden Unfällen geschahen immer wieder bis zum heutigen Tag die schrecklichen Folgen durch ein Unglück großen Ausmaßes. Meist waren sie verursacht durch menschliches Fehlverhalten, nur noch selten durch unabänderliche Naturkatastrophen oder Mängel technischer Art. In den nachfolgenden Unfallberichten wird diese Argumentation ihre Bestätigung finden.

Wohl die ernstesten Unfälle mit wurden durch Vergeßlichkeit der Signalmänner vor allem bei Nacht verursacht, wenn Züge kurzzeitig angehalten werden müssen oder gar wenn Züge auf dem anderen Hauptgleis geshuntet werden, um eine Überholung durchzuführen. Ein Beispiel für die dabei auftretenden Folgen ereignete sich bei Norton Fitzwarren auf einer Hauptlinie der Great Western Eisenbahn in der Nacht des 11. November 1890. Ungefähr um 12.30 Uhr nachts kam in diesem Bahnhof ein Güterzug mit 30 Wagen an, und wurde auf das andere Hauptgleis der Gegenrichtung geshuntet, um einem Eilgüterzug die Überholung zu ermöglichen. Bei diesem Vorgang wechselte der Lokführer des Güterzuges die grüne Kopflicht seiner Maschine vorschriftsmäßig in zwei rote Lichter um. Als der Eilgüterzug vorbeigefahren war, änderte er sofort wieder seine beiden roten Lampen in grünes Licht um, in der Annahme, daß der Signalmann seinen Güterzug sofort auf sein

Hauptgleis überführen würde. Indessen waren sieben Minuten vergangen, ohne daß etwas geschah und in diesem Augenblick meldete der Heizer, daß ein Zug auf sie zukäme, ohne seine Fahrt zu verlangsamen.

Was war geschehen? Der Signalmann hatte vergessen, daß der Güterzug noch auf dem falschen Hauptgleis stand. Er sagte allerdings später in der Untersuchung, daß er geglaubt hätte, der Güterzug stünde auf einem Nebengleis. Der Eilgüterzug war 1.17 Uhr vorbeigefahren und zwei Minuten später meldete er der nächsten Blockstation Victory „Freie Fahrt" für seinen Abschnitt und öffnete die Signale, da ein schneller Spezialzug von der Süd Afrika Dampferlinie von Plymouth nach Paddington (London) fällig war. Dieser Zug bestand nur aus zwei vierachsigen Personenwagen, die von einer Tenderlokomotive gezogen wurden, und der mit einer Geschwindigkeit von 90 km/st angefahren kam. Irregeführt durch das grüne Licht vor der Güterzuglok, verminderte der Lokführer des Schnellzuges seine Geschwindigkeit nicht und fuhr mit voller Wucht auf den stehenden Güterzug auf. Trotz des heftigen Zusammenstoßes kippte der Zug nicht um, und die Lokmannschaft überlebte, wenn auch schwerverletzt. Dennoch starben von den 50 Reisenden in dem Zug zehn Personen und neun wurden schwer verletzt.

Colonel Rich kritisierte in seiner Untersuchung sofort das Verhalten des Lokführer des Güterzuges, da er vorzeitig die roten Lampen von seiner Lok entfernt hatte. Es war eine klare Nacht und die Sicht war gut. Der Schnellzug-Lokführer hätte deshalb bestimmt die roten Lampen gesehen, wenn sie noch angebracht gewesen wären und der Zusammenstoß würde wahrscheinlich glimpflicher verlaufen sein. Er wies weiter darauf hin, daß der Schaffner des Güterzuges sofort zum Stellwerk hätte gehen müssen, um den Signalmann daran zu erinnern, daß der Güterzug noch auf dem falschen Hauptgleis stünde. Die Hauptschuld lag aber bei dem Signalmann Rice, der zu seiner Entschuldigung aussagte, daß er im Januar vorher von einer leichten Lokomotive umgestoßen worden wäre, und er sich seitdem nicht mehr wohl fühle. An dem ganzen Abend wäre ihm schlecht gewesen, schlimmer als gewöhnlich. Ein kranker Mann stand also auf einem verantwortungsvollen Posten.

Die Vergeßlichkeit spielt eine große Rolle in unserem täglichen Leben. Wie häufig kommt es vor, daß jeder von uns eine kleine unwichtige Handlung unterläßt, die keine schlimmen Folgen zeitigt. Man entschuldigt sich schnell mit dem bekannten Satz: „Ich habe es vergessen." Natürlich können auch ernste Konsequenzen entstehen, wenn man z.B. vergißt, den Gashahn seines Herdes oder das Bügeleisen abzustellen, die Haustür abzuschließen oder vieles andere. Ein Signalwärter, ein Weichensteller, ein Lokführer oder ein Fahrdienstleiter, sie alle dürfen im Eisenbahnbetrieb nichts vergessen, die Folgen ihrer Vergeßlichkeit sind meist immer schlimme Katastrophen, wie uns die Geschichte der Eisenbahn lehrt.

Als Colonel Rich seinen Untersuchungsbericht Norton Fitzwarren abschloß, schrieb er: „Ich bin informiert, daß viele Signalmänner einen ihrer Fahnenstöcke in die Fangfeder ihrer Signalhebel stecken, die so blockiert sind, um zu verhindern, daß man einen Zug vergißt, der darauf wartet, abzufahren oder Signale zieht, deren Gleis noch besetzt ist. Ich würde vorschlagen, daß ein Keil oder ein verschiebbarer Riegel oder ein Ring auf den Hebeln fixiert wird, um zu verhindern, diese Hebel irrtümlicherweise zu ziehen."

Colonel Rich's Vorschlag wurde bald in die Tat umgesetzt und seitdem von allen englischen Bahnen, vielleicht auch von den Bahnen anderer Länder übernommen. Möglicherweise wird auch heute noch in veralteten Stellwerden jener berühmte Ring zur Sicherung verwendet. Ein anderes wichtiges Reglement, die „Regel 55", wurde auf den englischen Bahnen gegen die Gefahr der Vergeßlichkeit eingeführt. Danach mußte der Lokführer pfeifen, wenn er vor einem Haltsignal zum Stehen gekommen war. Wenn dieses nach drei Minuten bei klarem Wetter oder sofort bei Nebel und Schneefall nicht auf „Freie Fahrt" gestellt wurde, dann mußte der Heizer oder der Schaffner sofort zum Signalwärter laufen und diesen über den Stillstand des Zuges informieren. Der Heizer oder Schaffner hatte im Zugregisterbuch mit seinem Namen abzuzeichnen und nicht eher das Stellwerk zu verlassen, als bis die Strecke freigemacht war oder er sich von den notwendigen Vorsichtsmaßnahmen wie das Aufsetzen des Ringes auf den Signalhebel überzeugt hatte, damit der stehende Zug gedeckt war. Zusätzliche und modifizierte Änderungen sind später zu diesem Reglement hinzugekommen, das damit eines der wichtigsten Sicherungen des damaligen Betriebsdienstes geworden war. Die Sicherheit im Verkehr war damit fast narrensicher geworden, vorausgesetzt, daß das Reglement auch eingehalten wurde. Wir werden in den folgenden Kapiteln sehen, welche schlimmen Konsequenzen daraus entstanden sind, wenn sich Signalwärter aus grober Fahrlässigkeit nicht an diese wohldurchdachten Vorsichtsmaßnahmen zur Verhütung des schlimmsten Irrtumes eben der Vergeßlichkeit gehalten haben. Ebenso wichtig war natürlich auch ein guter Gesundheitszustand und absolute Nüchternheit dieser verantwortlichen Eisenbahner. Krankheit, Übermüdung und Betrunkenheit waren nicht mit einem sicheren Betriebsdienst vereinbar.

Zöllikofen bei Bern (Schweiz) August 1891

Die Gründungsfeierlichkeiten in Bern waren mit einem lebhaften Eisenbahnverkehr verbunden, da viele Besucher mit der Bahn anreisen wollten. Bei der Station Zöllikofen, etwa 7 km vor Bern gelegen, mündet die Linie Biel − Bern der Jura-Simplon-Bahn in die Schweizerische Zentralbahn ein und zwar in einer starken Kurve, die von Zöllikofen aus nicht eingesehen werden kann. Auf dieser Station war der lange Supplementszug Nr. 2246 von Biel angekommen, der hier halten und auf seine Weiterfahrt nach Bern warten mußte. Die letzten Wagen dieses Zuges standen noch auf offener Strecke. Hinter diesem folgte nun der Schnellzug von Paris 240, dem ein Spezialzug von Delsberg angehängt war, der aber keine Westinghousebremse hatte.

Als der Schnellzug, scheinbar durch kein Signal aufgehalten, um die Kurve kam, sah er viel zu spät den Vorderzug in Zöllikofen stehen. Er bremste zwar sofort mit seiner Westinghousebremse, aber die Bremswirkung war durch den angehängten Zug nur ungenügend und so fuhr denn der Schnellzug in den stehenden Zug 2246 hinein. Dabei wurden die drei letzten Personenwagen zertrümmert. Die Insassen des letzten Wagens, die das Auffahren kommen sahen, konnten sich durch die breiten Schiebetüren zu ihrem Glück ins Freie retten. Im zweiten

Wagen dagegen wurden 13 Personen getötet. Insgesamt kamen 17 Reisende ums Leben und 16 wurden mehr oder weniger stark verletzt.

Da das schwere Eisenbahnunglück bei Mönchenstein mit seinen mehr als 70 Toten noch nicht vergessen war, so wirkte dieses zweite Unglück außerordentlich schockierend auf die schweizerische Öffentlichkeit. Schuld traf weniger die Betriebsbeamten, als die Eisenbahnverwaltung selbst, deren Sicherungsmaßnahmen zur Regelung des starken Reiseverkehrs scheinbar ungenügend waren.

Der Einsturz der Birsbrücke bei Mönchenstein in der Schweiz

Eine zweite, gleich schwere Brückenkatastrophe wie über den Tay ereignete sich bei Mönchenstein in der Schweiz, wo am 14. Juni 1891 die Brücke über die Birs, einen kleinen Nebenfluß des Rheins, einstürzte, als ein vollbesetzter Personenzug mit zwei Lokomotiven über diese Brücke fuhr. Fast 80 Tote und über 130 Schwerverletzte fielen diesem Unglück zum Opfer, und man kann sich vorstellen, daß diese zweite Katastrophe wenige Jahre nach dem Einsturz der Tay-Brücke eine Welle des Unbehagens in der Öffentlichkeit auslöste, die sich vor allem gegen die Brauchbarkeit von eisernen Brücken richtete.

Die Unglücksbrücke lag in der Strecke Basel − Delsberg der damaligen Jura-Simplon-Bahn, die 1889 durch Vereinigung der Netze der westschweizerischen Bahnen und der Jura-Bern-Luzern-Bahn gebildet wurde. Zwischen den Jahren 1870 bis 1875 wurde diese Brücke mit annähernd der gleichen Strecke von der Firma G. Eiffel in Levallois-Perret bei Paris erbaut. Dieser Linie kam anfangs nur örtliche Bedeutung zu und entsprechend dieser Tatsache waren die Brücken nur für mittelschwere Lokomotiven der damaligen Zeit erstellt worden. Die Verkehrsverhältnisse änderten sich aber schlagartig, als der deutsch-französischen Grenze der Paßzwang eingeführt wurde und die französische Ostbahn die internationalen Schnellzüge nicht mehr über Mühlhausen, sondern über Delsberg − Basel führte. Damit wurde die Jura-Simplon-Bahn mit schweren Betriebsmitteln befahren, für die sie zuerst nicht geeignet war. Vor allem galt dies für die Brücken, die neu berechnet und entsprechend verstärkt werden mußten.

Der Unfall ereignete sich am Sonntagnachmittag 2.15 Uhr mit dem aus Basel kommenden fahrplanmäßigen Zug Nr. 174. Da in dem kleinen Ort Mönchenstein bei Basel ein Gesangsfest stattfand, fuhren in dem Unglückszug viele Sonntagsausflügler mit, die in Mönchenstein aussteigen wollten. Der Zug bestand aus zwei Lokomotiven mit drei gekuppelten Triebachsen und dem Dienstgewicht 66,3 t und 67,6 t, einem Gepäckwagen, einem Eilgutwagen und zehn Personenwagen (teils zweiachsig, teils vierachsig) mit 40 Achsen und einem Gewicht von 324 t. Er verließ Basel mit einigen Minuten Verspätung und fuhr mit normaler Geschwindigkeit von 50 km/st bis kurz

wo sie zertrümmert liegen blieben. Die in unteren Wagen eingeschlossenen Personen konnten sich deshalb wenigstens teilweise retten, auch das Lokpersonal befreite sich aus den Kohlen, die über sie gestürzt waren. Bei dem Einsturz glitten beide Brückenenden von ihren Stützpunkten ab, wobei kaum die Widerlager beschädigt wurden. Die Birs war zu dem Zeitpunkt etwa 2 m tief. Insgesamt waren außer den Lokomotiven sieben Wagen in den Fluß gestürzt, wodurch dieser natürlich angestaut wurde. Der achte Wagen blieb am linksseitigen Widerlager hängen und die vier letzten blieben auf dem Damm stehen.

Nach Auslösung des Großalarmes, der zu jener Zeit sehr viel langsamer als heute vonstatten ging, ritten Trompeter durch Basel,

31 — Die Birsbrücke bei Mönchenstein.

vor der Brücke und ermäßigte dann durch Anziehen der Westinghousebremse seine Geschwindigkeit auf 35 km/st. Als die Maschine beim rechtsseitigen Widerlager anlangte, brach die Brücke zwischen den beiden Lokomotiven, wobei die Vorspannmaschine umkippte und den Lokführer erdrückte. Die erste Lokomotive sackte samt Brücke und den ersten Wagen des Zuges nach unten ab und die nachfolgenden Personenwagen gelangten dabei auf die oberen Quer- und Windverbindungen der Brücke,

um so schnell wie möglich Ärzte, Sanitätsmannschaften und Feuerwehr heranzuholen. Um die unter Wasser liegenden Leichen kümmerte man sich erst später, da erst einmal die Lebenden und Verwundeten aus den Trümmern geborgen werden mußten. Nach drei Tagen lagen noch zwei Personenwagen im Wasser, und zu diesem Zeitpunkt hatte man 71 Tote geborgen. Im vorderen abgestürzten Zugteil befanden sich etwa 210 Personen, von denen nur 60 Reisende unverletzt geblieben waren.

32-34 — Mönchenstein, 16. Juni. Lok 203 der Jura-Simplon-Eisenbahn.

68

69

Über die Ursachen des Unglückes konnte man zunächst keine Aussagen machen, da der Zug weder zu schwer gewesen, noch zu schnell gefahren war, und auch kein Sturm geherrscht hatte. Zahlreiche Züge, zum Teil schwere Güterzüge, waren vorher über die Brücke gefahren, und kein Bahnpersonal hatte auch nur das Geringste an dieser beobachtet, was auf einen Einsturz hindeuten könnte.

Die Birsbrücke wurde 1874/75 gebaut. Ursprünglich war ein von Oberingenieur Bridel ausgearbeitetes Projekt mit parabolisch gekrümmtem Obergurt vorgesehen, das vom Schweizer Bundesrat 1874 genehmigt wurde. Laut Vertrag hatte aber der Unternehmer, die Firma Eiffel, das Recht, am ursprünglichen Brückenprojekt Änderungen vorzunehmen. Eiffel machte hiervon Gebrauch und konstruierte eine neue Brücke mit Parallelfachwerkträgern, die von Bridel geprüft und genehmigt wurden. Am 25. September 1875 nahm man die Linie Delsberg — Basel in Betrieb, nachdem sie ohne Probebelastungen von den eidgenössischen Experten abgenommen worden war.

Im Herbst 1881 zerstörte ein starkes Hochwasser der Birs das linksseitige Widerlager der Mönchensteiner Brücke, wobei sich das Ende des linken Hauptträgers um 40 cm senkte und schließlich frei in der Luft schwebte. Die Brücke lag also nur auf drei Stellen auf.

Die Firma Holzmann baute ein neues Widerlager und die Eisenkonstruktion wurde ausgebessert. Auf Veranlassung des Departements wurden im gleichen Jahr mehrere Probebelastungen durchgeführt. Eine neue Revision der Brücke erfolgte 1884, nach der die Mönchensteiner Brücke Rollager erhielt. Da 1889 schwerere Lokomotiven angeschafft wurden, ergab die Untersuchung, daß einzelne Brücken auf der ganzen Strecke verstärkt werden müßten, darunter auch die Mönchensteiner Brücke. Diese Arbeit wurde 1890 von der Firma Probst, Chappuis & Wolf durchgeführt, die aufgrund ihrer Berechnungen die Fahrbahnträger, nicht dagegen die Hauptträger verstärkte. Diese verhängnisvolle Unterlassung führte ein Jahr später zum Einsturz der Brücke, wobei von diesem Zeitpunkt an jeden Zug dieses Schicksal hätte treffen können. Es war ein richtiger Bruch der Träger, der durch keine Entgleisung ausgelöst wurde.

Wie immer bei solchen schweren Katastrophen wurde in diesem Falle von den Schweizer Behörden ein Gutachten der eidgenössischen Professoren Ritter und Tetmajer der Technischen Hochschule Zürich angefordert. Ein gleiches ließ sich das Zivilgericht in Basel von den Ingenieuren Zschokke und Seiffert über die Ursachen des Unglückes erstellen. Das letztere lag bereits am 5. August und das der Professoren, die zahlreiche Festigkeitsversuche durchführten, am 24. August vor. Die Gutachten der Sachver-

35 — Seitenansicht der Unglücksstelle von Mönchenstein.

ständigen stimmten recht gut darüber überein, daß die Brücke mehrere Schwächen besessen hatte.

Nach Ansicht der Professoren lagen die Ursachen für den Einsturz der Brücke darin, daß diese in einzelnen Teilen von Anfang an zu schwach war, das verwendete Eisen in Bezug auf seine Festigkeit nicht den Anforderungen entsprach und schließlich die Brücke bei dem Hochwasser 1881 eine bleibende Schwächung ihrer Tragfähigkeit erlitten hatte. Die Hauptursache lag in den zu schwachen Mittelstreben der Träger und in der exzentrischen Befestigung der Streben. Die 1890 angebrachten Verstärkungen erstreckten sich nur auf einzelne Brückenteile, wesentliche Schwächen blieben jedoch bestehen. Für die Techniker war der Einsturz eine klare Sache. Nach ihrer Ansicht stand die Brücke schon seit längerer Zeit an der Grenze ihrer Tragfähigkeit, und es bedurfte nur eines kleinen Anstoßes, um sie zu Fall zu bringen. Der Zug Nr. 174 war vielleicht etwas zu schnell gefahren, was schließlich zum Einsturz der Brücke führte. Merkwürdig ist nur, daß bei einer solch klaren Sachlage nicht schon kurz nach der Verstärkung entsprechende Probebelastungen durchgeführt wurden, die sicher die Schwächung der Brücke gezeigt hätten.

Thirsk (Großbritannien), November 1892

Ein anderes Unglück gleicher Art ereignete sich zwei Jahre später am 2. November 1892 auf der Hauptstrecke der North Eastern Eisenbahn zwischen Northallerton und Thirsk oder genauer bezeichnet zwischen den drei Blockstellen Otterington (Station) — Manor House — Avenue Junction. Die tragische Figur in diesem Unfall war der Signalmann James Holmes von Manor House, der an jenem Tag Nachtdienst hatte. In der Nacht vor dem Unfall war sein Kind schwer erkrankt. Am nächsten Morgen, als er eigentlich schlafen sollte, versuchte er, den auf Krankenbesuch sich befindlichen Landarzt zu finden. Als er ohne ihn zurückkehrte, war sein Kind bereits tot und seine Frau war so unglücklich, daß er glaubte, sie nicht allein lassen zu dürfen. Er telegraphierte sofort nach York, um seine Mutter kommen zu lassen. Dann ging Holmes zu Kirby, dem Stationsvorsteher von Otterington, erzählte ihm, was geschehen war und daß er für die kommende

Nacht auf dem Stellwerk Manor House nicht arbeitsfähig sei. Kirby telegraphierte dem Signalinspektor Pick und bat um Ersatz für Holmes. Nach kurzer Zeit kam die Nachricht, daß ein Ersatzmann leider nicht zur Verfügung stünde. So mußte Holmes am Abend seinen Dienst antreten, obwohl er seelisch krank und völlig übermüdet. war.

Der Nachtexpress von Edinburgh lief in zwei Teilen. Der erste Teil fuhr um 22.30 Uhr ab und der zweite Teil hatte in jener Nacht Verspätung, da er Anschlüsse aus dem Norden abwarten mußte. Er fuhr erst 23.30 Uhr, also 40 Minuten später in Edingburgh ab. Der erste Teil passierte Northallerton um 3.33 Uhr. Daraufhin ließ der Signalmann einen Güterzug auf die Hauptstrecke, die sich hinter Avenue Junction in vier Gleise aufteilte. Man hatte diese Maßnahme zwischen zwei Expreßzügen einen Güterzug einzuschleusen, in der Presse stark kritisiert, doch der Major Maridin hielt diese Maßnahme für richtig, da ein großer Zeitunterschied zwischen beiden Schnellzügen bestand und überdies der Güterzug nur 10 km auf der Hauptstrecke zu fahren brauchte. Doch diese Einschleusung des Güterzuges klappte nicht, weil Holmes 13 Minuten versagte. Er hatte ordnungsgemäß den ersten Teil des Edinburger Schnellzuges durchgelassen und nahm den nachfolgenden Güterzug an. Als er das Signal „Zug auf Strecke" empfing, unterließ er den Hinweis an den nächsten Block auf die Ankunft des Zuges, da er eingeschlafen. war. Weil der Güterzug keine Freie Fahrt bekam, blieb er vor dem Stellwerk Manor House stehen. Als Holmes 13 Minuten später erwachte, war er ganz verwirrt und hatte den Güterzug vergessen, obwohl dieser nur wenige Meter von seinem Stellwerk entfernt stand. Jetzt meldete der Signalmann Eden von Otterington den zweiten Teil des Edinburger Expresszuges, an, Holmes nahm an und gab „Freie Fahrt". Doch plötzlich muß Holmes der Erinnerung an den Güterzug wiedergekommen sein, denn er telegraphierte Eden und fragte: „Ist dies der Expresszug?" Eden ahnte ob dieser Anfrage nichts Gutes, aber in diesem Augenblick brauste der Schnellzug schon vorbei und wenig später hörte er in der Ferne den dumpfen Zusammenstoß.

Lokführer Ewart vom „Scotch Express" hatte keine Chance mehr. Er fuhr mit einer

Geschwindigkeit von 100 km/st, die Nacht war leicht nebelig und so sah er die Schlußlampen des Güterzuges erst 40 m vor sich lötzlich auftauchen. Die Lok fiel bei dem heftigen Aufprall mit dem Tender auf ein Nebengleis mit den Rädern nach oben, wobei der Lokführer schwer verletzt wurde. Der erste Wagen war ein Bremswagen, der zweite ein Personenwagen und der dritte ein schwerer Pullmann-Schlafwagen. Der letztere wurde von den Fahrgestellen abgerissen und der Wagenkasten zertrümmerte den Personenwagen, in dem acht Menschen starben und 39 verletzt wurden. In dem stabilen Schlafwagen kam kein Passagier um. Der unglückliche Lokführer mußte zusehen, wie sich langsam das Feuer in den Wrackteilen ausbreitete, obwohl es anfänglich nur eine ganz kleine Flamme war. Der ebenfalls verletzte Heizer versuchte rückwärts zu laufen, damit kein weiterer Zug in die Trümmer fuhr.

Holmes wurde kurze Zeit später verhaftet und später wegen Totschlags angeklagt. Aber er fand milde Richter und eine ihm wohlwollende Öffentlichkeit, nachdem man seine Geschichte erfahren hatte. Wie jedes Unglück, so hatte auch dieses schließlich eine gute Seite insofern, als eine kürzere Arbeitszeit und ein besseres System für Ersatz bei Krankheit den Signalmännern zugute kam. Dagegen war der Lokführer des Güterzuges einer starken Kritik ausgesetzt, weil er entgegen Regel 55 weder gepfiffen noch seinen Heizer zum nahen Stellwerk geschickt hatte, um seine Anwesenheit zu melden. Mehr noch wurde ihm vorgeworfen, daß er mit seiner völlig unbeschädigten Maschine nicht nach dem nahen Thirsk gefahren war, um sofort Hilfe zu organisieren.

Wellingborough (Großbritannien), September 1898

Auf dem Bahnhof in Wellingborough ereignete sich am 2. September 1898 ein merkwürdiger Unfall, als der Nachtschnellzug von St. Panpreas gegen 8 Uhr mit hoher Geschwindigkeit durchfahren sollte. Ein Postbeamter hatte einen vierrädrigen Postkarren auf dem Bahnsteig so abgestellt, daß die vordere drehbare Achse mit der Deichsel senkrecht zur Hinterachse stand. Er glaubte, daß der Karren in dieser Stellung sicher stünde und verließ einen Augenblick

den Platz, um Post zu holen. Als er zurückkehrte, sah er seinen Karren auf dem Gleis liegen, auf dem jeden Augenblick der Schnellzug von London kommen mußte. Mit Hilfe eines anderen Schaffners versuchte er, den Karren auf den Bahnsteig zurückzubringen, da unglücklicherweise auf dem anderen Gleis gerade ein Zug stand. Es gelang ihnen aber nicht, und sie mußten sich schnell in Sicherheit bringen. Der Lokführer, gewarnt durch eine rote Lampe 20 m vorher, bremste scharf und streute Sand. Bei dem Zusammenstoß mit dem Karren entgleiste die vordere Achse der Maschine, die durch einen Wegübergang abgelenkt wurde. Die Wagen folgten ein kurzes Stück. Der Tender riß ab, wurde auf die andere Seite geschleudert, pflügte weiter über die Schienen, flog dann durch die Luft und blieb in umgekehrter Richtung liegen. Wie dies geschah, konnte nicht geklärt werden. Die Wagen fuhren zwischen Tender und Maschine weiter, wobei ihre Seitenwände zum Teil aufgerissen wurden. Sie blieben aber aufrecht stehen. Sechs Personen einschließlich der Lokmannschaft kamen ums Leben und viele andere wurden ernstlich verletzt. Der Bahnsteig hatte eine gewisse Neigung, wodurch wahrscheinlich der Postwagen ins Rollen gekommen war, da er keine Bremse hatte.

Es ist kaum anzunehmen, daß die starke Maschine wesentlich von dem Karren beschädigt wurde. Man vermutete vielmehr, daß durch die plötzliche und heftige Bremsung die Entgleisung an der beginnenden Kurve ausgelöst wurde. Die Erfahrung lehrt, daß die Bremsen beim Einlaufen in eine Kurve möglichst nicht betätigt werden sollten. Dieses Beispiel eines Unfalles zeigt deutlich, wie kleine Ursachen große Wirkungen auslösen können. Es ist heute eine Selbstverständlichkeit, daß die Postkarren, wie man sie überall auf den großen Bahnhöfen findet, mit Bremsen versehen sein müssen.

Ernste Eisenbahnunfälle zwischen 1900 und 1925, Nipponbahn (Japan), Oktober 1900

Am 7. Oktober 1900 wurde ein Eisenbahnzug der Nipponbahn von einem furchtbaren Sturm zwischen der Station Yaita und Hishinasuno umgeblasen. An diesem Tag fiel das Barometer jäh, und wenig später

36 — *Thirsk, November 1892. Auffahren eines Express-Zuges auf stehenden Güterzug.*

37 — *Wellingborough, September 1898. Entgleisung eines Express-Zuges wegen eines Postkarrens.*

jagte ein Wirbelsturm über die Hauptinsel Hondo. Hinter der Station Yaita tritt die Nipponbahn in nördlicher Richtung aus einem längeren Einschnitt in das ziemlich breite von Nordwest nach Südost gerichtete Tal des Hokiflußes, das sie mittels eines Blechträgerviaduktes von 13 Öffnungen zu je 21 m Spannweite überschreitet. Die Pfeiler des Viaduktes sind gemauert. Auf den japanischen Bahnen tragen die in 1,1 m Abstand angeordneten vollwandigen Hauptträger der Brücke unmittelbar Querschwellen, auf denen die Schienen befestigt sind. Es fehlt dabei jeder Schutz gegen Entgleisungen und gegen das Herabstürzen von rollendem Material.

Als der gemischte Zug, der aus zwei Maschinen, drei leeren offenen, sieben bedeckten beladenen Güterwagen, einem Packwagen und sieben Personenwagen bestand, nach 16 Uhr Utsunomiya verlassen hatte und aus dem Einschnitt bis zur Mitte der Brücke gekommen war, wurde der Packwagen und sämtliche sieben Personenwagen durch die Gewalt des Orkanes in südöstlicher Richtung in den Hokifluß hinabgeworfen. Da die Kupplung zwischen dem Packwagen und dem letzten Güterwagen gerissen war, fuhr der vordere Zugteil weiter und kam unversehrt auf dem anderen Ufer an. 19 Personen ertranken in den Fluten des durch Gewitterregen stark angeschwollenen Hokiflußes und 40 mehr oder weniger verletzte Reisende konnten aus dem Fluß gerettet werden.

Die Untersuchung ergab, daß die beiden einigermaßen geschützt liegenden Stationen Yaita und Utsunomiya keine Bedenken hatten, wegen des Sturmes den Zug nicht abfahren zu lassen. Auch die Zugmannschaft war der gleichen Meinung. Aus dem verhängnisvollen Unglück zog man für die japanischen Eisenbahnverhältnisse folgende Schlußfolgerungen:

1. Die kleinere Spurweite erhöht wesentlich die Betriebsgefahr für den Verkehr von Personen- und leeren Güterzügen bei schwerem Sturm.
2. Da die Zugmannschaft nicht immer in der Lage ist, die drohende Betriebsgefahr bei heftigen Stürmen richtig zu beurteilen, so sollte von bestimmten Stellen entsprechende Warnungen gegeben werden.

3. Längere Blechträgerbrücken mit oben liegender Fahrbahn ohne Schutz gegen Entgleisungen und gegen das Herabstürzen von Fahrzeugen sind bei heftigen Stürmen wenig betriebssicher. Mehr Sicherheit bieten geschlossene Blechträgerbrücken mit unten liegender Fahrbahn.

Mühlheim (Main), November 1900

Zwischen Mühlheim und Offenbach liegt eine Blockstation. Hier erfolgte am 8. November 1900 bei dichtestem Nebel ein eigenartiger Unfall, der leider schlimme Folgen zeitigte. Der D-Zug Berlin-Frankfurt, dem 15 Minuten später der Personenzug Hanau — Frankfurt folgte, mußte in Mühlheim (Main) halten, da der nächste Block noch mit einer Leermaschine besetzt war. Wenig später bekam der D-Zug „Freie Fahrt" aber nur bis zur nächsten Blockstelle, da die Leermaschine vor Offenbach erneut halten mußte.

Doch wegen des starken Nebels übersah der Lokführer des D 42 das auf Halt stehende Signal, bemerkte jedoch beim Überfahren seinen Irrtum und bremste sofort. Um seinen Fehler zu korrigieren, drückte er seinen Zug in das Blockfeld zurück. Da der Blockwärter den D-Zug verschwinden sah und glaubte, daß er weitergefahren war, entblockte er sein Blockfeld für den nachfolgenden Personenzug 238. Zu seinem Entsetzen sah der Blockwärter nun den zurückfahrenden D-Zug und forderte ihn auf, sofort weiterzufahren. Doch es war zu spät. Der Lokführer des in den Block eingefahrenen Personenzuges sah das auf Halt stehende Signal und die Schlußlichter des D-Zuges erst kurz vorher und fuhr auf den Schlußwagen des D-Zuges heftig auf.

Dabei wurde dieser Wagen zusammengedrückt und fing Feuer durch ausströmendes Gas aus dem beschädigten Gasbehälter. Da die Türen klemmten, konnten sich nicht alle Reisenden mehr retten. Zwölf Personen kamen ums Leben und vier wurden verletzt. Dieser Unfall führte zu eifrigen Diskussionen darüber, wie in einem solchen Falle die Zugsicherung durchzuführen wäre. Außerdem zeigte dieser Unfall besonders, wie empfindlich die Abteilwagen gegen das Auffahren waren. Die stabileren Durchgangswagen würden einen Zusammenstoß besser aushalten. Auch wurde über die Anwendung elektrischen Lichtes diskutiert.

Spremberg, August 1905

Einer der aufregendsten Unfälle war der Zusammenstoß zweier Schnellzüge zwischen den Bahnhöfen Spremberg und Schleife der eingleisigen Strecke Cottbus – Görlitz am 7. August 1905. Er erfolgte in einer Krümmung, in der die Lokführer wegen des dichten Waldes die Gefahr erst auf 200 m Entfernung erkannten. Sie stießen mit fast unverminderter Geschwindigkeit zusammen, wobei 17 Personen getötet und 14 schwer verwundet wurden. Es entstand großer Materialschaden. Dieser schwere Unfall entstand infolge einer unverantwortlichen Nichtbeachtung einfacher Betriebsvorschriften. Der Hauptschuldige von fünf Beamten wurde mit einem Jahr und fünf Monaten Gefängnis bestraft.

Witham (Großbritannien), September 1905

Auf der Great Eastern Hauptstrecke zwischen London und Colchester entgleiste am 1. September 1905 bei hoher Geschwindigkeit ein Schnellzug. Dieser um 9.27 Uhr von London abgefahrene Zug näherte sich der Station Witham etwa mit einer Geschwindigkeit von 110 km/st. Beim Überfahren einer Wegkreuzung entgleisten außer der Maschine sämtliche 14 Personenwagen. Die ersten drei Wagen rissen sich los und kamen an verschiedenen Punkten jenseits der Station zum Stehen. Einer von ihnen, der 1.-Klasse-Wagen, fing Feuer durch ausströmendes Gas. Die folgenden fünf Wagen rammten die nahen Inselbahnsteig. Einer von ihnen zerstörte den Aufenthaltsraum für Bahnbeamte, von denen einer getötet wurde. Von einem anderen Wagen wurde der Wagenkasten zerstört, in dem acht Passagiere starben und viele verletzt wurden.

Bei der Untersuchung des Unfalles durch Colonel Von Donop blieb als Ursache nur die hohe Geschwindigkeit des Zuges, da die drei Streckenarbeiter behaupteten, daß sie an dem Gleis bei ihren Arbeiten an dem Wegübergang nichts gemacht hätten. Eine sicher unbefriedigende Lösung für den Unfall. Es war der erste dieser Art, dem wenig später eine ganze Reihe solcher Unfälle folgten. Sechs Wochen nach dem Unfall ergaben sich aber verdächtige Umstände, die den Inspektor veranlassten, eine Nachuntersuchung mit Zeugenaussagen erneut

vorzunehmen. Der Bahnangestellte Kisby hatte nämlich gemeldet, sein Freund, der Weichensteller Hume habe im Moment der Entgleisung in der Nähe des Bahnüberganges gestanden und hätte gesehen, daß ein Schraubenschlüssel auf der Schiene gelegen hätte, durch den ein Rad des ersten Wagens hochgesprungen und dann entgleist wäre. Doch die drei Streckenarbeiter, nunmehr erneut vernommen, stritten das ab und blieben bei ihrer ersten Aussage. Der Colonel befragte dann den Lokführer und den Heizer des Schnellzuges, die aussagten, daß sie beobachtet hätten, wie die ersten Streckenarbeiter bis zum letzten Augenblick an der Schiene gearbeitet und dann auf die Schiene beim Überfahren der Lok gestarrt hätten.

Von Donop hatte den Eindruck, daß weder die Streckenarbeiter noch Hume die Wahrheit gesagt hätten, und daß es sich um eine geheime Absprache unter den Eisenbahnern gehandelt habe. Er kam deshalb zu dem Schluß, daß die Streckenarbeiter die Zwangsschiene an dem Übergang gelöst hatten und mit dem Anschrauben derselben nicht mehr rechtzeitig fertig geworden waren. Die schwere Lok hatte beim Überfahren diese Zwangsschiene hochgerissen und sie dann gegen das Rad des ersten Wagens geschleudert, wodurch die verhängnisvolle Entgleisung eingeleitet wurde. Colonel Von Donop dürfte sehr wahrscheinlich damit die Ursache für die Entgleisung gefunden haben.

Ottersberg (Deutschland), Dezember 1906

Am 30. Dezember 1906 geschah um 1 Uhr nachts bei dichtem Nebel, der über ganz Deutschland lag, ein schweres Eisenbahnunglück bei Ottersberg zwischen Bremen und Hamburg. Dabei fuhr der von Hamburg kommende Nachtschnellzug Hamburg – Köln Nr. 96 in voller Fahrt in die Flanke des Eilgüterzuges Nr. 5010 hinein. Und das geschah so: Der Eilgüterzug, der vor dem D-Zug lag, fuhr etwas verspätet in Ottersberg ein und sollte hier auf das Überholgleis gefahren werden, um den Nachtschnellzug vorbeifahren zu lassen. Doch die Einfahrweiche des Stellwerkes I in Ottersberg war festgefroren und so mußte man den Güterzug über den Bahnhof hinausfahren bis zur Ausfahrweiche, über die der Zug dann rückwärts in das Überholgleis gedrückt werden sollte. Man sicherte diesen Verschiebevorgang durch Haltstellung des Einfahrtsignales E mit Vorsignal und dann noch durch Haltstellung des Ausfahrtsignales A. Die Signale waren voll ausgeleuchtet. Dennoch sah der Lokführer der Vorspannmaschine des mit hoher Geschwindigkeit herannahenden Schnellzuges infolge des dichten Nebels keines der drei Signale und fuhr direkt in den zurücksetzenden Eilgüterzug hinein.

Die verantwortliche Lokmannschaft der ersten Maschine kam ums Leben. Als man den Lokführer der zweiten Mannschaft verhörte, gab er zu, bis vor Ottersberg nicht gewußt zu haben, wo er sich befand. Man darf also annehmen, daß es dem Lokführer der Vorspannmaschine nicht besser ergangen ist. Wie schlimm der Nebel über Deutschland in jener Nacht gewesen sein muß, beweist, daß wenig später in der Nähe von Köln der Luxuszug 53 (Wien – Ostende) bei Kalscheuren auch wegen Überfahrens des auf Halt stehenden Signales auf einen vorausfahrenden Güterzug – wenn auch mit weniger schweren Folgen – auffuhr.

Die preußisch-hessischen Staatsbahnen hatten schon früher Bestimmungen über die allgemeine Anwendung von Knallkapseln bei Nebel herausgegeben, um die Lichtsignale zu unterstützen. Bei Zugkreuzungen und Überholungen sollten Knallkapseln auf die Schienen gelegt werden. Es war für die Stationen schwierig, diese Knallkapseln rechtzeitig und weit genug vor den Signalen auszulegen. Man schränkte deshalb die Bestimmungen wieder ein, was zur Folge hatte, daß auch in Ottersberg Knallkapseln nicht verwendet wurden.

Es erhebt sich die Frage, ob der Lokführer der Vorspannmaschine unachtsam war oder ob er tatsächlich die Signale unter den herrschenden Wetterbedingungen nicht sehen konnte. Die Erscheinung, daß die Signale im Nebel verschwinden, ist nicht unbekannt. Sie werden zwar nicht völlig unsichtbar, aber der Weg vom ersten Sichtbarwerden bis zum Signal selbst wird so klein, daß er als Bremsweg nicht mehr ausreicht. Manchmal wird das Signal auch erst dann gesehen, wenn die Lok an dem Signal gerade vorbeifährt. Unter ganz ungünstigen Umständen kann sogar der Dampf der eigenen Maschine das Signal in der kur-

zen Zeitspanne beim Vorbeifahren völlig unsichtbar machen.

Wie jeder Schnellzug sollte auch der verunglückte Nr. 96 seine Fahrzeit einhalten. Der Lokführer mußte also bei dickem Nebel ebenso schnell fahren, wenn er die Fahrzeit einhalten wollte. Man fragt sich also, ob ein Lokführer bei solchem Wetter nicht mehr oder weniger aufs Geratewohl fährt, zumal dann, wenn er weiß, daß die Strecke weitgehend für ihn freigehalten wird. Dennoch wird das Risiko zu groß, weil man mit Unvorhergesehenem immer rechnen muß. Wäre der Eilgüterzug zwei Minuten früher angekommen oder wäre die Einfahrweiche nicht eingefroren, hätte es nie einen Unfall Ottersberg gegeben, der vielen Menschen das Leben kostete. Warum die preußisch-hessischen Staatsbahnen damals das Auslegen von Knallkapseln bei Nebel eingeschränkt haben, ist unbekannt. Der angegebene Grund ist nicht überzeugend. Wahrscheinlich hat man nach den Unfällen in dieser Nacht das Reglement wieder geändert.

Elliot Junction (Großbritannien), Dezember 1906

30 Jahre nach dem Unglück von Abbots Ripton geschah ein ähnlicher Unfall auf der Ostküsten-Route, als am 28. Dezember 1906 über Schottland und Ostengland gewaltige Schneemassen niedergingen und gewaltige Sturmwinde herrschten. Der Ort des Unfalles lag bei Arbroath an der Strecke Dundee-Arbroath. In dem eisigen Wetter kämpfte sich der Expresszug von Edinburgh 7.35 Uhr bis Arbroath durch und kam dort mit einer Stunde Verspätung an. Weiter nach Norden waren alle Strecken mit Schneewehen zugesetzt. Der Expresszug mußte seine Fahrt nach dem Norden deshalb aufgeben und von Arbroath als Personenzug zurückkehren. Unterdessen fuhr ein Güterzug mit zwei Maschinen und 41 Waggons von Elliot Junction in Richtung Süden, geriet dabei in Schneewehen und zerriß in drei Teile. Der Lokführer der Vorspannmaschine beschloß, allein bis zur nächsten Station Easthaven zu fahren, dort auf dem anderen Hauptgleis wieder bis nach Elliot zurückzufahren und dann von hinten die auseinandergerissenen Güterzug zusammenzuschieben. Das dauerte länger als geplant, da er wegen blockierter Weichen nicht in Easthaven kreuzen konnte,

sondern noch eine Station weiterfahren mußte. In Elliot wieder angekommen, begann er von hinten seine verloren gegangenen Güterwagen zusammenzuschieben, doch dabei entgleisten einige Wagen und sein Tender. Die Hauptstrecke zwischen Elliot und Easthaven konnte deshalb nur noch eingleisig betrieben werden. Neben diesem leichten Unfall waren auch die Telegraphendrähte unter der Schneelast gerissen und die Signaldrähte so gut wie nicht mehr funktionsfähig. Der Verkehr war einfach am Zusammenbrechen, da man das Blocksystem aufgeben und wieder nach dem alten Zeit-Intervall-System fahren mußte. Die Eisenbahner von Arbroath versuchten, die eingeschneiten Züge frei zu bekommen und die gestrandeten Passagiere nach dem Süden abzutransportieren. Sie stellten deshalb einen Lokalzug zusammen, der um 3 Uhr nachmittags Richtung Süden fahren sollte.

Die Reisenden waren froh und stiegen in die neun Wagen ein. Der Zug kam um 3.19 Uhr nachmittags in Elliot an (wenige km südlich von Arbroath), und hier mußte der Lokalzug erst einmal warten, da die Strecke ab hier ja nur eingleisig befahren werden konnte. Da keine telefonischen und keine telegraphischen Verbindungen zwischen den drei hintereinanderliegenden Stationen Arbroath, Elliot und Easthaven bestanden, mußte der Stationsvorsteher von Elliot die Pilotendienste auf der eingleisigen Strecke übernehmen, d.h. er fuhr von Elliot mit bis Easthaven, und wenn kein Gegenzug da war, lief er zu Fuß nach Elliot zurück, um den nächsten Zug nach Elliot zu begleiten. Ein Zug durfte also nur auf dem eingleisigen kurzen Abschnitt von wenigen Kilometern fahren, wenn er an Bord war. Die Gefahr für einen Zusammenstoß war sonst zu groß.

Unterdessen machte man nun in Arbroath den gestrandeten Expresszug in Arbroath für seine Rückreise nach dem Süden fertig. Aber es gelang nicht, die Expresslok von Lokführer Goulay auf der Drehscheibe umzudrehen, da die Scheibe verschneit und eingefroren war. So mußte Gourlay rückwärts mit seiner Maschine fahren, was an sich streng verboten war. Man ließ nun den Expresszug 15 Minuten nach dem abgefahrenen Lokal abgehen und mahnte den Lokführer, sehr vorsichtig zu fahren.

Das war natürlich leichter gesagt als getan, da es heftig schneite und die Sicht schlecht war. 2 km vor Elliot wurde Goulay an einem Stellwerk angehalten und erneut ermahnt, vorsichtig weiter zu fahren.

Gerade als der Stationsvorsteher von Elliot den Lokalzug an den Bahnsteig vorfahren lassen wollte, erschien der Expreßzug im treibenden Schnee und fuhr mit einer Geschwindigkeit von schätzungsweise 45 - 50 km/st in den Lokalzug hinein, wobei die drei letzten Wagen total zertrümmert wurden. Gourlay's Maschine kippte vor diesem Trümmerhaufen um, und da der Dampfregler nicht geschlossen war, drehten sich die Räder der Lok noch im Liegen weiter. Der Lokführer vom Lokalzug kroch durch den Trümmerhaufen bis auf den Führerstand vor, schloß den Regler und befreite Gourlay aus dem Kohlenhaufen, in dem er verschüttet war. Der Heizer war bereits tot. Insgesamt starben 21 Reisende in den zerstörten Wagen, acht wurden schwer verletzt.

Gourlay behauptete später, daß das Signal auf „Freie Fahrt" gestanden hätte, aber das stimmte nicht: die Abweichung von der waagerechten Lage betrug nur 10 $^{\circ}$. Wahrscheinlich war das durch Schnee belastete Haltesignal etwas nach unten gedrückt worden. Besonders verantwortungslos von Gourlay, der als zuverlässiger Lokführer galt und der bereits königliche Züge gefahren hatte, war seine unter den herrschenden Wetterbedingungen viel zu hohe Geschwindigkeit, mit der er trotz mehrfacher Ermahnungen gefahren war. Er wurde als Schuldiger zu fünf Monaten Gefängnis wegen Totschlags verurteilt. Er brauchte aber die Strafe nicht abzusitzen, da die ganze Organisation in jenen Tagen viel zu wünschen übrig ließ. Major Pringle verurteilte nach seiner Untersuchung eine Reihe von falschen Maßnahmen. So wußte Arbroath am Abend noch nicht, daß die Strecke hinter Elliot nur eingleisig betrieben werden konnte, und Easthaven wußte am Abend noch nicht einmal von dem schweren Unglück auf der Nachbarstation Elliot und schließlich erfuhr die Direktion in Edinburgh von dem Unglück erst gegen 23 Uhr. Stark verurteilte der Major, daß die Expresszugmaschine rückwärts gefahren war, besonders bei solchem Wetter, und daß man kurzfristig keine Hilfskräfte eingestellt hatte. Wie im Fall Abbots Ripton 30 Jahre vorher war der Schnee, der Todfeind der Eisenbahner, an dem Unglück in Elliot letztlich schuld.

Insel Ceylon, Oktober 1907

Am 27. Oktober 1907 gegen 23.30 Uhr ereignete sich ein schweres Eisenbahnunglück auf der Insel Ceylon. Ein gemischter Zug, bestehend aus drei Güterwagen, drei Personenwagen und ein Bremswagen fuhr entlang der Bergseite 2 km hinter der Station Hatton. Auf diesem Weg nach Colombo gab plötzlich das Gleis nach und der ganze Zug stürzte einen Abhang 60 m tief herab. Es war eine sehr dunkle Nacht und keine Lichter waren in dem schweren Regen verfügbar. 16 Reisende starben in den Trümmern und viele wurden verletzt. Der Dauerregen, der schon seit einigen Tagen angedauert hatte, war die Ursache für den Bergrutsch. Es war das zweite Unglück auf Ceylon.

sen war. Alle diese Fahrten waren also mit gewissen Risiken verknüpft, die es eigentlich in einem Eisenbahnbetrieb nicht geben sollte. So blieben denn einige schwere Unfälle nicht aus, die schließlich die Öffentlichkeit und die Verantwortlichen derart schockierten, daß man bald wieder im gegenseitigen Einvernehmen die Rennerei aufgab. Einer der schlimmsten Unfälle dieser Art war der bei Salisbury am 30. Juni 1906.

Seit 1904 fuhr die South Western Railway einen Schnellzug einmal wöchentlich von Plymouth nach dem Waterloo-Bahnhof in London, der meist die Reisenden von Amerika nach London brachte. Diese amerikanischen Dampferzüge, die auch American Specials genannt wurden, fuhren mit einer Reisegeschwindigkeit von 87 km/st auf einer Gesamtstrecke von 370 km. Diese Züge hielten nicht einmal in Salisbury, sondern nur in Templecombe, wo die Maschine und das Lokpersonal ausgewechselt wurden. Besonders erwähnenswert ist nun, daß

38 — Insel Ceylon, Oktober 1907. Entgleisung durch Bergrutsch.

Salisbury, den 30. Juni 1906

Um die Jahrhunderwende herrschte bei einigen großen Eisenbahngesellschaften die üble Unsitte, mit ihren schnellen Zügen von London nach Schottland und nach Plymouth im Westen Rennfahrten zu veranstalten. Wenn es sich auch um gut ausgebaute Strecken handelte, so gab es doch gefährliche Kurven, die von den Lokführern schneller durchfahren wurden als zugelas-

kurz hinter den Bahnsteigen von Salisbury eine scharfe Kurve liegt, die mit einem Radius von 241 m beginnt und dann in einen solchen von 151 m übergeht. Die Kurve ist deshalb mit Zwangsschienen ausgerüstet. Die Höchstgeschwindigkeit setzte man an dieser gefährlichen Kurve auf 48 km/st fest. Da alle Züge in Salisbury außer den American Specials hielten, traten eigentlich nie Geschwindigkeitsüberschreitungen auf.

Am 30. Juni 1906 verließ ein solcher Zug Devonport um 23.15 Uhr und durchfuhr Salisbury um 1.57 Uhr. In Templecombe wurde eine gute und große Drummond 2B Lok mit der Nummer 421 vorgespannt, die einen großen Kessel mit einer entsprechend höheren Schwerpunktslage hatte als die früheren Typen, die für die Rennfahrten eingesetzt wurden. Der Lokführer, der die Maschine übernahm, war streckenkundig und ein erfahrener Mann, nur hatte er bisher keinen solchen in Salisbury nicht haltenden Dampferzug gefahren. Seltsamerweise fuhr der Lokführer nach Verlassen von Templecombe relativ langsam, wo er hätte schnell fahren dürfen, und als er Salisbury erreichte, war er mit über 100 km/st viel zu schnell. Als sich der mit einer automatischen Vakuumbremse ausgestattete Zug, der aus drei Wagen 1. Klasse und einem Küchenwagen bestand, Salisbury näherte, bemerkten Bahnbeamte bereits vor dem Bahnhof, daß der Zug seine Geschwindigkeit nicht verminderte, wie dies sonst die Lokführer taten. Der Zugführer, der ebenfalls die hohe Geschwindigkeit des Zuges bemerkte, betätigte deshalb vorsichtig die Luftdruckbremse, um den Lokführer auf die zu hohe Geschwindigkeit aufmerksam zu machen. Doch dieser reagierte nicht darauf und fuhr etwa mit 96 km/st durch den Bahnhof in die scharfe Kurve hinein und zwar in dem Augenblick, als ein entgegenkommender Güterzerzug ebenfalls in den Bahnhof einfuhr.

Wie zu erwarten sprang die Maschine aus den Schienen und fuhr gegen das Ende des einfahrenden Güterzuges. Dann stieß die Maschine gegen die Träger einer die Fisherton-Straße überspannenden Brücke und schließlich gegen eine unter Dampf stehende Lokomotive. Der erste Wagen flog gleichfalls gegen die Brückenträger, der zweite erkletterte die Zuglok und der dritte wurde nach links geworfen, wobei er vollständig zertrümmert wurde. Der am Schluß laufende Küchenwagen blieb in den Gleisen und wurde kaum beschädigt. Die Lokmannschaft war auf der Stelle tot und von den 43 Reisenden wurden sofort 24 getötet und sieben Fahrgäste sowie drei Bahnbeamte schwer verletzt.

Die Ursache des schweren Unfalles war zweifellos die stark überhöhte Geschwindigkeit des Zuges. Nach der Untersuchung des

Board of Trade (Handelsamt) war der Dampfregler der Lok geschlossen jedoch die Bremsen nicht angezogen. Was mag den Lokführer, der, 40 Jahre alt, vollständig nüchtern und 9,5 Stunden im Dienst war, bewogen haben, die Bremsen nicht anzuziehen. Sollte er, wie man sagte, nicht an die scharfe Kurve gedacht haben, oder sollte er kopflos geworden sein. Haben vielleicht die Bremsen nicht funktioniert oder ist er durch Trinkgelder der Fahrgäste veranlaßt worden, schnell zu fahren? Nichts ließ sich beweisen und sein Geheimnis nahm der Lokführer mit in den Tod, wie dies die Lokführer von Aitrang und Rheinweiler taten, als sie viel zu schnell in die Kurven einfuhren.

Grantham, den 19. September 1906

Zwei Monate später ereignete sich ein anderes schweres Eisenbahnunglück bei Grantham nördlich von London. Der Unglückszug war ein Nachtschnellzug mit Post und Schlafwagen, der von London Kings Cross Bahnhof nach Edinburgh fuhr und der in Peterborough und Grantham halten mußte. Er bestand aus zwölf Wagen, darunter drei sechsachsige Postwagen und zwei Schlafwagen. In Peterborough fand der erste Maschinenwechsel statt, bei dem in der fraglichen Nacht eine moderne Ivatt Atlantic Lok mit der Nr. 276 vorgespannt wurde. Lokführer Fleetwood und Heizer Talbot galten als eine erfahrene Lokmannschaft, die in Peterborough bei der Abfahrt nüchtern und in bester Gesundheit waren, wie mehrere Zeugen aussagten. Sie hatte ihren Dienst um 14.00 Uhr mit einem Zug von Doncaster nach York begonnen und den Schnellzug von York nach Peterborough um 18.50 Uhr gefahren. Den von London um 20.45 Uhr abgefahrenen Nachtschnellzug sollte sie dann von Peterborough nach Concaster zurückfahren, womit ihr Dienst beendet war. Genauso wie geschildert, hatte sie den vorhergehenden Tag ihren Fahrdienst absolviert. Wir erwähnen diesen Vorgang deshalb so genau, weil tags darauf das schwere Unglück geschah, für das man nie eine Erklärung gefunden hatte.

Nachdem obige Mannschaft den Zug übernommen hatte und fahrplanmäßig in Peterborough abgefahren war, sollte er nach einer etwa 50 km langen Strecke in Grantham halten, wo sich auf dem Bahnsteig um 23.00 Uhr außer den Reisenden der Bahninspektor und drei Postmänner aufhielten. Da geschah das Geheimnisvolle, für das jede Erklärung fehlte. Zum Schrecken aller hielt der Zug nicht an, sondern fuhr mit 60 km/st Geschwindigkeit an den Bahnsteigen vorbei, wobei niemand den Lokführer und den Heizer auf der Lok sah. Der Zug hatte zwar Einfahrt aber keine Ausfahrt, da der Signalmann auf dem nördlichen Stellwerk einen von Nottingham angekündigten Güterzug die Kreuzungen freihielt. Die Menschen auf dem Bahnsteig sahen den Zug in der dunklen Nacht mit seinen roten Schlußlichtern verschwinden und wenig später hörten sie einen donnerartigen Knall wie eine Explosion, der bald darauf ein heller Feuerschein folgte.

Was war geschehen? Der durchgebrannte Zug war in die Weichen nach der Nottingham Strecke eingefahren und der Tender war auf der anschließenden S-Kurve entgleist, wobei er das Brückengeländer einer Unterführung wegriß. Dabei löste er sich von der Maschine und stürzte die Böschung an der Brücke herunter. Die Lok entgleiste, legte sich quer und die ersten drei Wagen fuhren auf sie auf. Die folgenden sechs Wagen entgleisten ebenfalls und flogen die Böschung herab. Die letzten drei Wagen blieben unbeschädigt auf den Schienen stehen. Unmittelbar danach brach Feuer im Trümmerhaufen über der aus der Feuerbüchse gefallenen glühenden Kohle aus, das sofort von ausströmendem Leuchtgas der zerstörten Wagen genährt wurde. Die Lokmannschaft war sofort tot und ihre Maschine so demoliert, daß man nicht mit Sicherheit feststellen konnte, ob der Dampfregler geschlossen und die Bremshähne betätigt worden waren. Außerdem starben elf Reisende und ein Postschaffner in den Trümmern. Der Verlust an Menschenleben wäre bestimmt höher gewesen, wenn nicht glücklicherweise vorn die Postwagen gelaufen wären.

Der schwere Unfall von Grantham erzeugte wie bei dem von Salisbury einen starken Schock in der Öffentlichkeit. Eine Menge von Gerüchten und fantastischen Theorien waren sofort im Umlauf. So z.B. der Lokführer sei betrunken gewesen oder dem Lokführer sei schlecht geworden. Ja, man hatte sogar gesehen, wie der Lokführer mit dem Heizer verzweifelt auf dem Führerstand gerungen hätte. Natürlich war von allen Geschichten nichts bewiesen, wie die Untersuchung ergab. Noch am glaubhaftesten war, daß tatsächlich der Lokführer plötzlich erkrankt war und der Heizer ihm helfen wollte, wobei dann der Zug außer Kontrolle geriet und in Grantham durchfuhr. Ein Hinweis hierfür war, daß Fleetwood im Juni vorher an Ischias erkrankt war, und daß er ohne ärztliche Untersuchung seinen Dienst nach einer Woche wieder aufgenommen hatte. Als sicher gilt, daß der Signalmann des südlichen Stellwerkes den Lokführer und Heizer deutlich auf dem Führerstand stehend und aus ihren Fenstern nach vorn schauend gesehen, und daß der Lokführer bei Annäherung an Grantham nicht wie gewöhnlich gepfiffen hatte. Viele bei der Untersuchung befragte alte Lokführer gaben eindeutig an, daß bei solch klarer Nacht jeder Irrtum für eine Verwechslung des Ortes ausgeschlossen wäre. Was tatsächlich auf dem Führerstand der Atlantic Nr. 276 in jener Septembernacht geschehen ist, wurde niemals geklärt.

Shrewsbury, den 15. Oktober 1907

Ein Jahr nach dem Grantham Unfall ereignete sich das dritte Unglück in dieser Reihe außerordentlich mysteriöser Tragödien. Wieder war es dunkle Nacht in den frühen Morgenstunden des 15. Oktober 1907. Der Nachtschnellzug von Crewe fuhr über Shrewsbury und Bristol nach dem Westen Englands. Er bestand aus modernen Wagen und einer fast neuen Lokomotive „Stephenson". Der Zug fuhr mit 8 Minuten Verspätung in Crewe ab und zwischen Whitechurch und Shrewsbury hatte der Lokführer bei einer Geschwindigkeit von fast 100 km/st bereits 5 Minuten wieder aufgeholt. Kurz vor Shrewsbury befand sich ebenfalls eine scharfe Kurve wie in Salisbury, für die eine Geschwindigkeitsbeschränkung von 16 km/st galt. Zwei Stellwerke standen vor dieser Station. Als das erste den sich nähernden Schnellzug dem zweiten Stellwerk anbot und dieses nur bedingt annahm, stellte der erste Signalmann sein Einfahrtsignal auf „Halt". Zu seinem Schrecken sah er aber, daß der Zug nicht bremste, sondern mit unverminderter Geschwindigkeit in die kurvenreiche Strecke vor Shrewsbury an seinem Stellwerk nur noch 550 m entfernt vom Beginn der sehr scharfen Kurve vorbeiraste. Das Unglück war unvermeidlich geworden und wenig später sprang zuerst die Maschine aus den Gleisen, holperte 70 m über die Schwellen und schlug dann um. Die nachfolgenden Wagen türmten sich vor der Lokomotive zu einem schrecklichen Trümmerhaufen auf. Die Lokmannschaft war sofort tot und mit ihr zwei Schaffner, drei Postbeamte und elf Reisende. Dazu gab es 40 mehr oder weniger schwer verletzte Passagiere.

Drei schwere Schnellzugkatastrophen in etwas mehr als einem Jahr hatten die englische Öffentlichkeit stark beunruhigt, und die englische Presse hatte damals das ihrige zu einer gewissen Panikmache beigetragen. Man glaubte, daß die neuen schweren Lokomotiven und die hohen Geschwindigkeiten die Nerven der Lokführer derart strapazieren, daß es eben zu solchen Katastrophen

39 — Shrewsbury (England), Oktober 1907. Entgleisung wegen zu hoher Geschwindigkeit in einer Kurve.

Die Untersuchung der umgestürzten Lok in Shrewsbury ergab, daß der Dampfregler geschlossen, die Steuerung bis auf 0 zurückgedreht und der Bremshebel betätigt worden war. Danach muß der Lokführer verzweifelt versucht haben, seine Geschwindigkeit an der gefährlichen Kurve vor Shrewsbury herabzusetzen, was ihm aber offenbar nicht gelungen war. Man muß deshalb annehmen, daß die Druckluftbremsen versagt haben, ein schreckliches Gefühl für einen Lokführer, wenn er den Zug nicht mehr bremsen kann. Man hat nach den Unfällen in Ingenieurkreisen nach den Ursachen für das Versagen dieser an sich sicheren Bremsen gesucht, allein deshalb, um weitere Unfälle dieser Art zu vermeiden.

kommen mußte. Ja, man glaubte sogar, daß diese Männer wahnsinnig auf ihren Maschinen geworden sind, aber bei den beiden letzteren Unfällen handelte es sich um normale und nicht allzu schnelle Züge. Das die Untersuchung durchführende „Board of Trade" veranlaßte schließlich die Zulassung der Presse, was früher nie der Fall war, um zu beweisen, daß nichts vertuscht werden sollte. Die gefundenen Erklärungen für das Versagen der Bremsen waren nicht von der Hand zu weisen, aber mit Sicherheit ließ sich das nicht beweisen. Die drei Unfälle in Salisbury, Grantham und Shrewsbury blieben geheimnisvoll, so wie vielleicht die Katastrophen bei Aitrang und Rheinweiler in unseren Tagen nicht vollkommen geklärt werden konnten. Die toten Lokführer konnten nicht mehr reden, sonst wüßten wir mehr darüber, was zu jenen Katastrophen geführt hatte.

Loire Brücke bei Les-Ponts-de-Cé, 1907

Am 4. August 1907 stürzte auf der eingleisigen Strecke Angers-Poitiers ein vollbesetzter Personenzug mit dem vorderen Zugteil in die Loire, da durch Entgleisung der Lok der Fahrbahnbelag zerstört wurde. Die Untergurte der engmaschigen Gitterbrücke wurden dabei herausgerissen. Die Brücke besteht aus drei Teilen, die zwei Loirearme und einen Kanal überspannen. Die Strecke geht mit relativ starken Krümmungen in die Brückengerade über und diesem Umstande ist wohl der Unfall zuzuschreiben, da an dieser Stelle eine Gleis-Auszugvorrichtung fehlte. Infolge der großen Hitze an diesem Tag war die Lokomotive durch Gleisverwerfung entgleist. Die Brücke selbst liegt als durchgehender Träger auf zwei Widerlagern und sechs Pfeilern.

Der Zug bestand aus einer Lok, einem vorderen und einem hinteren Gepäckwagen und sieben dazwischen laufenden Personenwagen. Wegen des Sonntagsverkehres war der Zug stark besetzt. Er war fahrplanmäßig 11.25 Uhr von Angers abgegangen, hatte die Kanalbrücke und die kleinere Loirebrücke überfahren und stand im Begriff, die große Loirebrücke zu überschreiten. Als die entgleiste Lok fast den ersten Brückenteil überfahren hatte, gab der Fahrbahnbelag nach und die Maschine, der Gepäckwagen und der erste Personenwagen stürzten in den Fluß. Die Kupplung vom ersten zum zweiten Personenwagen zerriß, und der zweite Wagen blieb beinahe senkrecht an der Bruchstelle hängen.

Die Rettungsarbeiten setzten sehr spät ein. Erst um 15.30 Uhr kam von Angers eine Pionierkompanie mit Rettungsgeräten an. Inzwischen war das zerbrochene Dach des dritter Klasse Wagens infolge der starken Strömung der Loire fortgerissen worden, so daß die Leichen der Verunglückten weit in die Loire getrieben wurden. Die Rettungsmannschaften holten 25 Leichen aus der Loire. Insgesamt zählte man 27 Tote und 45 leichtverletzte Personen. Lokführer und Zugführer waren unter den Toten, der Heizer konnte sich durch Schwimmen retten. Die Aufräumungsarbeiten übertrug

40 — *Durch Entgleisung der Lok stürzt der vordere Teil des Zuges in die Loire bei Les-Ponts-de-Ce.*

die Eisenbahnverwaltung einem Privatunternehmen, das mit zwei schweren Lokomobilen die Wagen und den Tender herauszog. Die schwere Lok zog man in der gleichen Weise auf ein Floß und schaffte sie so in eine Reparaturwerkstätte.

Die Entgleisung hätte nicht diese Folgen gehabt, wenn der Fahrbahnbelag stärker konstruiert worden wäre. Entgleisungen auf Brücken bedeuten immer wieder eine ernste Gefahr für die Brücke.

Tremmessen (Deutschland), August 1907

Zwischen Tremessen und Talsee entgleiste am 7. August 1907 der D-Zug Nr. 52 von Thorn nach Posen auf freier Strecke. Der mit einer S 6 und einer leichten P 3.2 als Vorspann bespannte Schnellzug fuhr mit normaler Geschwindigkeit über eine Baustelle, die als solche nicht vorschriftsmäßig gekennzeichnet und gedeckt war. Die Vorspannmaschine sprang aus den Gleisen und

ihr Tender kippte um. Die zweite Maschine fuhr auf den Tender auf, wobei auch ihr Tender umkippte. Der nachfolgende Gepäckwagen legte sich quer über das Gleis und wurde gänzlich zertrümmert. Auf den folgenden 3. Klasse Wagen fuhr dann noch ein 2. Klasse Wagen auf, die beide weitgehend zerstört wurden. Alle anderen Wagen wurden nur wenig beschädigt. Die beiden Lokmannschaften sprangen rechtzeitig ab, wobei ein Heizer schwer verletzt wurde. Insgesamt verloren acht Menschen ihr Leben und 20 wurden zum Teil schwer verwundet.

Die Entgleisung wurde durch den schlechten Oberbau und durch die mangelhafte Deckung hervorgerufen. Zwar versuchte ein Bahnwärter, in dessen unmittelbarer Nähe der Unfall stattfand, mit einer Lampe Haltesignale zu geben, die aber wohl nicht oder viel zu spät gesehen wurden. Die 60 Meter lange Baustrecke hätte unbedingt durch ein Langsam-Fahr-Signal gesichert werden müssen. Der Lokführer des vorausgefahrenen Güterzuges hatte den gefährlichen Zustand der Strecke an dieser Stelle bemerkt und auf der nächsten Station versucht, den nachfolgenden D-Zug zu warnen. Doch diese Warnung kam wohl zu spät.

Weit schlimmere Folgen hatte der Zusammenstoß auf der Oudh & Rohilkund Eisenbahn am 6. Mai 1908 zwischen den Stationen Ghaziabad und Dasna. Der Betrieb wurde hier nach einem Tablet-System ähnlich dem Stab-System geregelt. Wer von

42 — Tremessen, Deutschland, August 1907. Entgleisung wegen nicht gekennzeichneter Bauarbeiten.

Ludhiana (Indien), Dezember 1907
Dasna (Indien), Mai 1908

Zwei äußerst schwere Zugzusammenstöße haben sich kurz hintereinander auf eingleisigen Strecken in Indien ereignet. Der eine Zusammenstoß erfolgte zwischen Ludhiana und Ladhowal auf der Nord-West Eisenbahn am 25. Dezember 1907, bei dem 21 Personen getötet und acht schwer verletzt wurden. Verursacht wurde diese Kollision durch eine gleichzeitige Abfertigung von zwei Personenzügen auf der eingleisigen Strecke, die dann in einer Bahnkrümmung auf einem 5 m hohen Damm bei guter Fernsicht zusammenstießen. Schuld an dem Unfall war der Stationsbeamte in Ladhowal, der gleichzeitig einen Zug angenommen und einen abgefertigt hatte.

den Lokführern das Tablet gezogen hatte, durfte auf der eingleisigen Strecke fahren. Auf ungeklärte Weise haben nun beide Lokführer an den Endstationen ein Tablet gehabt, so daß sie auch beide fahren konnten. Der Zusammenstoß war damit nicht mehr rückgängig zu machen. Er erfolgte an einer leichten am Innenrand baumbestandenen Kurve, so daß schlechte Fernsicht herrschte. Die beiden Züge stießen jeder mit einer Stundengeschwindigkeit von etwa 60 km heftig zusammen. Der eine Zug beförderte einen Transport-Gasbehälter, der beim Zusammenstoß explodierte und dadurch den ganzen Trümmerhaufen schnell in Brand setzte. Die beiden Lokmannschaften waren sofort tot und der übrige Verlust an Menschenleben war außerordentlich hoch. Die offizielle Schät-

43 — Dasna, Indien, Mai 1908. Zusammenstoß auf eingleisiger Strecke.

zung belief sich auf 120 Tote, doch war es unmöglich, die Zahl genau zu schätzen. Mehr als 50 Reisende wurden verletzt. Feuer in solchen Trümmerhaufen ist meist schlimmer als der Zusammenstoß selbst, da die Chancen für ein Überleben dann nur gering sind. Die beiden Unfälle in Indien beweisen dies mit aller Deutlichkeit.

Berlin (Hoch- und Untergrundbahn), September 1908

Auf dem Gleisdreieck der Berliner Hoch- und Untergrundbahn ereignete sich am 26. September 1908 ein schweres Unglück, bei dem 21 Personen getötet und 18 schwer verletzt wurden. Der Unfall kam dadurch zustande, daß der von der Leipziger Straße nach Moeckener Straße fahrende Zug dem von Bülowstraße ebenfalls nach Moeckener Straße fahrenden Zug im Gleisdreick direkt in die Flanke fuhr, wobei der mittlere Wagen des letzteren Zuges so unglücklich getroffen wurde, daß er 10 m tief herabstürzte und dabei total zertrümmert wurde. Der letzte Wagen stürzte glücklicherweise wegen

Kupplungsbruches nicht ab. Alle Reisenden in dem zerstörten Wagen wurden entweder getötet oder schwer verletzt. Der von Bülowstraße kommende Zug hatte Vorfahrt und der von Leipziger Straße kommende mußte halten. Sowohl der Fahrer als auch der mitverantwortliche Schaffner haben das Haltesignal überfahren und wurden zur Verantwortung gezogen. An dieser gefährlichen Stelle wurde nach dem Unfall eine mechanische Vorrichtung am Hauptsignal angebracht, die bei Haltstellung die Bremsung des Zuges automatisch auslöste.

Mülheim (Ruhr), Deutschland, März 1910

Deutschland galt um die Jahrhundertwende als Land mit der größten Sicherheit auf seinen Eisenbahnen. In dem 20jährigen Zeitraum zwischen 1895 und 1914 verunglückten tödlich und unverschuldet 287 Menschen auf den Staatsbahnen des Deutschen Reiches. Das waren im Mittel pro Jahr 15 Menschen. Die Zahl der unverschuldet

44 − Berlin, Hoch- und Untergrundbahn. Zusammenstoß am Gleisdreieck.

verletzten Reisenden betrug in der gleichen Zeit rund 6400 oder jährlich 320. In diesen Zahlen sind nicht die Tötungen und Verletzungen von Eisenbahnbediensteten und bahnfremden Personen enthalten. Sehr viele ernste Eisenbahnunfälle hat es zu dieser Zeit also in Deutschland nicht gegeben. In der folgenden Tabelle sind die schlimmsten ihrer Art zusammengestellt.

Neben dem bereits kurz beschriebenen Berliner Unglück an der Hoch- und Untergrundbahn galt das Unglück in Mülheim (Ruhr) als sehr schwer. Hierin verwickelt waren ein Militärzug, der Soldaten nach Metz befördern sollte und einer der bekanntesten Luxuszüge in Deutschland, der ,,Lloyd Express'', der zwischen Hamburg und Genua verkehrte. Der Militärzug kam von Düssel-

Ort	Jahr	Ursache	Tote	Verletzte
Mühlheim bei Offenbach	1900	Nebel, Zusammenstoß	12	4
Altenbeken	1901	Zusammenstoß + Auffahren	12	27
Spremberg	1905	Zusammenstoß, eingl. Str.	17	14
Ottersberg	1906	Nebel, Zusammenstoß	-	-
Tremessen pr. Staatsbahn	1907	Entgleisung, schl. Oberbau	8	20
Berlin Hoch-Untergr.Bahn	1908	Zusammenstoß in Flanke	21	18
Mülheim (Ruhr)	1910	Zusammenstoß + Auffahren	22	55
Müllheim (Baden)	1911	Entgleisung, hohe Geschw.	13	32
Harrasfelsen (Zschopau)	1913	Felssturz, Entgleisung	9	80

45 — Auffahren eines Schnellzuges auf einen stehenden Militärzug in Mülheim (Ruhr).

46 — Mülheim (Ruhr). Zerstörter preußischer Abteilwagen.

dorf und mußte kurz vor dem Bahnsteig in Mülheim warten, da das Gleis noch besetzt war. Hinter dem Militärzug folgte ebenfalls von Düsseldorf der „Lloyd Express", überfuhr die auf Halt stehenden Signale und gelangte so in den für ihn gesperrten Block. Gerade als der Militärzug langsam anfuhr, kam der Schnellzug angebraust und stieß mit großer Gewalt in die hinteren Wagen des Militärzuges hinein, was von vielen unfreiwilligen Zuschauern auf dem Bahnsteig beobachtet wurde. Der „Lloyd Express" verkehrte täglich in Verbindung mit dem Norddeutschen Lloyd von und nach Genua. Er bestand aus zwei Schlafwagen, einem Speisewagen, einem Salonwagen und einem Gepäckwagen. Der Zug gehörte der Internationalen Schlafwagengesellschaft und führte nur 1. Klasse. Seine Reisegeschwindigkeit betrug etwa 55 km/st. Der Militärzug bestand dagegen aus preußischen Abteilwagen 3. Klasse, die wegen der vielen Türen wenig stabil bei Zusammenstößen waren. Während im Luxuszug kein Reisender verletzt wurde, starben im Militärzug 22 Soldaten und 56 wurden meist schwer verletzt. Der preußi-

sche Minister für öffentliche Arbeiten erstattete dem Deutschen Reichstag einen genauen Bericht über den Hergang des Unglükkes. Schuld trug allein der Lokführer des Schnellzuges.

Villepreux-les-Clayes (Frankreich), Juni 1910

In der Nähe von Villepreux auf den französischen Staatsbahnen war der Personenzug Nr. 46 von Paris wegen Lokomotivschadens auf der Strecke liegen geblieben. Da eine andere Maschine angefordert worden war, stand der Zug etwa eine dreiviertel Stunde vor dem Bahnhof. Unterdessen war der NachmittagSchnellzug von Paris Nr. 477 fällig geworden. Obwohl der stehende Zug durch ein Haltesignal gedeckt war, überfuhr der Schnellzug dieses Signal und, da der Lokführer wegen einer Kurve den stehenden Zug erst 100 m vor sich sah, kam es zu einem verheerenden Zusammenstoß zwischen beiden Zügen. Der Speisewagen und drei Wagen des Expreßzuges wurden zerstört, der Bremswagen und drei Wagen des Lokalzuges wurden teleskopiert. Die Loko-

47/48 — *Auffahren eines Schnellzuges auf stehenden Personenzug bei Ville-preux-les-Clayes.*

motive stürzte dabei um und setzte sehr bald den Trümmerhaufen in Brand. Die herbeigerufene Feuerwehr aus dem Nachbarort konnte wegen Wassermangel nicht löschen. Diese Unachtsamkeit des Lokführers, der wie sein Heizer nicht umkam, brachte 20 Fahrgästen den Tod und 19 wurden schwer verletzt. Dazu gab es noch viele Leichtverletzte. Der Lokführer fuhr statt mit 80 km Stundengeschwindigkeit mit mehr als 100 km/st. Er wurde übrigens zu zwei Jahren Gefängnis verurteilt.

Hawes Junction (Großbritannien), Dezember 1910

Auf der Hauptlinie der alten Midland Eisenbahn muß zwischen Carlisle und Settle eine Höhe von 357 Meter in den Pennines überwunden werden, was in der damaligen Zeit meist nur in Doppeltraktion der leichten Midlandlokomotiven möglich war. Diese Vorspannmaschinen waren 2B Lokomotiven, die für die Züge nach dem Süden in Carlisle und für die Züge nach dem Norden in Helliefield oder in Leeds stationiert waren. Es herrschte die Praxis, alle diese Vorspannlokomotiven auf dem höchsten Punkt Aisgill abzuhängen und dann die vom Norden wie die vom Süden nach der 5 km entfernten Station Hawes Junction zu fahren, wo sich eine Drehscheibe befand, auf der diese Maschinen gedreht wurden. Zwischen dem normalen Fahrplan wurden diese Maschinen meist zu zwei oder drei gekuppelt in ihr entsprechendes Depot abgefertigt. In Hawes Junction, wo eine Nebenstrecke in östlicher Richtung nach Northallerton abgeht, herrschte neben dem normalen Verkehr eine stetige und starke Lokomotivbewegung, die von einem Stellwerksbeamten dirigiert wurden. Diese sehr verantwortungsvolle Position war für einen Signalmann allein fast zu viel. Zum Schutz gegen die winterlichen Atlantikstürme war die Drehscheibe, die dauernd in Tätigkeit war, von einem hohen Windschutzzaun umgeben, um vor allem gegen die Schneeverwehungen der Hochfläche geschützt zu sein.

Auf der Südseite von Hawes Junction nach Aisgill mit einer Steigung von 6 Promille und der Nordrampe mit einer Steigung von 10 Promille geschahen in den Jahren 1910 und 1912 zwei schwere Eisenbahnunfälle, über die hier kurz berichtet werden soll.

Am Heiligabend 1910 herrschte naßkaltes Wetter mit Regenschauern und Sturmwinden und ein lebhafter Weihnachtsverkehr auf der Midland Eisenbahn war, wie zu Festzeiten üblich, abzuwickeln. Zu den fahrplanmäßigen Zügen kamen Sonderzüge hinzu, so daß sich entsprechend mehr Vorspannmaschinen in Hawes Junction sammelten. Das Unheil begann in der Frühe des ersten Weihnachtstages gegen 5 Uhr. Die beiden Lokomotiven Nr. 548 und 448 waren von Aisgill eingefahren und kurz danach umgedreht worden. Um 4.14 Uhr fuhr der erste Expreß nach Carlisle durch, dem ein Nachzug 5.20 Uhr folgte. Nach der Durchfahrt dieses Zuges leitete der Stellwerksbeamte Sutton die beiden leichten bereitstehenden Maschinen 548 und 448 ebenfalls zur Fahrt nach Carlisle auf das Süd-Nord-Hauptgleis, das vor Hawes und hinter Hawes durch ein Einfahr- und ein Ausfahrsignal gedeckt war. Zwischen beiden Signalen standen die beiden Maschinen und warteten auf ihre Abfahrt nach Carlisle.

Zu diesem Zeitpunkt muß nun Sutton, ein bestimmt gewissenhafter Eisenbahner, die Übersicht über seine vielen Zug- und Lokomotivabfahrten verloren haben. Denn nach der Durchfahrt des Schnellzuges 5.20 Uhr hätten die beiden Maschinen „Freie Fahrt" bekommen müssen. Sutton vergaß dies offensichtlich. Zu diesem ersten Fehler kam gleich ein zweiter, er vergaß wahrscheinlich auch, die Ringe über die Signalhebel zur Erinnerung aufzusetzen, wie es die Vorschrift verlangte, wenn das Hauptgleis besetzt war. Den dritten Fehler begingen dann die beiden Lokführer Bath und Scott, weil sie nicht nach einer Stehzeit von fünf Minuten laut Regel 55 einen ihrer Heizer zum Signalmann Sutton schickten, um diesen nochmals auf ihre Bereitstellung zur Abfahrt hinzuweisen. Um 5.39 Uhr meldete die südlich von Hawes gelegene Blockstation Dent die Annäherung des Mitternachtsexpresses nach Glasgow an. Sutton nahm den Zug an und meldete ihn nach Blockstation Aisgill weiter, wo der Zug ebenfalls angenommen wurde.

Sutton öffnete nun seine Signale, was er nie getan hätte, wenn die Ringe auf die Hebel gesteckt worden wären. Da das Ausfahrtsignal jetzt „Freie Fahrt" zeigte, fuhren die beiden Loks nach kurzem Pfiff ab, deren Führer wegen ihres Fehlers ja nicht wissen

49/50 — *Hawes Junction, England. Auffahren eines Schnellzuges auf zwei vorausfahrende Lokomotiven.*

konnten, daß sie längst vergessen waren, und daß das gezogene Ausfahrtsignal nicht ihnen, sondern dem sich nähernden Glasgow Expreß galt. Vier Minuten später brauste der mit zwei Maschinen bespannte Glasgow Expreß mit einer Geschwindigkeit von 105 km/st durch Hawes Junction Station. Zu diesem Zeitpunkt fuhren die beiden Leer-Maschinen gemächlich in etwa 2,5 km Entfernung nördlich von Hawes mit 50 km Stundengeschwindigkeit, nichtsahnend der nahen Gefahr. Zufällig blickte nun Bath, der Lokführer der zweiten Maschine, zurück und sah in der Ferne die beiden Stirnlampen des herannahenden Schnellzuges. Als ihm langsam viel zu langsam die Erleuchtung kam, daß Gefahr drohte, pfiff er und gab Volldampf, was auch Scott auf der ersten Maschine sofort tat.

Wegen des Regenwetters war die Sicht sehr schlecht und so sah der Lokführer des Schnellzuges erst sehr spät die beiden Lokomotiven vor sich. Wenig später prallte der Schnellzug mit einer relativen Geschwindigkeit von 50 km/st auf den hinteren Tender so heftig, daß beide Maschinen ein paar hundert Meter vorwärts geschoben wurden, bis sie schließlich vor dem Shotlock-Hit Tunnel wegen Entgleisung umkippten. 200 m

vorher entgleisten die beiden Schnellzugloks und legten sich gegen die linke Seite des Bahneinschnittes. Die ersten sechs Wagen entgleisten ebenfalls, wobei die beiden ersten teleskopiert wurden. Da die Gasleitung dieser Wagen brach, strömte Gas aus, das sich sofort entzündete und den Trümmerhaufen in Brand setzte. Trotzdem gab es nur zwölf Tote in den ersten beiden Wagen, von denen einige bei lebendigem Leib verbrannten. Ein Glück war, daß das Nord-Südgleis von Trümmern frei geblieben war, so daß eine Leerfahrtlokomotive von Aisgill nach Hawes direkt neben den brennenden Wagen halten und den Brand mit Wasser aus ihrem Tender − wenn auch ohne Erfolg − bekämpfen konnte. Eine von Hawes kommende Güterzuglok gelang es, die beiden letzten Wagen, die im Gleis geblieben waren, abzukuppeln und vom Feuer wegzuziehen. Merkwürdig war, daß von den zwölf Toten drei nicht identifiziert werden konnten. Da Vermißtmeldungen nicht eingingen, wurden die unbekannten Toten auf dem Friedhof in Hawes begraben.

Die Untersuchung durch Oberst Pringle ergab, daß Sutton für einen Moment versagt, und daß die beiden Lokführer der Vorspann-

51 − Hawes Junction, Dezember 1910.

maschinen gröblich ihre Pflicht verletzt hatten. Wäre an jenem Abend gute Sicht gewesen, hätte der Lokführer des Expreßzuges die beiden Lok wahrscheinlich früher entdeckt; oder wenn nur ein zwei Minuten größerer Vorsprung gewesen wäre, hätte es keine Katastrophe gegeben.

Aisgill (Großbritannien), September 1913

In dem Unfall auf der Nordrampe der Midland Eisenbahn waren die beiden Nachtschnellzüge nach London verwickelt, die 1.35 Uhr bzw. 1.49 Uhr Carlisle verlassen sollten. Der erste kam von Glasgow und der zweite von Edinburgh. Beide wechselten ihre Caldonian Lok gegen Midland Lok aus. Die in Carlisle verwendete Kohle galt bei dem Lokpersonal als schlecht, da sie kleinkörnig war und deshalb zur Schlackenbildung neigte. Beide Züge hatten nur je eine Maschine vom Typ Johnson 2B Reihe 4, Nr. 993 für den Glasgow Schlafwagenzug und eine kleinere Johnson 2B Reihe 2, Nr. 446 für den Edinburgh Schnellzug. Der schwere Schlafwagenzug hätte an sich eine Vorspannmaschine benötigt, aber es stand zu der Zeit keine zur Verfügung. Der erstere Zug fuhr 1.38 Uhr (3 Minuten Verspätung) ab, der letztere 1.54 Uhr (5 Minuten Verspätung). Zwischen beiden lag also eine Zeitdifferenz von 16 Minuten. Die Fahrzeit von Carlisle bis zum Kulminationspunkt Aisgill betrug 41 Minuten.

Die Schwierigkeiten beim ersten Zug begannen auf der 10 Promille Steigung. Der Dampfdruck fiel dauernd, obwohl sich Heizer und Lokführer zusammen um das Feuer bemühten. Man mußte zudem noch die große Dampfvakuumpumpe laufen lassen, um die Bremsen offen zu halten, wodurch ein weiterer Dampfverlust eintrat. Doch alle Bemühungen der Lokmannschaft halfen nichts und so kam der Zug 800 m zwischen der Blockstation Mallerstang und Blockstation Aisgill kurz vor dem höchsten Punkt zum Stehen. Da der Lokführer glaubte, bald wieder in Bewegung mit seinem schweren Zug von 243 t zu kommen, unterließ er es, seinen Zug nach hinten durch Knallkapseln zu decken, ein verhängnisvoller Irrtum. Da die Blockstation Mallerstang keine Meldung von Aisgill über den Verbleib des Schnellzuges erhielt, hielt der Signalmann von Mallerstang seine

Signale geschlossen, womit eigentlich der stehende Zug gedeckt war.

Unterdessen kam der zweite Zug gut voran. Er war wesentlich leichter, dennoch hatte aber die Lokmannschaft in der letzten Steigung dieselben Schwierigkeiten mit der Kohle wie der Vorzug. Obwohl die Situation kritisch wurde, verließ der Lokführer seinen Führerstand und ging nach vorn, um Achsen und Getriebe zu schmieren, was in dieser Lage nicht unbedingt erforderlich war. Der Heizer dagegen hatte seine Not mit der Wasserpumpe. In dieser Zeit wurde also die Strecke vom Lokpersonal kaum beachtet und so kam es, daß der Lokführer das auf Halt stehende Vorsignal von Mallerstang nicht sah. Zu diesem ersten Fehler des an sich sehr erfahrenen Lokführers kam ein zweiter des Signalmannes. Da dieser richtig sah, daß der Zug langsamer fuhr, glaubte er, der Zug täte dies wegen des geschlossenen Vorsignales. Er wollte aber den Zug vor seinem Ausfahrtsignal zum Stehen bringen und stellte deshalb das Einfahrtsignal auf „Grün". Der Lokführer sah kurz das „Grün" und glaubte nun seinerseits, wieder ein Trugschluß, daß auch das Ausfahrtsignal auf „Grün" stehen müßte. Das verzweifelte Winken des Signalwärters mit einer roten Lampe sah der Lokführer nicht, da er viel zu sehr mit seiner Maschine beschäftigt war.

So überfuhr er auch das auf „Rot" stehende Ausfahrtsignal. Wenig später sah der Heizer das Schlußlicht des stehenden Schnellzuges und der Lokführer glaubte, es wäre das auf „Rot" stehende Vorsignal von Aisgill. Erst 200 Meter vor dem stehenden Zug erkannte er die schreckliche Lage und er reagierte viel zu langsam. Mit großer Wucht rannte er in den Gepäckwagen des Glasgow Expreßes hinein, durchschlug ihn und seine Maschine wurde unter den Trümmern des nächsten 3. Klasse begraben. Im hinteren Zugteil des ersten Zuges starben 14 Fahrgäste; wenig später entzündete sich das ausströmende Gas an der Lokomotive, so daß die letzten drei Wagen ausbrannten.

Der schuldtragende Lokführer des zweiten Zuges wurde zu zwei Monaten Gefängnis verurteilt, aber nicht entlassen, da sich auch in diesem Falle die Gewerkschaft einschaltete. Wieder war die Gasbeleuchtung an dem ausgebrochenen Feuer Schuld und dieses

52 — *Courville, Frankreich, Februar 1911. Durchschneidung eines rangierenden Güterzuges durch einen Schnellzug.*

53 — *Melun, Frankreich, November 1913. Flankenfahrt zweier Schnellzüge.*

zweite Unglück trug wenigstens dazu bei, daß die Midland von diesem Zeitpunkt an Wagen mit Gasbeleuchtung nicht mehr baute.

Courville (Frankreich), Februar 1911
Melun (Frankreich), November 1913

Auf Villepreux folgte ein zweiter schwerer Unfall bei Courville am 14. Februar 1911 auf der Französischen Staatsbahn. Auf dieser Station wurde der Güterzug Nr. 3228 auf ein anderes Rangiergleis gesetzt, um einen Personenzug von Paris Platz für die Weiterfahrt zu machen, da dieser bereits vor dem Hauptsignal stand. Bei diesem Verschiebevorgang mußte das andere Hauptgleis gekreuzt werden, auf dem die Durchfahrt des Pariser Schnellzuges Nr. 513 erwartet wurde. Die Kreuzung wurde durch auf „Halt" stehende Einfahrtsignal für diesen Zug gedeckt. Der sich nähernde Schnellzug übersah aber dieses Signal und fuhr mit voller Geschwindigkeit von 86 km/st in die Flanke des kreuzenden Güterzuges. Durch den Zusammenstoß wurde die Maschine samt Tender zur Seite geschleudert, wobei ein Dienstwagen und zwei Personenwagen des Schnellzuges zertrümmert wurden.

Auch in diesem Falle fing der Trümmerhaufen Feuer durch aus den gebrochenen Gasleitungen strömendes Gas. Beinahe wäre auch der Personenzug, der gerade „Freie Fahrt" erhalten hatte, in den Berg von Trümmern hineingefahren. Er konnte aber rechtzeitig bremsen, da seine Fahrt nicht groß war. Insgesamt starben in den Wrackteilen zwölf Personen; 15 wurden schwer verletzt. Wie durch ein Wunder blieb die Lokmannschaft unverletzt. Schuld an dem Unfall hatte der Lokführer, der das Einfahrtsignal überfahren hatte. Nicht frei von Schuld war auch der Stationsbeamte, der einen solchen Verschiebevorgang bei Durchfahrt des Schnellzuges vorgenommen hatte. Wenige Jahre später wiederholte sich dieser Unfall bei Nannhofen zwischen Augsburg und München in der gleichen Weise mit einer allerdings weit höheren Zahl von Unfallopfern.

Die dritte französische Katastrophe ereignete sich zwei Jahre später bei Melun auf der Paris-Lyon-Mittelmeerbahn am 4. November 1913 um 22.30 Uhr. Bei Melun kreuzen sich zwei Bahnstrecken und das Verbindungsstück zwischen beiden war von

jeher ein Gefahrenpunkt, da hier Überkreuzungen der beiden Gleise stattfanden. Der Postzug von Paris verließ kurz vor Melun sein Gleis, um auf dem Verbindungsstück die andere Strecke zu erreichen. In diesem Augenblick der Kreuzung des Gegengleises kam der Schnellzug von Marseille und fuhr dem Postzug direkt in die Flanke. Dieser Kreuzungspunkt war durch drei Signale in 1150 m, in 970 m und in 150 m Entfernung gedeckt; aber der Lokführer überfuhr die ersten beiden Signale und sah zwar das auf Halt stehende Signal; der Bremsweg aber war viel zu kurz, so daß der Zusammenstoß unvermeidlich war. Bei diesem heftigen Aufprall wurden neun Wagen des Postzuges und drei des Schnellzuges nahezu zertrümmert. Auch hier barsten die Gasbehälter und das ausströmende Gas entzündete den Trümmerhaufen. Auf der Stelle wurden 40 Menschen getötet, darunter 21 Postbeamte; etwa 50 wurden mehr oder weniger schwer verletzt. Die Lokmannschaft blieb merkwürdigerweise unverletzt. Bei der Untersuchung stellte man fest, daß die Sicherheitsvorrichtungen bei solchen Geschwindigkeiten über 100 km/st an dieser neuralgischen Stelle völlig unzureichend waren. Auch hier wie immer in England forderte man energisch die Einführung der elektrischen Beleuchtung, ein frommer Wunsch; denn noch viele Jahre vergingen, bis überall die Gasbeleuchtung verschwunden war. Tatsache ist, daß auf den französischen Bahnen ab 1. Januar 1922 kein Schnellzugwagen mehr Gasbeleuchtung haben durfte. Für alle anderen Personenwagen war das Ende der Gaslampen auf den 1. Januar 1925 festgesetzt worden.

Ditton Junction (Großbritannien), September 1912

Nahe Widnes auf der London & North Western Eisenbahn (LNW) laufen acht Gleise in die Station Ditton Junction ein, davon zwei für lokale Verbindungen, zwei für Güterzüge, zwei für Schnellfahrten und zwei für Langsamfahrten. Durch Weichen waren die Schnellfahrgleise mit den Langsamfahrgleisen verbunden. Am 17. September 1912 kam der Schnellzug von Chester nach Liverpool um 17.30 Uhr und sollte vor dem Bahnhof durch Signalanzeige von dem Schnellfahrgleis auf das Langsamfahrgleis übergeleitet werden. Dieser Wechsel durfte bei einer Geschwindigkeit von höchstens

25 km/st vorgenommen werden. Der nicht streckenkundige Lokführer mißverstand die Signalanzeige und mißachtete deshalb die angezeigte Geschwindigkeitsbeschränkung. Er fuhr mit einer Geschwindigkeit von 100 km/st in die Weiche. Das Ergebnis dieses verhängnisvollen Irrtums war schrecklich. Der ganze Zug flog aus den Schienen. Die Lokomotive, eine 1B der Precedent-Klasse, legte sich auf die Seite, pflügte

Dennoch gelang die Rettung vieler Passagiere. Nur 13 Fahrgäste und die Lokmannschaft verloren ihr Leben in dieser Katastrophe. Colonel Yorke beschrieb die Schrecken dieser Scene und meinte, daß niemals zuvor eine Lokomotive und die Wagen so zerstört worden sind wie in diesem Falle. Er kritisierte scharf nicht nur den Einsatz streckenunkundiger Lokführer, sondern auch die unübersichtliche Signalanlage.

54 — Ditton Junction, England, September 1912. Entgleisung infolge zu hoher Geschwindigkeit auf einer Weiche. Lokführer nicht streckenkundig.

zwischen den Schienen weiter und traf dabei den Pfeiler einer Brücke vor dem Bahnhof, die dadurch zum Teil einstürzte. Als Folge wurde der ganze Kesselmantel samt Führerhaus abgerissen. Die folgenden sechs Wagen sprangen über die Maschine und bildeten jenseits der Brücke kurz vor den Bahnsteigen einen kompakten Haufen von zerrissenem Stahl und zersplittertem Holz. Bevor es gelang, die unglücklichen Fahrgäste aus dem Trümmerhaufen zu befreien, strömte Gas aus den zerstörten Gasleitungen, und in kurzer Zeit war der ganze Berg von Wrackteilen ein Inferno von Flammen, die mit chemischen Feuerlöschern und Wasser aus den Hydranten zu löschen sich bald als unmöglich erwies.

Ems-Drehbrücke bei Hilkenborg, 1913

Ein eigenartiger Unfall, der ohne ernstliche Folgen blieb, ereignete sich an der Drehbrücke über die Ems an der Strecke Oldenburg-Leer-Neuschanz zwischen den Bahnhöfen Hilkenborg und Weener. Um Mitternacht des 26. Juli 1913 war der letzte Personenzug vom Haltepunkt Hilkenborg bei auf Halt stehendem Signal und offenstehender Drehbrücke abgefahren. Als der Lokführer bis auf etwa 100 m an die offene Drehbrücke herankam, bemerkte er seinen Irrtum und leitete sofort die Schnellbremsung ein. Da der Zug nicht schnell fuhr, kam er vor der Öffnung nahezu zum Stillstand. Aber nicht ganz, denn die beiden Lauf-

55/56 — Bei geöffneter Drehbrücke über die Ems bei Hilkenborg bleibt die Lok über der Öffnung hängen und wird später von einem Schwimmkran gehoben.

achsen und eine Treibachse der 2B Lok „Venus" fuhren noch in die Öffnung hinein, so daß die Maschine nach unten kippte. Glücklicherweise hielt die Kupplung zwischen Lok und Tender und so wurde die halb in der Luft hängende Maschine vom ganzen Zug festgehalten. In dieser gefährlichen Situation holte die Lokmannschaft die glühende Kohle aus der Feuerkiste und dämpfte den Rest des Feuers mit naßer Kohle. Von dem Zugpersonal wurden die wenigen Fahrgäste des Zuges auf den Trittbrettern zum östlichen Ende der Brücke zurück gebracht.

Der Brückenwärter auf dem westlichen Ende der Drehbrücke hatte wohl bemerkt, daß der Personenzug abgefahren war, obwohl die Brücke noch nicht geschlossen war. Der rechtzeitige Verschluß war dadurch verhindert worden, daß sich ein kleines Segelschiff der Brücke näherte. Damit dieses nicht gegen die Brücke trieb, hatte der Wärter die Brücke noch nicht geschlossen. Als er die drohende Gefahr für den Zug erkannte, stellte er sofort den Motor für den Verschluß der Brücke ein. Als die Lok sich in die Öffnung neigte, war die Brücke bis auf 2 m herangedreht.

Die Bergung der Maschine war sehr schwierig. Man charterte einen Schwimmkran der kaiserlichen Werft in Wilhelmshaven, der durch zwei Seeschlepper herangeschafft wurde. Der Schwimmkran ging am 28. Juli in See und kam bei schwerem Seegang in ernste Gefahr. Am 29. Juli abends kam er an der Unfallstelle an und am anderen Morgen um 11 Uhr stand die Lok fast unbeschädigt wieder in dem Gleis. Schon am Nachmittag konnte der Betrieb aufgenommen werden. Wegen seines umsichtigen Verhaltens kam der Lokführer mit einer Geldstrafe davon.

Ilford (Großbritannien), 1. Januar 1915

Das Hauptsignal auf Halt gebietet dem Lokführer ein absolutes Stoppen seiner Fahrt. Wenn er es überfährt, beginnt auf jeden Fall das Risiko für einen Unfall. Früher, als es es noch keine Vorsignale gab, kam es häufig vor, daß die Lokführer das Hauptsignal zu spät sahen und es aufgrund ihres großen Bremsweges überfuhren. Anfänglich, wenigstens in Preußen, nahm man diese Übertretung in Kauf und setzte das Hauptsignal genügend weit vor die mögliche Gefahrenquellen. Mit der Einführung der Vorsignale wurde das anders. Jetzt standen die Hauptsignale wieder näher an Gefahrenpunkten und der Durchrutschweg war nur noch klein. Die Funktion des Vorsignales ist also mindestens ebenso wichtig wie die des Hauptsignales, denn spätestens beim Überfahren des Vorsignales muß der Lokführer seine Bremsung einleiten. Je schwerer die Züge wurden und je höher ihre Geschwindigkeit war, umso mehr muß der Lokführer die Stellung des Vorsignales beachten. Tut er dies nicht, kann die Folge ein mehr oder weniger schwerer Unfall sein. Dafür gibt es Beispiele genug.

Aus dem gleichem Grund geschah auch der Unfall bei Ilford am 1. Januar 1915. Die Lokmannschaft des 7.06 Uhr Schnellzuges von Clacton nach London hatte das Vorsignal von Ilford Ost nicht beachtet. Der Signalwärter bemühte sich, mit roter Flagge aus seinem Stellwerk aus den Lokführer aufmerksam zu machen – doch ohne Erfolg. Am Westende von Ilford hatte der Vorortzug von Gidea Park und Liverpool Straße die Kreuzung vom Vorortgleis auf das Durchgangsgleis vorgenommen, auf dem sich der Schnellzug näherte. Wie nach Überfahren der gesperrten Signale nicht anders zu erwarten war, fuhr dieser dem Vorortzug seitlich in die Flanke. Er traf und beschädigte ernstlich den siebenten Wagen des Vorortzuges, zerstörte vollständig den achten und beschädigte weitere. Die 2B Maschine des Schnellzuges wirbelte vollständig herum und stürzte in ein seitlich gelegenes Kohlenlager, während der erste Wagen ernstlich beschädigt wurde. Zehn Fahrgäste kamen bei diesem Zusammenstoß ums Leben und nicht weniger als 500 Insassen wurden mehr oder weniger verletzt. Hätte die Lokmannschaft des Schnellzuges das Vorsignal beachtet, wäre für eine ausreichende Bremsung genügend Zeit gewesen. Die Great Eastern Eisenbahn, auf deren Linie das Unglück geschah, hatte im Londoner Gebiet an vielen Hauptsignalen zusätzliche akustische Signalvorrichtungen eingebaut. Wären diese statt an den Hauptsignalen an den Vorsignalen angebracht worden, so hätte es wahrscheinlich kein Ilford Unglück gegeben, war die Ansicht des den Unfall untersuchenden Colonel Von Donop.

Mit diesem Unglück am 1. Januar begann für das Jahr 1915 eine Serie schwerster Eisenbahnkatastrophen in England. Es war das schlimmste Unfalljahr der englischen Eisenbahnen, wie es das Jahr 1939 für die deutschen Bahnen war.

Quintinshill (Großbritannien), Mai 1915

Der wohl dunkelste Tag in der Geschichte der englischen Eisenbahnen war die Eisenbahnkatastrophe in Quintinshill am 22. Mai 1915 in unmittelbarer Nähe der Grenze zwischen Schottland und England bei dem berühmten Ort Gretna Green, der für seine heimlichen und schnellen Heiraten bekannt war. Die nördlichste Stadt Englands ist der bekannte Eisenbahnknotenpunkt Carlisle, in dem zwei der nach Glasgow und Edinburgh führenden Hauptlinien zusammentreffen. Von dort ging dann die frühere schottische Eisenbahn, die sogenannte Caledonian Railway, weiter nach Glasgow mit einer Abzweigung nach Edinburgh. Kurz hinter der schottischen Grenze zweigt bei Gretna von der Caledonian die Glasgow & South Western Railway ab, die in einem großen Bogen ebenfalls Glasgow erreicht. Beide Hauptstrecken treffen an der „Gretna Junction" Station zusammen, wo von einem Stellwerk der Verkehr dirigiert wird.

Carlisle war insofern von besonderer Wichtigkeit, als hier zwischen den englischen und schottischen Eisenbahngesellschaften die Lokomotiven und Personale ausgewechselt wurden. In Carlisle konnte man damals die apfelgrünen Lokomotiven der North Eastern Eisenbahn nach Newcastle, die roten Lok der Midland, die blauen Lok der Caledonian und schließlich die brombeerschwarzen Lok der London & North Western Eisenbahngesellschaften bewundern, sicherlich ein Anblick, der den Lokfreunden von heute viel Freude bereitet hätte. Viele Carlisler fanden ihren Arbeitsplatz auf diesem Knotenpunkt und die alten Expreßzug-Lokführer waren angesehene Bürger. Sie waren die Aristrokraten unter den Handwerkern, weil sie eben die schweren Lokomotiven der bekannten Expreßzüge nach dem Süden und dem Norden fuhren. Es gab dort viele Eisenbahnerfamilien, in denen Vater und Sohn Lokomotivführer waren.

Um den Verkehr in dem großen Eisenbahnknotenpunkt Carlisle zu entlasten, waren bereits vor dem ersten Weltkrieg an der Hauptstrecke nach dem Norden etwa 2 km nördlich der schottischen Grenze in Quintinshill zwei lange Nebengleise gebaut worden. Zusätzlich waren die beiden Hauptgleise durch ein Weichenpaar verbunden worden. Für die Bedienung der Weichen und Signale war ein Stellwerk in der Mitte der vollkommen in freier Landschaft liegenden Anlage errichtet worden. Ein Tag- und ein Nachtsignalwärter waren abwechselnd dort tätig. Sie wohnten beide in der benachbarten Siedlung Gretna Green. Die Dienstvorschriften für die Caledonian zur Sicherung des Verkehrs sahen gleichfalls die uns bereits bekannten Manschetten vor, die auf die Signalhebel geschoben werden sollten, wenn das zugehörige Gleis besetzt war. Hinzu kam noch zur Absicherung eines abgestellten Zuges die Rückblockung bei den angrenzenden Stellwerken, so daß diese ebenfalls über die Besetzung eines Gleises orientiert waren und in einem solchen Falle gar nicht erst einen Zug anboten. Ein an sich narrensicheres System, wenn die Bahnwärter alles tun würden, was vorgeschrieben war.

Es war der 22. Mai, der Pfingstsonnabend des Jahres 1915 früh zwischen 6 und 7 Uhr. Trotz des tobenden ersten Weltkrieges merkte man nicht allzu viel von dem Krieg auf der Insel England. Auf den Eisenbahnen jedoch herrschte Hochbetrieb. So mußte damals die große britische Flotte, die oben im Norden im Stützpunkt Scapa Flow bei den Orkney Inseln lag, dauernd mit frischer wallisischer Kohle versorgt werden, die von den „Jellicoe Special" Kohlenzügen, wie man sie nach dem Admiral Jellicoe nannte, herangeschafft werden mußte. Laut Fahrplan sollte in Carlisle der Nachtschnellzug 23.45 Uhr von London Euston um 5.50 Uhr und der Nachtschnellzug 24 Uhr

um 6.05 Uhr ankommen. Kurz danach fuhr dann der Lokalzug 6.10 Uhr nach Beattock. Obwohl die beiden Nachtschnellzüge von London, die sehr lang waren und vorn meist sechsachsige Schlafwagen mitführten, als sehr schnelle Züge galten, hatten sie fast immer bei ihrer Ankunft in Carlisle 20 - 30 Minuten Verspätung. Und so bestand bei der Caledonian die die Züge ja in Carlisle übernahm, die Praxis, den Lokalzug, den sogenannten „Parly", die Vorfahrt einzuräumen, damit er möglichst pünktlich in Beattock zur Einhaltung anderer Anschlüsse eintraf. Auf der Strecke bis dahin konnte der Parly auf ein Nebengleis gestellt werden, sobald die beiden Nachtschnellzüge herannahten. Dieser Überholungsvorgang erfolgte meist auf der Nebengleisanlage Quintinshill.

Wie lief nun der Dienst auf diesem Stellwerk ab? Die beiden Signalwärter Meakin und Tinsley wechselten sich im Dienst um 6 Uhr früh ab. Sie mußten zu Fuß oder per Rad zwischen ihrem Wohn- und Arbeitsort hin und herpendeln. Um sich diesen mühevollen Weg zu erleichtern, hatten beide untereinander ohne Wissen der Vorgesetzten vereinbart, früh den Parly vom Stellwerk Gretna Green aus zu benutzen und so schnell auf dem Führerstand der Lok nach dem 2 km entfernten Quintinshill zu kommen. So geschah es auch am Morgen des 22. Mai. Meakin hatte Nachtdienst gehabt und Tinsley kam mit dem Parly um 6.30 Uhr auf dem Stellwerk an. Damit die Vorgesetzten nun nicht diese interne Vereinbarung merkten, trug Meakin ab 6 Uhr, eben dem Schichtwechsel, seine Züge nicht mehr in das Zugregisterbuch ein, sondern notierte sie auf einem Zettel, deren Daten der um eine halbe Stunde später Kommende, in diesem Falle Tinsley, in das Zugbuch nachtrug.

Meakin hatte kurz vorher einen von Norden kommenden Kohlenleerzug auf das Nebengleis geleitet, da Carlisle den Zug nicht annehmen konnte. Auf dem zweiten Nebengleis mußte Meakin vorher außerdem den verspäteten 4.50 Uhr Güterzug von Carlisle festhalten, um erst die Londoner Nachtschnellzüge durchzulassen. Als der Lokalzug mit der Ablösung Tinsley auf der Lok in Quintinshill ankam, war wegen der besetzten Nebengleise kein Platz mehr für den Lokalzug, der hier geshuntet werden mußte. Meakin hatte also die Entscheidung zu treffen, entweder den Parly weiterfahren zu lassen oder aber diesen kurzzeitig auf das Hauptgleis für die Gegenrichtung solange abzustellen, bis beide Expreßzüge durchgefahren waren. Diese Praxis war üblich in diesem Falle und nicht verboten, vorausgesetzt, daß sofort die Abdeckung dieses verkehrt stehenden Zuges vorgenommen wurde, und zwar so wie wir oben beschrieben haben.

te sich vom Dienst zurückgezogen und las mit einigen Schaffnern die neue Zeitung, die Tinsley mitgebracht hatte. Tinsley selbst machte eifrig seine Nachtragungen in das Zugregisterbuch. Kurz danach wurde der erste Expreßzug von Gretna Junction gemeldet. Tinsley nahm an, öffnete seine Signale, und kurz darauf brauste dieser Zug durch.

Wenige Minuten später genau um 6.42 Uhr fragte das Stellwerk Kirkpatrick an, ob

57 — Schnellzug in Quintinshill, September 1914.

Tinsley, eben in Quintishill angekommen, sprang von der Maschine, und eilte in das Stellwerk mit Hutchinson, dem Heizer des Lokalzuges. Meakin hatte mittlerweile den Lokal auf das Nord-Süd Gleis direkt neben dem Stellwerk geleitet. Für den Heizer galt nun die Vorschrift, sich von den vorgenommenen Deckungsmaßnahmen für seinen Zug zu überzeugen und im Zugregisterbuch zu unterschreiben. Hutchinson unterschrieb nach einigem Palaver mit den anderen Eisenbahnern und ging zu seiner Maschine zurück, ohne sich von den Sicherungsmaßnahmen zu überzeugen, denn er hätte sonst merken müssen, daß weder die Manschetten auf den Signalhebel aufgesetzt waren noch die Rückblockung nach dem nächsten Stellwerk Kirkpatrick vorgenommen war. Meakin hat-

Quintinshill den von Norden kommenden Truppenzug annehmen würde. Wären dort alle vorgeschriebenene Sicherungsmaßnahmen vorgenommen worden, hätte Kirkpatrick den Zug überhaupt nicht angeboten, weil es ja gewußt hätte, daß das Gleis noch besetzt war. Nunmehr geschah etwas so Entsetzliches, Unvorstellbares und Katastrophales, daß man sich fragen muß, wie solch ein Fehlverhalten eines Menschen überhaupt möglich ist. Tinsley hatte in diesem Moment seinen Lokalzug, der unter dem Stellwerk stand und mit dem er vor 10 Minuten angekommen war, total vergessen. So nahm er den Truppentransportzug an. Richtig wäre gewesen, wenn dieser bereits in Kirkpatrick oder spätestens vor dem Einfahrtsignal von Quintinshill solange angehalten worden wäre, bis der jeden Moment zu erwartende zweite Nachtschnellzug durchgefahren, und der Lokalzug wieder auf sein Süd-Nord Gleis geleitet worden wäre.

Als um 6.47 Uhr die Glocke für den Truppentransportzug läutete, öffnete Tinsley die Signale. Da jetzt von Gretna Junction auch der zweite Expreßzug gemeldet wurde, öffnete er auch die Signale für das Süd-Nord Gleis. Befriedigt nahm er das Nachtragen in das Registerbuch wieder auf und ahnte nicht einmal, daß damit die Katastrophe perfekt geworden war. Mit großer Geschwindigkeit näherten sich vom Norden der Truppentransportzug und vom Süden der Schnellzug. Dieser von London-Euston kommende Schlafwagenzug hatte in Carlisle seine Maschine gegen zwei blaue Caledonian Lokomotiven für die Reise der 160 km langen Strecke nach Glasgow ausgewechselt. Die Zugmaschine, eine 2B McIntosh mit Überhitzer, wurde von dem erfahrenen Lokführer Johnstone, die Vorspannmaschine ebenfalls eine 2B Nr. 140 wurde von dem alten Lokführer Cowper geführt. Der Schnellzug hatte 13 Wagen mit vier eleganten sechsachsigen Schlafwagen direkt hinter der Maschine. Mit einer Verspätung von 32 Minuten begann der Zug seine Fahrt um 6.37 Uhr an einem herrlichen Tag bei aufgehender Sonne, und die beiden schweren Maschinen beschleunigten mit gewaltigem Auspuff den schweren Zug sehr rasch. Alle Signale zeigten Freie Fahrt.

Zur gleichen Zeit war der Truppenzug nicht mehr allzu weit von Quintinshill entfernt. Der Zug war um 3.45 Uhr von Larbert Station abgefahren, er bestand aus 15 alten zwei- und dreiachsigen hölzernen Personenwagen mit Gasbeleuchtung. Der Zug war mit der A- und D-Kompagnie des Bataillons der „Royal Scots" besetzt, die in Gruppen von je acht Mann in den Abteilen saßen. Gut ausgebildete Soldaten, an die 485 Mann mit Offizieren, fuhren im ersten Zug nach dem Süden, um für die Schlacht in den Dardanellen eingeschifft zu werden. Der zweite Zug mit den beiden anderen Kompagnien fuhr eine halbe Stunde später ab. Der erste Truppenzug wurde von der schweren Caledonian McIntosh Nr. 121 gezogen. Er hatte Verspätung durch mehrere Halte bekommen, obwohl Scott, ein alter erfahrener Lokführer, der die Hofzüge mit der Königin Victoria und den Königen

Eduard und Georg gefahren hatte, alles aus seiner Maschine herausholte. Im Tal des Clydeflußes hatte die Lokomotive mühevoll ihren Zug bis auf den höchsten Punkt bei Beattock hochgezogen und war um 6 Uhr dort angekommen. Die Fahrt ging jetzt stetig abwärts bis nach Carlisle. Die schlimme Nachtfahrt, zum Teil im Nebel, war für Scott und seinen Heizer zu Ende, so glaubten sie wenigstens.

Unterdessen kam der Truppenzug in bedenkliche Nähe von Quintinshill, wo die Signale trotz der Gleisbesetzung auf Freie Fahrt standen. Der Heizer Hutchinson des auf dem Nord-Süd Gleis stehenden Lokalzuges hatte sich wieder auf seine Maschine begeben. Er saß rechts und sein Lokführer Wallace links. Als Hutchinson zufällig nach vorn schaute, sah er zu seinem Schrecken die geöffneten Signale. Sein darauf aufmerksam gemachter Meister sah auf und in diesem Augenblick kam der Truppenzug um die Kurve direkt auf den wartenden Lokalzug zugefahren. Mit einem Alarmschrei sprangen beide von der Maschine und versteckten sich hinter den Wagen des nebenstehenden Kohlenzuges. Wir wissen nicht, was Scott und sein Heizer gedacht haben mögen, als sie wenige 100 m vor sich ihr Gleis besetzt sahen. Trotz Schnellbremsung stieß der Truppenzug mit großer Gewalt und lautem Getöse wie ein Kanonenschuß auf den Lokalzug, der 30 m zurückgeschleudert wurde, wobei die beiden Maschinen total zerstört wurden. Scott und sein Heizer waren sofort tot. Was nun in den folgenden Sekunden und Stunden geschah, ist unvorstellbar und läßt sich kaum mit passenden Worten ausdrücken.

Der 200 m lange Zug wurde auf eine Länge von 60 m zusammengedrückt, wobei die ersten Wagen total zerstört wurden. Die letzten sechs Güterwagen blieben in den Gleisen, rissen ab und rollten zum Glück zurück, da sie Gepäck, Waffen und Munition enthielten. Die beiden Signalwärter auf dem Stellwerk, um das herum sich ein Trümmerberg aufgehäuft hatte, waren total schockiert, so daß sie zwei bis drei Minuten nichts taten, obwohl jetzt schnellstens die Signale auf Halt für den sich nähernden Schnellzug aus London gestellt werden mußten. Auf das andere Hauptgleis waren nämlich viele Wrackteile gefallen, vor allem hatte sich der Tender der aufgefahrenen

Maschine quer über das Süd-Nord Gleis gelegt.

Wenige Sekunden später nach der ersten Kollision kam der Schnellzug mit seinen beiden Maschinen angerast. Der Schaffner des Lokalzuges sprang nach Abklingen seiner Betäubung durch den harten Aufprall heraus und lief, ebenso wie das Lokpersonal des Kohlenzuges, dem heranbrausenden Schnellzug entgegen; sie winkten verzweifelt mit ihren Mützen. Beide Lokführer sahen diese Zeichen und wenig später auch den Trümmerhaufen. Doch es war zu spät. Trotz Gegendampf und Schnellbremsung fuhr der Zug mit fast unverminderter Geschwindigkeit in die Trümmer hinein und tötete dabei noch viele Soldaten, die sich kopflos aus den Trümmern ihres Zuges retten konnten. Der erste Stoß auf die Vorspannmaschine Nr. 140 war noch nicht so schlimm, als die Trümmer über die Maschine flogen. Um so härter war aber der Aufprall auf den querliegenden Tender, wobei die Kohlen infolge der plötzlichen Abbremsung nach vorn auf den Führerstand flogen und Lokführer Cowper und seinen Heizer verschütteten und einklemmten. Die Mannschaft der zweiten Maschine war glücklicher dran. Lokführer Johnstone konnte sich schnell befreien und in Sorge um seinen Kollegen lief er zuerst nach vorn auf die Vorspannmaschine. Er konnte zuerst den Heizer befreien und mit dessen Hilfe anschließend den Lokführer, der starke Verbrennungen an der Feuertür erhalten hatte. Ein Schlafwagen, in dem es mehrere Tote gab, wurde schwer beschädigt. Der hintere Teil des Zuges war in Takt geblieben und konnte abgekuppelt werden.

Zu der Doppelkollision kam ein weiteres bekanntes Übel hinzu. Der Trümmerhaufen begann zu brennen, da zersplittertes Holz der Wagen sich an der glühenden Kohle entzündete. Langsam zuerst breitete sich das Feuer aus und das Schlimmste war, daß es kein Wasser zum Löschen gab. Alles Bemühen der Helfer war vergeblich, denn das wenige Wasser aus den Tendern der Maschinen reichte nicht.

Als wenige Minuten nach der furchtbaren Kollision das Stellwerk Gretna Junction anrief und fragte, wo denn der angebotene Truppenzug bliebe, erwachte Tinsley aus seiner schockartigen Erstarrung und teilte

mit, daß der Truppenzug verunglückt wäre. Nun liefen die Rettungsmaßnahmen schwerfällig an. In Gretna Green war das Hausmeisterpaar der berühmten Heiratsschmiede, nachdem man dort die Zusammenstöße wie Kanonendonner vernommen hatte, nach Quintinshill gelaufen, um nähere Informationen zu holen. Nach seiner Rückkehr rief der Hausmeister das Mädchen von der Post an, die schnell alle Landärzte zur Hilfeleistung aufforderte. Der Stationsvorsteher von Gretna meldete sofort die Unglücksnachrichten nach Carlisle und an die Verwaltung der Caledonian Eisenbahn in Glasgow. In Quintinshill ordnete er an, daß die intakten Maschinen alles unbeschädigt rollende Material nach Kirtlebridge überführten, um so Platz für die Kräne zu bekommen. In Carlisle hatte man indessen einen Sonderzug mit Helfern, Ärzten und Werkzeugen zusammengestellt, der um 7.43 Uhr abfuhr und um 8.10 Uhr die Unglücksstätte erreichte. Leider hatte man vergessen, die Feuerwehr in Carlisle zu benachrichtigen und man beruhigte die Leute auf dem Bahnhof in Carlisle mit hinhaltenden Bemerkungen derart, daß die Caledonianstrekke für einige Zeit blockiert wäre.

Der Chef der Carlisler Polizei, zugleich auch Direktor der Feuerwehr, erhielt zum ersten Mal die Mitteilung, daß ein Matrose die Nachricht mitgebracht hätte, in Quintinshill wäre ein schweres Eisenbahnunglück passiert, bei dem viele Soldaten getötet worden wären. Jetzt ordnete der Polizeichef den Alarm der Feuerwehr an. Wenig später kam eine weitere Nachricht, daß sich das Feuer ausbreite und viele verletzte Soldaten eingeschlossen wären. Nun endlich, viel zu spät, um 8.55 Uhr, nach zwei Stunden, ordnete der Polizeichef den Einsatz der Feuerwehr an und alarmierte das Rote Kreuz und sonstige Rettungsdienste. Er selbst fuhr sofort mit dem Auto zur Unglücksstätte, wo er um 10.00 Uhr eintraf. Hier sah er das schlimme Ausmaß der Katastrophe, wo kein Tropfen Wasser zu finden war. Als seine Feuerwehr ankam, mußte sie zunächst eine 800 m lange Schlauchleitung von dem Fluß Sark legen, während über der Trümmerstätte eine riesige Rauchwolke in den wolkenlosen Himmel stieg. Mit drei Rohren versuchte die Feuerwehr nun zu löschen, doch sie war machtlos gegenüber dem mächtigen Feuer. Um 10.30 Uhr kam der Sonderzug von Glasgow mit den oberen Eisenbahnbeamten

58/59 — Quintinshill, England, Mai 1915. Bilder von der schwersten englischen Eisenbahnkatastrophe; drei Züge kollidierten miteinander: 227 Tote, 246 Verletzte.

und weiteren Ärzten an. Man vernahm sofort Tinsley und Meakin, die noch im Stellwerk waren. Tinsley antwortete auf die Frage, wie das passieren konnte: „Ich habe vergessen, daß der Lokalzug noch auf der Süd-Nord Strecke stand." In den ersten Presseberichten schrieb man, daß die Soldaten in den Trümmern schon tot waren, bevor die Flammen sie erreichten. Doch die Helfer und Eisenbahner wußten, daß viele Männer bei lebendigem Leibe verbrannt waren.

rung vieler Frachtdampfer durch deutsche U-Boote; aber Katastrophen solchen Ausmaßes auf dem Lande traf die Engländer zutiefst.

Das letzte Wort wurde vor dem Hohen Gerichtshof in Edingburgh im September 1915 gesprochen, vor dem Tinsley, Meakin und Hutchinson angeklagt worden waren. Hier wurde offenkundig, wie es zu dieser Katastrophe kommen konnte. Man wies in diesem Verfahren nach, daß die Angeklag-

60 — Beerdigung der verunglückten Soldaten des Unglücks von Quintinshill in Edinburgh.

Am Abend des 22. Mai wurde nach einem Apell auf freiem Felde festgestellt, daß bei dem Unglück 227 Menschen getötet und 246 schwer verletzt worden waren. Außer sieben Fahrgästen und drei Eisenbahnern waren es Soldaten, die in Quintinshill starben; und auf den freien Feldern dieser stillen Landschaft sah es schlimmer aus als auf den Schlachtfeldern Flanderns. England war schockiert über diese Nachrichten. Es war als große Seemacht gewohnt, Katastrophen auf dem Meer hinzunehmen, wie zum Beispiel den Untergang der Titanic vor drei Jahren, die Versenkung der Lusitania vor drei Wochen oder die Torpedie-

ten zusammen 9 Fehler bzw. Ordnungswidrigkeiten begangen hatten. Dennoch hätte es immer noch nicht zur Katastrophe führen müssen, wenn z.B. der Truppenzug fünf Minuten später gekommen wäre oder der Schnellzug fünf Minuten weniger Verspätung gehabt hätte. Alles wäre glatt verlaufen, ohne daß man jemals erfahren hätte, wie lasch die strengen Betriebsvorschriften von diesen Eisenbahnern gehandhabt wurden. Das Gericht befand die beiden Signalmänner für schuldig und sprach den Heizer Hutchinson frei. Tinsley erhielt drei Jahre und Meakin 18 Monate. Beide wurden nach einem Jahr entlassen. Die Caledonian Eisenbahn beschäftigte Tinsley als Lampenmann in Carlisle weiter, während Meakin den Eisenbahndienst quittierte. Der Lokführer Cowper von der Vorspannmaschine des Schnellzuges starb ein Jahr später; seine Kollegen behaupteten, er hätte die Wirkungen und Bilder jenes schrecklichen Tages nicht überwinden können. Tinsley starb im Jahre 1967.

Seitdem sind 60 Jahre vergangen. Die Britischen Eisenbahnen haben eine Katastrophe solchen Ausmaßes bis heute nicht wieder erlebt, wenn es auch in der Nachzeit einige schwere Unfälle mit hohen Verlusten gegeben hat.

St. Bedes Junction (Großbritannien) Dezember 1915

Sieben Monate nach Quintinshill ereignete sich eine andere dreifache Kollision bei St. Bedes Junction nahe Jarrow auf der North Eastern Eisenbahn. St. Bedes liegt zwischen Newcastle und South Shields. Von hier geht unter einem Gefälle von 1:100 eine Nebenstrecke für Erztransporte nach Dock Bottom ab. Am 18. Dezember 1915 kam in der Frühe ein solcher Erzzug nach St. Bedes, der von einer Tenderlok hinten geschoben wurde. Diese Schiebelok trug vorn zwei rote Lampen und hinten eine grüne Lampe. Als der Erzzug an dem Stellwerk St. Bedes vorbeifuhr, blieb kurz darauf die nicht angekuppelte Schiebelok wie üblich stehen, um nach Dock Bottom zurückzufahren. Der Signalwärter Hodgson sah die Schiebelok nicht oder vergaß sie, und dieser Irrtum mußte natürlich zu einem Unfall führen, da Hodgson den 7.05 Uhr Personenzug von South Shields nach Newcastle und gleichzeitig auch den Leerzug 6.58 Uhr in der Gegenrichtung von Hebburn nach South Shields annahm und die Signale öffnete.

Der Personenzug bestand aus sieben vierachsigen Wagen, die von einer B2 Tenderlok gezogen wurden. Mit einer Geschwindigkeit von 45 km/st fuhr der Personenzug auf die stehende Schiebelok auf. Die beiden Loks stürzten den Bahndamm herunter und die ersten beiden Personenwagen wurden teleskopiert. Unmittelbar darauf fuhr dann der Leerzug aus der Gegenrichtung in die Trümmer und dessen Maschine pflügte ebenfalls den Bahndamm herunter, wobei der Heizer

getötet und der Lokführer schwer verletzt wurde. Da der Personenzug Gaslicht hatte, fingen die beiden zusammengeschobenen Wagen Feuer und verbrannten vollständig. Die anderen Personenwagen entgleisten glücklicherweise nicht, so daß sie abgekuppelt und vom Feuer weggezogen werden konnten. 18 unglückliche Fahrgäste starben durch die Teleskopierung oder verbrannten nachträglich, da sie nicht mehr befreit werden konnten. Außerdem wurden 81 Passagiere mehr oder weniger verletzt.

Der schwere Unfall war primär durch den Fehler des Signalwärters Hodgson ausgelöst worden, da er die Schiebelok nicht beobachtet hatte, obwohl das Wetter klar und das grüne Licht der Schiebelok gut sichtbar war. Aber auch der Lokführer der Schiebelok war nicht ohne Schuld, da er erst 13 Minuten nach seinem Stillstand den Heizer zum Signalwärter schickte. Als dieser den Heizer kommen sah, erkannte er seinen Irrtum und schloß sofort sämtliche Signale. Aber es war zu spät. Der Zusammenstoß war nicht mehr zu vermeiden. Die Ursache des Feuers war wieder ausströmendes Gas und wieder ermahnte das Board of Trade alle Eisenbahngesellschaften, so schnell wie möglich die Wagen elektrisch zu beleuchten.

Bentschen (Deutschland), Dezember 1915

In den Kriegsjahren und nach dem ersten Weltkrieg stieg die Zahl der verunglückten Reisenden nicht nur in Deutschland, sondern auch in anderen europäischen Ländern beträchtlich gegenüber der Vorkriegsjahre an. Auf deutschen Bahnen starben ohne eigene Schuld zwischen 1915 - 1919 insgesamt 795 Reisende (pro Jahr 159) und 4900 (pro Jahr 980) wurden verletzt. Von 1920 - 1924 betrug diese Zahl 163 Tote (pro Jahr 32) und 3000 Verletzte (pro Jahr 600). Über einige schwere Unfälle in diesen Jahren wird in folgendem kurz berichtet:

In der Frühe des 28. Dezember 1915 durchfuhr ein von Berlin kommender Urlauberzug den Bahnhof Bentschen mit großer Geschwindigkeit. Der Zug entgleiste im Bahnhof, wobei großer Sachschaden entstand. Außerdem wurden 23 Soldaten getötet

61 — Bentschen, Deutschland, Dezember 1915. Entgleisung eines Militärzuges im Bahnhof Bentschen wegen zu hoher Geschwindigkeit.

und 47 verletzt. Der Zug war zu schnell gefahren.

Dietikon (Schweiz), August 1915

Der Personenzug 2837 auf der Fahrt nach Zürich hatte in Dietikon einige Güterwagen auf einem Industriegleis abzustellen. Wohl oder übel mußte bei diesem Verschiebevorgang das Hauptgleis der Gegenrichtung gekreuzt werden. Um 18.07 Uhr war der Personenzug mit dem Rangieren fertig und wollte gerade von dem Hauptgleis der Gegenrichtung auf sein eigenes Hauptgleis überwechseln. Dieser etwas verspätete Vorgang, der an sich nach Plan um 18.00 Uhr beendet sein mußte, wurde dem Personenzug zum Verhängnis, da sich der Schnellzug 122 Zürich — Biel — Genf näherte. Der in Vertretung des im Urlaub weilenden Stationsvorstehers diensttuende Stationsgehilfe, der seit acht Jahren in Dietikon tätig war, und die Verhältnisse gut kannte, öffnete in allzu großem Diensteifer das Einfahrtsignal für den kommenden Schnellzug, obwohl das Gleis noch nicht frei war und der Personenzug gerade erst auf sein Hauptgleis wechseln wollte. Der Führer des sich

in einer Kurve nähernden Schnellzuges sah das Vorsignal offen und mäßigte seine Geschwindigkeit nicht, da er ja in Dietikon durchfahren mußte.

Als der Zug in die Gerade vor dem Bahnhof kam, sah Lokführer Felter zu seinem Entsetzen, daß sein Gleis nicht frei war. Er leitete sofort die Schnellbremsung ein und sein Heizer zog die Handbremse an; aber so schnell kam der schwere Schnellzug mit seinen neun Wagen nicht zum Stillstand. So fuhr er unter lautem Aufprallgetöse in die Flanke des Personenzuges zwischen Tenderlok und erstem Personenwagen. Die Lok flog 20 m zur Seite und wurde wie der erste Wagen schwer beschädigt. Auch der zweite Wagen erhielt noch Beschädigungen, während der Schnellzug auf den Gleisen blieb und kaum demoliert wurde. Das Unglück forderte sechs Tote und sechs Schwerverletzte. Wenn auch dem stellvertretenden Fahrdienstleiter diesmal nicht aus Unachtsamkeit, sondern mehr aus übertriebenem Diensteifer die volle Schuld traf, so haben die unübersichtlichen Gleisanlagen in Dietikon mit zu dem Unglück beigetragen. Sie wurden im folgenden Jahr erweitert und verbessert. Verschiebevor-

62 — Dietikon, Schweiz, August 1915. Durchschneiden eines Vorortzuges durch einen Schnellzug im Bahnhof Dietikon.

63 — Vidrany, Ungarn, September 1915. Auffahren eines Güterzuges auf einen Lazarettzug auf offener Strecke.

gänge über Hauptgleise mit Gegenverkehr sind immer gefährlich.

Vidrany-Mezölaborez, September 1915 (Ungar.-gal. Eisenbahn, 21.00 Uhr)

Auf offener Strecke wurde der Lazarettzug 920 a, der von zwei Loks gezogen und zwei Loks geschoben wurde, von dem Güterzug 924 a eingeholt und angefahren. Der Güterzug bestand aus 31 Wagen und hatte vorn und hinten je eine Lok. Sträflicherweise war in dem Dienstwagen des Güterzuges eine Ausflugsgesellschaft mitgefahren, die vielleicht auf die Geschwindigkeit des Güterzuges Einfluß ausgeübt hat. Wegen der überhöhten Geschwindigkeit, die etwa 80 km/st betragen haben soll, näherte sich der Güterzug dem vorausfahrenden Lazarettzug. Zwei auf „Halt" stehende Blocksignale wurden dabei überfahren. Auf einer Gefällestrecke von 25 Promille erfolgte schließlich der Aufprall mit großer Heftigkeit, wobei der Güterzug fast ganz zertrümmert und auf ein Drittel seiner ursprünglichen Länge zusammengeschoben wurde.

Ausfließendes Petroleum führte dann zu einem verheerenden Feuer. Die beiden Schiebeloks wie die beiden Güterzugloks entgleisten ebenfalls. Zwei Personen, darunter der Stationsvorsteher von Mezölaborez, retteten sich rechtzeitig durch Absprung vom Güterzug, alle übrigen Insassen verbrannten. Wahrscheinlich ist der Güterzug auf der starken Gefällestrecke durchgegangen und nahm infolgedessen eine zu hohe Geschwindigkeit an, die dann zum Zusammenstoß führte.

Herezeghalom (Ungarn), Dezember 1916 (1 Uhr)

Am 30. November 1916 hatten in Wien die Beisetzungsfeierlichkeiten für den verstorbenen Kaiser Franz Josef stattgefunden. Die aus Ungarn kommenden Trauergäste fuhren am Abend zum Teil in zwei Sonderzügen und dem Schnellzug Nr. 3, (der in zwei Teilen fuhr) nach Budapest zurück. Auf besonderen Wunsch wurde in der Station Komorn der erste Teil des Schnellzuges 3 I zurückgehalten, und der verspätete zweite Teil 3 II überholte hier den ersten. In der 46 km vor Budapest liegenden Station Herezghalom muß der Fahrdienstleiter irgendwie die Übersicht verloren haben,

denn er hatte den verspäteten Personenzug 1308 von Budapest über Raab nach Graz irrtümlich auf Gleis 2 geleitet. Bei geschlossenem Einfahrtsignal für den herannahenden Schnellzug 3 II veranlaßte er die Umsetzung des Personenzuges von Gleis 2 auf Gleis 3. Der Lokführer des Schnellzuges überfuhr aber das Vorsignal und sah das geschlossene Hauptsignal, wie er behauptete. Es gelang ihm nicht mehr, den Zug auf der kurzen Strecke (500 m) bis zum Gefahrenpunkt zum Halten zu bringen und fuhr dem Personenzug in die Flanke. Dabei wurden sieben Wagen dieses Zuges vom Schnellzug zertrümmert, der hinter dem Dienstwagen fahrende Salonwagen, und der nachfolgende Wagen 1. Klasse, die beide teleskopiert wurden. Dieser verhängnisvolle Fehler des Lokführers kostete 69 Menschen, darunter wohl auch vielen hohen Trauergästen das Leben. 60 wurden schwer und 111 leicht verletzt.

Nannhofen (Deutschland), April 1917

Das wohl schwerste Unglück der damaligen bayrischen Eisenbahnen ereignete sich am 19. April 1917 in Nannhofen zwischen München und Augsburg, dem 30 Menschen zum Opfer fielen. Gegen 22.00 Uhr sollte wie immer der D-Zug Augsburg — München durch Nannhofen fahren. Um diese Zeit war in Nannhofen der Eilgüterzug mit Personenbeförderung von München eingefahren, der schon bald wieder zur Abfahrt bereit war. In diesem Augenblick trat aber insofern ein ungewöhnlicher Umstand ein, als der telegraphische Bescheid eintraf, noch einen Wagen mit einem für einen Bauern bestimmten Pferd abzuhängen. Dazu war ein Rangiermanöver mit einer Überquerung des Gegengleises notwendig. Ohne sich um den Verbleib des um diese Zeit fälligen Schnellzuges zu kümmern, stellte der Fahrdienstleiter das Einfahrtsignal für diesen Zug auf „Halt" und ließ den Güterzug rückwärts durch die Weichenstraße auf das Nebengleis fahren, um dort den Pferdewagen abhängen zu lassen. Als sich der Eilgüterzug auf demselben Weg wieder seinem Hauptgleis zu bewegte, kam der Schnellzug mit unverminderter Geschwindigkeit angefahren und fuhr dem noch rangierenden Güterzug 926 in die Flanke, wobei unglücklicherweise gerade die Personenwagen getroffen wurden.

Zweifellos hatte Lokführer Obermaier das Einfahrtsignal überfahren. Als man ihn aus der umgestürzten Maschine nach Stunden befreien konnte, sagte er aus, daß er vor Nannhofen drei weiße Lichter gesehen habe, was von seinem Heizer bezeugt wurde. Zu jener Stunde herrschte unsichtiges Wetter mit starkem Schneegestöber, und niemand hatte mit absoluter Sicherheit gesehen, daß das Signal auf „Halt" stand. So konnte dem zuverlässigen Lokführer nicht widerlegt werden, daß er vor Nannhofen drei weiße Lichter gesehen hatte. Nicht ganz unschuldig war der Fahrdienstleiter, der kurz vor der Durchfahrt eines Schnellzuges ein riskantes Rangiermanöver vornehmen ließ, obwohl ihm die Dienstvorschrift dies nicht verbot.

Ordnung war, wofür man den kleinen Angeklagten nicht zur Verantwortung ziehen konnte. Hinzuzufügen wäre noch, daß das Gutachten des Sachverständigen, Oberlokomotivführer Schottenhammel, ein schlechtes Licht auf die Signalgebung vor dem ersten Weltkrieg wirft. Im Auftrage des Bayrischen Lokomotivführervereins wurden von den Lokführern im Laufe ihrer Tätigkeit Aufzeichnungen über Signalstörungen in ihren Signalbüchern gemacht, die auf mehr als 13 000 unbeleuchtete Signale in einem Jahr hinwiesen, ganz abgesehen von zerbrochenen Farbgläsern und nicht richtig funktionierenden Signalflügeln. Aber das ganz große Übel der alten Signalgebung war eben das dreimal weiße Licht, das „Freie

64 — Nannhofen, Deutschland, April 1917. Durchschneidung eines gemischten Zuges durch einen Schnellzug im Bahnhof Nannhofen, Strecke Augsburg — München.

Nach einer fast zweijährigen Voruntersuchung kam es zum Prozeß, der 3 1/2 Tage dauerte und der nach einer kurzen Beratung des Gerichtes zum Freispruch des angeklagten Lokführers führte, dem nach Ansicht des Gerichtes ein schuldhaftes Überfahren des Einfahrtsignales nicht zur Last gelegt werden konnte. Dieses Urteil war eine Sensation, wohl ein Beweis dafür, daß mit der Signalgebung jener Zeit etwas nicht in

Fahrt" bedeutete. Anhand zahlreicher Beispiele aus den Signalbüchern der Lokführer, die nicht immer in bestem Einvernehmen mit den Fahrdienstleitern standen, konnte Schottenhammel dem Gericht recht überzeugende Beweise vorlegen. Nach seiner Ansicht aus der eigenen Praxis heraus war der Angeklagte ein Opfer des weißen Signallichtes geworden und damit unschuldig.

Pragerhof (Österr. Südbahn), Juli 1917
Rudnik (Heeresbahn Nord), Juli 1917
Hamont (Belgische Staatsbahn), November 1918

Auf dem Bahnhof Pragerhof stand ein abgefertigter Güterzug zur Abfahrt bereit, in dem sich ein mit Seeminen beladener Wagen befand. Aus ungeklärten Gründen erfolgte kurz vor Abfahrt des Zuges eine heftige Explosion des Minenwagens, die große Zerstörungen im Bahnhofsbereich verursachte. Auf dem Nebengleis stand ein Urlauberzug, auf dem viele Eisenteile und brennende Wagenteile niederfielen. Auf einem anderen Gleis stand ein Panzerzug mit einem Wagen Ekrasit. Da dieser Zug ebenfalls Feuer fing, bestand eine noch größere Explosionsgefahr. Doch todesmutigen Männern gelang es, den gefährlichen Wagen abzukuppeln und in Sicherheit zu bringen. Unter dem explodierten Minenwagen entstand ein Trichter von 9 m Durchmesser und 5 m Tiefe, auf dessen Grund das Untergestell des zerstörten Wagens lag. Von den acht nebeneinander liegenden Gleisen war der Oberbau in einer Länge von 450 m zerstört. Vier Lokomotiven waren stark beschädigt und 96 Wagen ver-

brannt oder zerstört. Insgesamt starben 42 Militärpersonen und ein Eisenbahner, außerdem wurden 55 Personen schwer und 20 leicht verletzt.

Explosionsunglücke dieser Art haben sich während des ersten Weltkrieges sehr viele ereignet. So auch sieben Tage später in Rudnik bei Lublin (Heeresbahn Nord), wo am 17. Juli ein Munitionszug, der einem Nebengleis abgestellt war, in die Luft flog. Es kamen alle anwesenden Soldaten und Zivilisten, insgesamt 59 Personen, ums Leben. Man weiß deshalb auch nicht, wie diese Explosion entstanden ist. Der Zug bestand aus 18 Wagen, von denen sieben verbrannten und elf schwer beschädigt wurden. Zu den getöteten Personen gehörten auch die Eisenbahner des Bahnhofs samt Stationsvorsteher, die alle im 150 m entfernten Stationsgebäude umkamen.

Das wohl entsetzlichste Unglück dieser Art überhaupt ereignete sich in Belgien im Bahnhof Hamont im November 1918 bei Ende des 1. Weltkrieges. Ein Wagen eines deutschen Munitionszuges flog in die Luft und setzte kurz darauf drei deutsche Lazarettzüge in Brand, die in der Nähe standen.

65 — Pragerhof, Österreich, Juli 1917. Explosion eines Minenwagens — im Vordergrund der Explosionstrichter.

Nur ein Teil eines Lazarettzuges konnte unter großem Heldenmut abgekuppelt werden. Der Anblick der noch lauffähigen Verwundeten, soweit sie noch fliehen konnten, war unbeschreiblich. Die genaue Zahl der Toten ist wohl nie bekannt geworden, man schätzte sie auf rund 1000 Tote. In Hamont stürzten durch den gewaltigen Explosionsdruck viele Häuser ein und begruben die Einwohner unter den Trümmern. Es wird erzählt, daß das Unglück dadurch entstand, daß Gassenjungen mit Signalrevolvern auf die deutschen Züge schossen.

Schönhausen (preuß. Staatsbahn), Oktober 1917
Willmenrod (Westerwald), November 1917

Der Ferienzug 2240, der mit 250 heimkehrenden Schulkindern aus dem Bezirk Essen besetzt war, fuhr am 16. Oktober 1917 auf den am Bahnhof Schönhausen zwischen Berlin und Stendal stehenden Güterzug auf. Das Einfahrtsignal für den gerade in seinen Block eingefahrenen Güterzug stand auf „Freie Fahrt" und war noch nicht auf „Halt" zurückgestellt, als der nachfolgende Ferienzug herankam. Der Lokführer dieses Zuges bezog nach seinen Angaben dieses offene Signal auf seinen Zug, was schließlich zum Auffahren führen mußte. Hierbei wurden mehrere Personenwagen zertrümmert. Es wurden 25 Kinder und ein Schaffner getötet und 15 Kinder und eine Begleiterin verwundet. Die Lokmannschaft hatte sich durch rechtzeitiges Abspringen gerettet.

Auf der Strecke Limburg-Altenkirchen ereignete sich am 17. November 1917 ein Zusammenstoß zwischen zwei Personenzügen bei Willmenrod (Westerwald). Die Kreuzung für die eingleisige Strecke war von Wilsenroth ausnahmsweise nach Willmenrod verlegt worden. Schuld an diesem Unfall trug der Lokführer des Personenzuges 3982, der trotz Übernahme des schriftlichen Kreuzungsbefehles die Abfahrt von Willmenrod eigenmächtig vornahm. Bei dem dadurch erfolgten Zusammenstoß entstand großer Sachschaden, außerdem wurden sieben Personen getötet und 18 verletzt.

St. Michel-de-Maurienne (Frankreich), Dezember 1917

Die wohl schwerste Katastrophe der französischen Eisenbahnen geschah am 12. Dezember 1917 in St. Michel-de-Maurienne in der Nähe des Mont Cenis Tunnels. Es war Krieg und die Franzosen gaben zu Weihnachten ihren in Italien kämpfenden Truppenteilen Urlaub, da die Offensive der Deutschen und Österreicher zum Stillstand gekommen war. Zwei Urlauberzüge waren mühsam die Südrampe zum Cenis Tunnel und durch diesen bis zum Grenzbahnhof Mondane hochgefahren. Dort sollten dann die beiden Züge zusammengekuppelt und mit einer Lokomotive die steile Nordrampe abwärts nach Chambery transportiert werden. In den 19 italienischen Wagen saßen zusammengepfercht 1025 französische Soldaten, die sich auf ihren Urlaub bei den Angehörigen freuten und jede Unbequemlichkeit in Kauf nahmen. Der sehr erfahrene Lokomotivführer Girard sollte den Zug fahren, doch er weigerte sich zunächst, diesen Auftrag auszuführen, da nach seiner Ansicht seine Lok wohl 144 t aber nicht den 526 t schweren Urlauberzug die Steilrampe mit 30 Promille Steigung abbremsen könnte.

Lediglich die ersten Wagen waren mit einer Westinghouse Bremse ausgerüstet, die übrigen Wagen sollten von mehreren Bremswagen aus handgebremst werden. Girard hatte deshalb größte Bedenken, den Zug unter diesen Bedingungen unter Kontrolle halten zu können, und er verlangte deshalb für alle Wagen eine durchgehende Druckluftbremse. Girard, der unter Kriegsrecht stand und dem ein Kriegsgerichtsverfahren bei Weigerung zu fahren angedroht wurde, hatte keine andere Wahl mehr als zu fahren. Abends um 22 Uhr, in kalter finsterer Nacht, gab der Eisenbahnoffizier das Zeichen zur Abfahrt. Die fröhlichen Soldaten ahnten noch nichts von der furchtbaren Gefahr, von der allein nur Girard wußte.

Mit aller Vorsicht ging er bei der Fahrt ans Werk und bemühte sich von Anfang an, den Zug nur mit geringer Geschwindigkeit fahren zu lassen. Zu Beginn klappte dies auch auf der 16 km langen Strecke bis St. Maurienne, aber der Gegendampf in den Zylindern seiner Maschine war viel zu schwach, dem Druck des schweren Zuges zu widerstehen. So wurde die Fahrt des Zuges immer schneller, trotz aller angezogenen Bremsen. Räder und Bremsklötze wurden glühend heiß, so daß schließlich die Bodenbretter der Wagen in Brand gerieten. 6 km abwärts von Mondane fuhr der Zug bereits mit hoher Geschwindigkeit an der Blockstelle La Praz vorbei, und der Blockwärter sah sofort, was los war. Er rief sofort St. Michel-de-Maurienne an, um diese Station von dem durchgegangenen Urlauberzug zu informieren. Dort konnte man in allerletzter Minute den abfahrtbereiten Verwundetenzug anhalten, obwohl der Bahnhofsvorsteher diesen Zug bereits abgepfiffen hatte.

Unterdessen nahm die Geschwindigkeit des Urlauberzuges weiter zu. Das fröhliche Treiben der Soldaten hatte längst aufgehört. Nackte Angst trat an seine Stelle und die ersten von ihnen begannen abzuspringen. Einige kamen mit dem Leben davon, viele sprangen in den Tod, lieber so umkommen als in dem bereits brennenden Zug, der in Rauch und Flammen gehüllt noch in den Schienen rollte. Doch da sprang zuerst das vordere Drehgestell der Lokomotive aus dem Gleis. Sie wurde dabei hin und her geschleudert, bis schließlich die Kupplung zwischen Tender und erstem Wagen riß. Die Maschine raste allein weiter mit den Treibachsen noch auf den Schienen. Doch für den Zug selbst war das Ende der Talfahrt gekommen. An einer scharfen Kurve sprang der Gepäckwagen bei einer Geschwindigkeit von etwa 150 km/st aus dem Gleis, legte sich quer über die Schienen direkt an der Stützmauer in einem Einschnitt, und alle 18 Wagen schoben sich an diesem Widerstand zu einem riesigen Trümmerhaufen zusammen, der schnell in Brand geriet.

Die explodierende Munition, die die Soldaten trotz strengen Verbotes mit sich führten, vollendete schließlich das grausige Zerstörungswerk. Die herbeigeeilten Rettungsmannschaften konnten und durften nicht helfen, da sie von der Militärpolizei zurückgehalten wurden. Eine strenge Zensur wurde wie ein Leichentuch über diese furchtbare Eisenbahnkatastrophe gelegt, so daß man über eine lange Zeit keine Einzelheiten erfahren hat. Die gerüchtweise genannten Zahlen der Toten variieren stark. Erst nach dem Kriege erfuhr man, daß es

nur wenige Überlebende gegeben hatte. Viele Soldaten konnten nicht mehr identifiziert werden und wurden in einem Massengrab bestattet. 425 Tote konnte man dagegen identifizieren. Insgesamt sollen über 800 Soldaten umgekommen sein. Der Lokführer Girard kam wie ein Wunder mit dem Leben davon. Er wurde sofort verhaftet, aber nach achtmonatiger Voruntersuchungshaft konnte ihm kein Fehler nachgewiesen werden, so daß das Kriegsgericht ihn einstimmig freisprach. In St.-Michel-de-Maurienne erinnert noch heute ein Denkmal auf dem Bahnhof an diese wohl schlimmste Eisenbahnkatastrophe Frankreichs.

Sporniak (Polen Heeresbahn Nord) Dezember 1917

Ein von Kowel nach Demblin fahrender Schnellzug, der sonst die Kreuzungsstation Sporniak ohne Halt durchfuhr, wurde vor der Station vom auf Halt stehenden Einfahrtsignal angehalten, um die Einfahrt des entgegenkommenden Güterzuges auf das Ausweichgleis abzuwarten. Der Lokführer des Schnellzuges übersah aber die Haltstellung des Signales und fuhr mit unverminderter Geschwindigkeit durch die Haltstelle, wobei der Zug mit den letzten Wagen des gerade einfahrenden Güterzuges zusammenstieß. Dadurch wurden die Lokomotive, der Dienstwagen, drei Personenwagen und die letzten Güterwagen nach rechts und links umgestürzt. Als Folge dieses Fehlverhaltens des Lokführers mußten 17 Personen sterben, 56 wurden schwer und 27 leicht verletzt.

Die Eisenbahnunfälle im Jahre 1918

Das letzte Kriegsjahr des 1. Weltkrieges war ein Katastrophenjahr für die deutschen und österreichischen Eisenbahnen. Vor allem wurden davon Urlauberzüge betroffen.

Bruchmühlbach, 7. Januar 1918

In der Nacht um 0.30 Uhr ist zwischen Kaiserslautern und Homburg vor der Station Bruchmühlbach bei starkem Schneegestöber ein Urlauberzug auf einen Güterzug aufgefahren. Von den Insassen des Urlaubszuges wurden 21 Soldaten getötet und 87 teilweise schwer verletzt.

66 — *Sporniak, Polen, Dezember 1917. Durchschneidung eines Güterzuges durch einen Schnellzug.*

67 — *Landsberg/W., Deutschland, Juli 1918. Entgleisung eines Schnellzuges und Zusammenstoß mit einem Güterzug auf freier Strecke.*

Kirn, 16. Januar 1918

Der Urlauberzug 243 entgleiste zwischen Kirn und Hochstetten infolge Dammrutsches durch Hochwasser der Nahe. Dabei stürzten die Lok, der Packwagen und drei Personenwagen in den Fluß. Der Verkehr mußte wegen Unterspülung der Gleise einige Zeit eingestellt werden. Es gab mehr als 25 Tote und 25 Verletzte.

Königsberg, 18. Januar 1918

Am 18. Januar um 5.10 Uhr in der Frühe ist der Urlauberzug 3009 nach Riga in den Personenzug 102 nach Insterburg zwischen Pamletten und Argeningken dicht bei diesem Bahnhof hineingefahren. Es wurden mehr als 25 Insassen getötet und 50 verletzt. Die Strecke mußte 24 Stunden gesperrt werden.

Schleißheim, 25. Januar 1918

Ein Brandunglück wurde im Berliner D-Zug dadurch herbeigeführt, daß ein Luftschiffer einen mit benzinhaltiger Gummilösung gefüllten Behälter im Gepäcknetz mitführte. Dieser wurde schadhaft und explodierte, wodurch das Innere des Wagens blitzartig in Flammen stand. Wahrscheinlich ist dabei auch der Gasbehälter explodiert. Das Feuer griff ebenso auf die folgenden Wagen über, bevor die Feuerwehren und Sanitäter zur Stelle waren. Es verbrannten acht Personen, darunter Frauen und Soldaten und etwa 40 Personen erlitten zum Teil schwere Brandwunden.

Magdeburg, 5. Februar 1918

Am 5. Februar in der Nacht um 1.30 Uhr riß von dem von Güsten nach Eilsleben fahrenden Militärzug ein Teil mit 41 Achsen ab, der in einem starken Gefälle in Richtung Güsten zurückrollte. Kurz vor dem Bahnhof stießen die Ausreißer auf einen dort stehenden Güterzug, wobei vier Personenwagen des Militärzuges entgleisen und stark beschädigt wurden. 15 Soldaten und ein Schaffner wurden getötet und 36 verwundet, darunter 21 schwer.

Köln, 8. Februar 1918

Am 8. Februar in der Frühe um 7 Uhr fuhr der Urlauberzug 3 im Güterbahnhof Köln-Ehrenfeld auf den D-Zug 252 auf. Das Signal für den Urlauberzug war auf Halt gestellt, da der vorfahrende D-Zug den Blockabschnitt noch nicht verlassen hatte. Bei dem Zusammenstoß wurden sechs Soldaten und eine Dienstfrau getötet und 20 verletzt.

Landsberg, 30. Juli 1918

Das schwere Eisenbahnunglück des D-Zuges 22 Berlin — Brest-Litowsk hat sich zwischen Gurkow und Zantoch am 30. Juli 1918 um 9.14 Uhr während der Fahrt auf freier Strecke zugetragen, als er an dem Güterzug 6641 vorbeifuhr. Wenige Augenblicke vor dieser Begegnung war die linke Kolbenstange der Güterzug-Lok im Kreuzkopf gebrochen. Durch den Dampfdruck nach vorn getrieben, durchschlug der Kolben mit der Kolbenstange den Zylinderdeckel und flog nach vorn heraus. Er klemmte sich zwischen der weiterfahrenden Lok und der Nachbarschiene des Gegengleises fest und beschädigte dieses so schwer, daß der gerade in diesem Moment entgegenkommende D-Zug zur Entgleisung kam. Die zuerst herausspringende Lok wurde gegen den letzten Güterzug geschleudert. Die folgenden D-Zug Wagen schoben sich zum Teil ineinander und fingen schließlich Feuer. Dabei wurden 42 Personen getötet und 25 verletzt, darunter 21 schwer. Ein Fehlverhalten von Eisenbahnern lag in diesem Falle nicht vor, allein das Schicksal hatte hart zugeschlagen.

Weichsel Brücke (damals österreich. Staatsbahn), August 1918

Vor der Station Oswiecim an der Strecke Krakau — Wien wurde der stark verspätete Güterzug 76 durch Halt des Einfahrtsignales angehalten. Als er sich gerade wieder in Bewegung setzen wollte, näherte sich in voller Fahrt der nachfolgende gemischte Zug 62, der pünktlich kam. Der Lokführer dieses Zuges sah plötzlich die Schlußlichter des Güterzuges vor sich und leitete sofort eine Schnellbremsung ein, allerdings viel zu spät. Durch dieses Manöver liefen die 48 hinteren nur mit Handbremse versehenen Güterwagen auf die vorderen Personenwagen auf, die ihrerseits mit einer Luftsaugebremse ausgerüstet waren. Dabei kamen sieben Personenwagen zur Entgleisung, von denen fünf in die Weichsel stürzten, weil der Zusammenstoß mit dem Güterzug gerade auf der Weichselbrücke erfolgte.

Bei diesem Unfall kamen elf Menschen ums Leben, acht wurden schwer und 22 leicht

68 — *Oswiecim, Österreich, August 1918. Auffahren und Entgleisung eines gemischten Zuges auf der Weichselbrücke bei Oswiecim, Strecke Krakau — Oderberg.*

verletzt. Diese Strecke war damals noch nicht in Blockabschnitte geteilt und die Hauptschuld trug der Wärter eines Zugmeldepostens, der für den zweiten Zug freie Fahrt gegeben hatte, ohne vorher die Rückmeldung des vorderen Zuges abzuwarten. Außerdem zeigte dieser Unfall, was geschieht, wenn nicht der ganze Zug mit einer durchgehenden Bremse ausgestattet war. Die Brücke wurde dabei selbst nicht beschädigt, da die Fahrbahn oben lag.

Brücke bei Solers (Frankreich), August 1918

Auf der Vorortlinie Paris — Verneuil — Etang der französischen Ostbahn ereignete sich ein schweres Eisenbahnunglück auf einer Brücke zwischen Solers und Barneau am 13. August 1918. Der erste von zwei in einem gewissen Zeitabstand folgenden Zügen war direkt auf der Brücke zum Stillstand gekommen und die Bahnbeamten hatten ihren Zug nach hinten mit Knallkapseln vorschriftsmäßig abgesichert. Doch der Lokführer des nachfolgenden Zuges hörte die Knallkapselsignale nicht und fuhr mit voller Geschwindigkeit auf den ersten auf. Durch den Aufprall wurden zwei Wagen

des vorderen Zuges zertrümmert und auf das Nachbargleis geworfen. In diese Trümmer fuhr kurze Zeit später ein von Verneuil kommender Personenzug hinein und entgleiste, ohne daß die Brücke zusammenbrach. Einige Wagen dieses Zuges stürzten dabei von der Brücke in die Tiefe, was den Tod von 20 Personen zur Folge hatte. Außerdem wurden 30 Menschen zum Teil schwer verletzt.

Dresden, 22. September 1918

Das Eisenbahnunglück, das sich am 22. September 1918 gegen 22 Uhr auf der viergleisigen Strecke Leipzig — Dresden zutrug, hat sich als das schwerste in der 80jährigen Geschichte der sächsischen Staatseisenbahnen herausgestellt. An dem Unglückstag ereignete sich Folgendes: Der von Leipzig über Döbeln nach Dresden verkehrende Personenzug 1513 (fahrplanmäßig 21.28 Uhr in Dresden-Neustadt) erlitt am Einfahrtsignal des Bahnhofs Dresden-Neustadt einen Lokomotivschaden, so daß dieser Zug kurz vor vollendeter Einfahrt liegen blieb.

Dadurch kam der von Berlin kommende D-Zug 196 (Ankunft in Dresden-Neustadt

21.58 Uhr) vor dem vorausliegenden Block 30 ebenfalls zum Halten. Seine letzten Wagen standen in der Nähe der Brücke am Riesaer Platz. Auf diese Wagen fuhr nun der aus Leipzig kommende D-Zug (Ankunft Dresden-Neustadt 22.08 Uhr) aus ungeklärten Gründen auf. Die Geschwindigkeit des Leipziger D-Zuges war bereits ermäßigt, ganze Zug den Damm hinunter, wobei fünf Personenwagen und ein Dienstwagen zertrümmert wurden und zersplitterten. Insgesamt starben 40 Menschen an der Unglücksstelle und über 100 wurden mehr oder weniger verletzt. Es war damals die schwerste Katastrophe der niederländischen Eisenbahnen.

69 — Dresden, Deutschland, September 1918. Auffahren des Leipziger Schnellzuges auf den stehenden Berliner D-Zug infolge Überfahrens der Signale.

als er in den Blockabschnitt des Berliner D-Zuges einfuhr, aber dennoch so groß, daß die letzten Wagen des Berliner Zuges vollständig zertrümmert wurden. Während es im Leipziger Zug kaum verletzte Personen gab, starben in dem Berliner Zug 31 Insassen und 30 wurden meist schwer verletzt. 29 Personen waren leicht verwundet.

Weesp, 13. September 1918

Unmittelbar vor der Brücke über den Mervekanal auf der Strecke Hilversum nach Amsterdam verunglückte der Schnellzug 102 vor Weesp am 13. September 1918, da der Damm am Widerlager der Brücke infolge anhaltender Regenfälle beim Überfahren des Zuges abrutschte. Die Lokomotive beschädigte den Brückenträger, blieb aber umgestürzt oben liegen. Dagegen stürzte der

Craiova (Rumänien), Oktober 1918

Am 9. Oktober 1918 hat sich bei Craiova in Rumänien auf den damals im Feldeisenbahnbetrieb befindlichen rumänischen Eisenbahnen ein schwerer Unfall ereignet. Ein Wolkenbruch hatte am Nachmittag dieses Tages einen kleinen Durchlaß von 1 m Lichtweite unterspült, so daß er einsturzgefährdet war. Ein Güterzug fuhr nach dem Unwetter noch darüber, ohne daß etwas bemerkt wurde. Von dem D-Zug, der eine halbe Stunde später folgte, kam die Vorspannmaschine noch glücklich über den kleinen Durchlaß, doch unter der Zugmaschine brach er zusammen. Der Tender türmte sich auf der Lok mit den Rädern nach oben und auf diesen stieg der Packwagen auf. Dieser und die beiden folgenden D-Zug

70 — Weesp, Niederlande, September 1918. Entgleisung eines Schnellzuges auf offener Strecke infolge Dammbruchs bei Weesp, Strecke Hilversum — Amsterdam.

71 — Craiova, Rumänien, Oktober 1918. Entgleisung eines Schnellzuges wegen unterspülter Strecke.

72 — Sternthal/Pettau, Österreich, November 1918. Entgleisung eines Militärzuges auf offener Strecke zwischen Sternthal und Pettau.

73 — Schneidemühl, Deutschland, Januar 1920. Eisenbahnattentat.

Wagen brannten vollständig aus, so daß man nicht genau feststellen konnte, wieviel Personen in ihnen umgekommen waren.

Der Hergang und die Unfallursache konnten in dem Trümmerhaufen nie ganz aufgeklärt werden. Die hinteren Wagen des D-Zuges blieben unbeschädigt. Es sollen etwa 100 Menschen bei diesem Unfall verunglückt sein. Ganz in der Nähe dieses Unglücksortes hat sich etwa zwei Jahre vorher am 6. Januar 1917 bei Ciurea eine andere weit schlimmere Katastrophe zugetragen, die sogar die von Quintinshill in den Schatten stellte. Im russischen Feldeisenbahnbetrieb in Rumänien war ein Zug mit Urlaubern so überfüllt, daß auch die Puffer und Stirnwände der Wagen mit Soldaten besetzt waren. Dabei mußte, nahm man an, im vorderen Zugteil versehentlich ein Bremsabsperrhahn geschlossen worden sein. Durch Versagen der Bremsen des hinteren Zugteiles nahm der Zug in einem Gefälle von 1:50 eine hohe Geschwindigkeit an und entgleiste in einer scharfen Kurve vollständig. Der Zug wurde fast total zerstört, was sehr vielen Soldaten das Leben kostete. Stockert berichtet von 374 Toten und 756 Verletzten.

Völklingen/Bous, November 1918

Am 4. November 1918 geriet während der Fahrt ein Wagen des Personenzuges 511 Saarbrücken — Trier in Brand, da ein Reisender ein Benzingefäß mit sich führte und dieses ähnlich wie in Schleißheim wahrscheinlich explodierte. Trotz sofortigen Ziehens der Notbremse konnte der Brand nicht gelöscht werden. Es verunglückten 14 Reisende tödlich. 13 wurden mehr oder weniger schwer verletzt.

Briesen (Mark Brandenburg), November 1918

Bei dem in Richtung Berlin fahrenden Güterzug 7708 ist in der Nähe des Bahnhofs Briesen am 1. November 1918 durch Reißen der Kupplung eine Zugtrennung vorgekommen und der hintere Zugteil stehen geblieben. Kurze Zeit später fuhr auf diesen Zugteil der Militärzug 4026 auf, wobei großer Sachschaden angerichtet wurde. In den Trümmern starben 19 Soldaten, 30 wurden schwer und 15 leicht verletzt. Entweder war die Deckung durch den Schlußschaffner, der gleichfalls getötet wurde, unterlassen

worden oder es war keine Zeit mehr dafür vorhanden.

Rakos (Ungarische Staatsbahn) November 1918

Beim Durchfahren der Station Rakos ereignete sich bei einem Militärzug ein Achsbruch, der zur Entgleisung führte. Nach Umstürzen von drei Wagen fuhren die anderen auf dieses Hindernis auf. In den zertrümmerten Wagen starben etwa 60 Soldaten und 180 wurden verletzt.

Sternthal-Pettau (Österr. Südbahn), November 1918

Der Militärzug 259 (Pragerhof — Csaktornya) entgleiste am 5. November 1918 um 23 Uhr bei der Durchfahrt der Station Sternthal in voller Fahrt. Der Zug bestand aus zwei Lok und 43 Wagen mit einem Gewicht von 512 t. Der vierte Wagen entgleiste, weil durch Bruch des Achsschenkels das Lagergehäuse heruntergefallen war. Schließlich fiel der Wagenkasten herunter und wurde 100 m weit mitgerissen. Bei einem Wegübergang riß die Kupplung, und der hintere Zugteil fuhr auf den vorderen auf, wobei zehn Wagen vollkommen zertrümmert wurden. Insgesamt starben hierbei 63 Soldaten und 96 wurden schwer verletzt. Die Ursache war ein Heißlaufen der Achse des vierten Wagens.

Schneidemühl (Preuß. Staatsbahn), November 1918

Am 11. November 1918 in der Frühe um 5 Uhr überfuhr der Kindersonderzug 2244 nach München-Gladbach das Haltesignal vor Schneidemühl und fuhr auf den in einem Block haltenden Güterzug 7592 auf. Es wurden bei diesem Zusammenstoß acht Güterwagen schwer beschädigt und der erste Personenwagen des Sonderzuges in den Dienstwagen geschoben und zerstört. Dabei kamen 33 Kinder und der Schlußschaffner ums Leben; 18 Kinder und eine Begleitperson wurden mehr oder weniger verwundet.

Kopenhagen, November 1919

Wohl das größte Unglück der dänischen Staatsbahnen ereignete sich am 3. November 1919 bei Kopenhagen. Aus einem nach Kopenhagen fahrenden Personenzug stürzte bei Vigerslev ein Kind aus dem Zug. Dieser

wurde daraufhin durch Ziehen der Notbremse angehalten und ein Stück Weg zu-
rückgefahren. Als man das Kind gefunden
und aufgenommen hatte, kam der D-Zug
Korsör – Kopenhagen angebraust, kurz
nachdem sich der Personenzug wieder in
Bewegung gesetzt hatte. Er fuhr mit großer
Geschwindigkeit auf die letzten Wagen des
Personenzuges auf. Da beide Züge stark
besetzt waren, war die Zahl der Opfer
dieser Katastrophe entsprechend groß. 41
Tote und etwa 100 Verwundete waren zu
beklagen. Ursache dieses Unfalles war nicht
allein das verhängnisvolle Zurücksetzen des
Personenzuges, sondern auch eine fehler-
hafte Blockbedienung, da ja der Schnellzug
in den Block des Personenzuges nicht hin-
einfahren durfte.

Schneidemühl, Januar 1920

Die politischen Unruhen nach dem ersten
Weltkrieg waren auch die Ursache für einige
in dieser Zeit vorkommender Eisenbahn-
attentate. Schlimm war der Anschlag auf
der Strecke Schönlanke – Schneidemühl
im Januar 1920. Ein aus dem Gefängnis
ausgebrochener Verbrecher hatte zusammen
mit zwei russischen Gefangenen die Schie-
nenlaschen auf dieser Strecke mit gestohle-
nen Schraubenschlüsseln gelöst. Dadurch
entgleiste ein Güterzug, in dessen umgestürzte Wagen ein D-Zug auf dem Gegengleis hineinfuhr, der ebenfalls entgleiste.
Die zur Deckung des entgleisten Güterzuges
ausgelegten Knallkapseln waren wegen der
Kürze der Zeit nicht weit genug von der
Unglücksstelle entfernt. Dieses hinterhältige
Attentat kostete 18 Menschen das Leben;
20 wurden verletzt, darunter acht schwer.
Der Attentäter wurde gefasst und später
zum Tode verurteilt.

Abermule (Großbritannien),
Januar 1921

Nach den beiden schweren Zusammenstößen auf eingleisigen Strecken 1874 bei
Thorpe und 1876 bei Radstock war die
englische Öffentlichkeit beunruhigt, da man
trotz der telegraphischen Verbindung zwischen zwei Kreuzungspunkten die Sicherheitseinrichtungen wohl doch nicht für
zulänglich hielt. Die alte Stabmethode
schien sicherer zu sein und so machte man
den Vorschlag, die Vorteile des Telegraphen
mit dem Stab- oder Karten-System der früheren Zeit zu verbinden. Der große engli-

sche Signalingenieur Edward Tyer (1830 -
1912), der sein ganzes Leben die Entwicklung und Verbesserung der telegraphischen
Instrumente für die Sicherung des Eisenbahnbetriebes betrieben hatte, setzte dieses Verlangen in die Tat um und verbesserte auch die Sicherheitsvorrichtungen für eingleisige Strecken.

Das Ergebnis seiner Anstrengungen war das
im Jahre 1878 patentierte elektrische
Tablet Instrument. Dieses enthielt eine Anzahl von geeignet beschriebenen Karten.
Wenn eine solche dem Lokführer ausgehändigt war, war er berechtigt, einen eingleisigen Streckenabschnitt zu besetzen. Wer
von den Lokführern diese Karte besaß,
hatte die Vorfahrt und der andere aus der
Gegenrichtung mußte warten, bis er seine
Karte bekam. Und diese bekam er erst
dann vom „Tyer Gerät", wenn der andere
Lokführer am Kreuzungspunkt angekommen war, seine Karte abgegeben hatte und
mit dieser die Entsperrung für die Gegenrichtung vorgenommen worden war. Es
konnte also für einen eingleisigen Streckenabschnitt nur eine Karte gezogen werden
und somit auch nur ein Zug fahren. Dieses
„electric tablet" System von Tyer brachte
sofort eine weit höhere Betriebssicherheit
für eingleisige Strecken. Es war unfehlbar
und narrensicher dort, wo diese Tyer Instrumente aufgestellt waren. Eine Wieder-
holung der Tragödien von Thorpe und Radstock war nicht mehr möglich. Als Tyer
im Jahre 1912 starb, war ein frontaler
Zusammenstoß dieser Art nicht mehr erfolgt.

Dennoch geschah am 26. Januar 1921 das
für nicht möglich gehaltene Unglück auf der
Cambrian Eisenbahn in Abermule. Wie
einfach es war, dieses perfekte Sicherheits-
system auszuschalten, soll hier genau beschrieben werden. Dieser Unfall ist nämlich
ein klassisches Beispiel dafür, daß auch das
beste elektrische oder mechanische Sicher-
heitssystem nur einwandfrei in Verbindung
mit der sorgfältigen Arbeitsweise eines
disziplinierten Eisenbahnerteams möglich ist.

Der 10.05 Uhr Personenzug von Whitechurch sollte den nach Manchester fahrenden Schnellzug gegen Mittag in Abermule,
einer kleinen walisischen Landstation, kreuzen. An diesem verhängnisvollen Januartag
arbeiteten auf der Abermule Station der

Stationsvorsteher-Stellvertreter Lewis, der Signalwärter Jones, ein junger Schaffner mit Namen Rodgers und der Junge Thompson, der einfache Dienste wie Fahrkarteneinsammeln und dergleichen versah. Diese vier Eisenbahner, die völlig sorglos ohne Koordinierung ihre Arbeiten ausübten, waren die Akteure der Tragödie von Abermule. Die Tyer-Instrumente waren im Bahnhofsgebäude und nicht im kleinen Stellwerk installiert, wo sie eigentlich hingehört hätten. Nur Lewis und Jones waren berechtigt, diese Geräte zu bedienen, aber es war Praxis geworden, daß jeder der vier sie handhabe, wenn es erforderlich war. Die beiden Nachbarstationen von Abermule waren Montgomery und Newtown.

Um 11.50 Uhr bot Montgomery den gerade eingelaufenen Personenzug an. Jones, der mit Rodgers und dem Jungen im Instrumentenraum war, nahm den Zug an und drückte die Taste des Montgomery-Abermule Instrumentes, damit der Kollege in Montgomery die Karte für den Lokführer entnehmen konnte. Hiernach läutete Jones die Station Moat Lane hinter Newton und fragte, wo der Schnellzug wäre. Diese Station antwortete, daß der Schnellzug gerade durchgefahren wäre und sich auf Newtown zubewege. Nach dieser Information verließ Jones den Bahnhof und ging nach seinem Stellwerk am Ende des Bahnsteiges, um Weiche und Signal für den kommenden Personenzug zu stellen. Auf diesem Wege traf er den vom Essen zurückkehrenden Lewis, ohne ihn über den Stand der beiden sich nähernden Züge zu informieren (Lewis fragte wohl auch nicht danach). Der Stationsvorsteher ging nunmehr in den Instrumentenraum und überließ den beiden Jungen den Dienst dort, um sich auf dem Güterbahnhof nach einigen Waggons zu erkundigen.

In diesem Stand der Dinge läutete nun Newtown an und teilte Rodgers die Ankunft des Schnellzuges mit. Daraufhin nahm Rodgers den Schnellzug an und drückte die Taste des Abermule-Newtown Instrumentes, damit der Kollege in Newtown die Karte für den Lokführer des Schnellzuges entnehmen konnte. Beide Züge waren damit im Besitz ihrer Karte für ihren Streckenabschnitt und hatten Fahrerlaubnis bis Abermule, wo sie ja kreuzen sollten. In Abermule selbst waren jetzt beide Instrumente ge-

sperrt, so daß dort kein Tablet entnommen werden konnte. Rodgers hätte nun eigentlich sofort Jones informieren müssen, daß er den Schnellzug angenommen hätte und dieser jetzt freie Fahrt nach Abermule hätte. Er unterließ dies aber, da er durch die Einfahrt des Personenzuges abgelenkt worden war.

Und nun begannen die schrecklichen Irrtümer, die wenig später zum Zusammenstoß führten. Als der Personenzug einfuhr, rannte der Junge zum Lokführer, holte die Karte, um sie zum Instrument zu bringen, damit dieses entsperrt werden konnte. Auf diesem Weg traf der Junge den zurückkehrenden Stationsvorsteher, der nun wissen wollte, wo der Schnellzug wäre. Der Junge sagte daraufhin, daß der Schnellzug zwischen Moat Lane und Newtown wäre. Er gab also dem Stationsvorsteher eine völlig falsche Antwort, obwohl er doch dabei war, wie Rodgers den Schnellzug zur Fahrt nach Abermule angenommen hatte. Lewis hatte also den Eindruck, daß der Schnellzug etwas verspätet war. Zu dem ersten Fehler machte der Junge gleich einen zweiten, indem er seinem Chef die Karte gab, die er soeben vom Lokführer geholt hatte. Ohne zu erklären, daß dies die abgenommene Karte war, lief er davon, um die Fahrkarten einzusammeln. Lewis, jetzt völlig durchgedreht, glaubte, daß er die Karte für die Fahrt des Personenzuges nach Newtown in der Hand hätte. Er ging zum Lokführer, gab ihm diese Karte und dieser legte sie auf seinen Platz in der Lok.

Hätte Lewis nur einen Blick auf die Karte geworfen, würde er gesehen haben, daß es die falsche Karte war, und hätte der Lokführer dasselbe getan, so würde er gemerkt haben, daß es dieselbe Karte war, die er eben gerade dem Jungen ausgehändigt hatte. Nunmehr war die falsche Karte zum Totenschein für ihn und seinen Heizer geworden. Diese unverständliche Sorglosigkeit zweier alter Eisenbahner hatten damit nach 35 Jahren sicherem Fahren zum ersten Male das unfehlbare und narrensichere Tyer-System durchbrochen und gewissermaßen das dritte Unglück dieser Art programmiert. Und noch schlimmer war, daß sowohl der Junge als auch der Signalwärter Jones, der inzwischen von der Annäherung des Schnellzuges wußte, sahen, wie Lewis dem Lokführer die Karte gab. Sie nahmen allerdings leichtfertig an, daß Lewis die richtige Karte gegeben hatte, obwohl sie doch wissen mußten, daß ihre Instrumente gesperrt waren. Jones hatte sich zwar gewundert, aber auch er glaubte an die Unfehlbarkeit des Systems und nahm an, daß der Schnellzug aus irgendeinem Grunde in Newtown nicht abgefahren war.

Der Personenzug fuhr also mit der falschen Karte ab und wenig später, als es zu spät war, entdeckte die Bahnhofsmannschaft in Abermule zu ihrem Entsetzen ihren verhängnisvollen Fehler, weil die Karte fehlte, die das Instrument nach Montgomery zu entsperren hatte. Da die Lokmannschaft des Schnellzuges wie durch ein Wunder nicht getötet, wohl aber schwer verletzt wurde, so konnte diese über den Hergang des Zusammenstoßes berichten. Als sich der Schnellzug auf der Gefällestrecke mit großer Geschwindigkeit Abermule näherte, sah die Lokmannschaft entsetzt den entgegenkommenden Personenzug. Der Lokführer tat alles, was in dieser Situation möglich war, aber es gelang ihm nicht, seinen schweren Zug zum Halten zu bringen. Der Lokführer des entgegenkommenden Personenzuges merkte überhaupt nichts von dem bevorstehenden Unheil, denn bis zum Zusammenstoß war der Dampfregler geöffnet. Die schreckliche Kollision warf die Personenzuglok sofort um, wobei sie durch die schwere Schnellzuglok total zerstört wurde. Lokführer und Heizer waren auf der Stelle tot. Alle Wagen des langsam fahrenden Personenzuges sowie die letzten Wagen des Schnellzuges blieben in den Schienen und wurden kaum beschädigt. Dagegen wurden die ersten Wagen des Schnellzuges teleskopiert und zerstört. In ihnen starben 15 Fahrgäste, darunter ein Direktor der Cambrian Eisenbahngesellschaft. Der Trümmerhaufen war so zusammengeschoben, daß es über 50 Stunden dauerte, bis man die Strecke wieder frei hatte.

Trotz seiner schweren Verletzung dachte Lokführer Jones sofort darüber nach, wie es zu dem Zusammenstoß kommen konnte. Er hatte nach dem Verlassen von Newtown seine Karte geprüft und gefunden, daß sie in Ordnung war. In seiner Angst, ob er vielleicht doch einen Fehler gemacht haben konnte, rief er nach seinem Heizer Owen und trotz dessen Verletzung begann dieser augenblicklich in der zerstörten Maschine des Personenzuges nach der Karte

74 — Abermule, England, Januar 1921. Zusammenstoß auf eingleisiger Strecke.

dieses Zuges zu suchen. Er fand sie tatsächlich und nun wußten beide, daß diese Karte falsch war, da sie für die Strecke Montgomery-Abermule gegolten hatte. Damit war der Unfall schon aufgeklärt. Man brachte die beiden Karten sofort nach Abermule und stellte unter Zeugen fest, daß mit der falschen Karte das Tyer-Instrument des Streckenabschnittes Montgomery – Abermule entsperrt werden konnte.

Seit der Abermule-Katastrophe hat es auf eingleisigen Strecken in England keinen ernsten Unfall mehr gegeben. Dennoch ist die hier erzählte Geschichte von Abermule bis heute nicht in Vergessenheit geraten, weil sie ein Lehrbeispiel für die nachfolgende Eisenbahnergeneration geworden ist, aus dem abzulesen ist, wie es durch Sorglosigkeit, Schlendrian und unverantwortliches Verhalten trotz bester Sicherungseinrichtungen dennoch zu einer Katastrophe kommen konnte. Man kann sich denken, daß bis zum Unglück von Abermule vielleicht viele Lokführer und Stationsbeamte ihre Karten genauso wenig geprüft oder sonst irgendwie unvorschriftsmäßig gearbeitet haben wie jene unglücklichen Eisenbahner, die das Unglück verschuldet hatten.

Das Gute dieser Katastrophe war ihre erzieherische Wirkung, denn das Ausbleiben

von Zusammenstößen auf eingleisigen Strecken in England seit einem halben Jahrhundert ist doch wohl ein Beweis für die Unfehlbarkeit des Tyer-Systems. Diese Geschichte veranlaßt uns zu fragen, ob auch in Deutschland der Zusammenstoß auf eingleisigen Strecken längst der Vergangenheit angehört. Leider lehren die Tatsachen, daß dies bis in unsere Tage hinein nicht der Fall ist. Wir brauchen nur an die Zusammenstöße in Markdorf-Kluftern (1939), Dahlerau (1971) und Warngau (1975) zu denken, um einige Beispiele zu nennen. Warum diese Unfallart, die meist immer zu hohen Sachschäden und schrecklichen Menschenverlusten geführt hat, noch solche Geißel der Reichs- bzw. Bundesbahn geblieben ist, kann doch nur in einer weniger guten Betriebs- und Sicherungstechnik als sie an englischen Bahnen herrscht zu suchen sein.

Berlin, Juni 1922

Einzureihen in die Serie schwerer Unfälle während der schrecklichen Nachkriegsjahre war das Berliner S-Bahn Unglück am 27. Juni 1922 nachmittags zwischen den Bahnhöfen Schönhäuser Allee und Gesundbrunnen unter der Schönfließer Brücke. Infolge Einstellung des Straßenbahn-, Omnibus- und U-Bahnverkehres waren die S-Bahn Züge

75 – Berlin, Deutschland, Juni 1922. Verkehrsstreik in Berlin: Trittbrettfahrer zweier sich begegnender Züge verunglückt.

derart überfüllt, daß viele Fahrgäste dichtgedrängt auf den Trittbrettern standen. Die Stationsbeamten ließen die Züge nicht eher abfahren, bis alle Trittbrettreisenden auf den Bahnsteig zurückgetreten waren. Bei der Abfahrt des Zuges sprangen sie aber alle wieder auf die Trittbretter. Dabei blick. Zwischen den beiden Gleisen lagen massenhaft die Toten und Verwundeten, die ob ihrer schweren Verletzungen gellend um Hilfe schrieen. Insgesamt wurden 40 Personen getötet und über 30 schwer verletzt. Ein Verschulden der Bahnbeamten lag nicht vor.

76 — Kreiensen, Deutschland, Juli 1923. D 88 auf Vorzug aufgefahren. Im Bild ein zertrümmerter Wagen.

hat sich nun an diesem Tag ein grauenvolles Unglück ereignet. Einer der auf dem Trittbrett stehender Männer hatte einen Rucksack mit langen Stangen darin auf dem Rükken. Unglücklicherweise stand er vor einer Tür, die nicht fest verschlossen war und zu schwankte. Bei einem Ruck in einer Kurve wurde der Mann nach außen geschleudert und zwar in dem Moment, als ein Gegenzug vorbeifuhr, der ebenfalls viele Trittbrettfahrer mit sich führte.

Die Tür, an der der Mann sich krampfhaft festhielt, ging nun ganz auf. Dadurch rettete er sein Leben, riß aber gleichzeitig mit seinen Stangen im Rucksack viele Trittbrettfahrer vom Gegenzug herunter. Es entstand hierbei eine furchtbare Panik, die das Unglück noch verschlimmerte. Als die beiden Züge zum Stehen kamen, bot sich allen, den Helfern und Insassen, ein grauenhafter Ab-

Kreiensen, Juli 1923

Auf dem Bahnhof in Kreiensen fuhr in der Nacht des 31. Juli 1923 um 4.14 Uhr der D-Zug 88 Hamburg — München auf seinen Vorzug D 88 auf, wobei die beiden letzten und der drittletzte halb völlig zertrümmert wurden. Vier Sunden später waren bereits 27 Tote und 25 Verletzte geborgen. Die vollständig ineinander geschobenen Wagen zeigten ein furchtbares Bild der Zerstörung und des Grauens. Am Nachmittag hatte sich die Zahl der Toten bereits auf 44 und 34 Verletzte erhöht. Glücklicherweise brach kein Feuer aus. Die Bergungsarbeiten gestalteten sich äußerst schwierig, da die Wagen fest verkeilt waren und auseinandergeschweißt werden mußten.

Die Schuldfrage war insofern schnell geklärt, als der Lokführer des um 23 Uhr von Hamburg abgefahrenen D-Zuges das auf Halt stehende Signal überfahren hatte. Er behauptete, daß ihm im fraglichen Moment ein Fremdkörper ins Auge geflogen wäre und er deshalb die Signale übersehen hätte. Der Zusammenstoß ereignete sich deshalb, weil der Vorzug D 88 vor Kreiensen einen Maschinenschaden bekommen hatte und im Bahnhof Kreiensen, der fahrplanmäßig durchfahren werden mußte, die Vorspannmaschine durch eine andere ersetzt werden sollte. Der Hauptzug D 88, der ebenfalls in Kreiensen nicht halten sollte, hat das Signal überfahren und ist mit großer Geschwindigkeit auf den stehenden Vorzug aufgefahren.

Der Aufprall war so heftig, daß bei dem Vorzug der letzte Wagen unter den vorletzten geschoben wurde, wobei alle Abteile abrasiert wurden. Die beiden nächsten Wagen wurden gleichfalls ineinander geschoben und so aufgetürmt, daß das Dach des Bahnhofs beschädigt wurde. Wie durch ein Wunder blieben einzelne Abteile in dem Chaos von zerstörten Wagen völlig unbeschädigt. Beim Hauptzug hatte sich der Postwagen in den Packwagen geschoben. Dennoch blieben die acht Postbeamten im Wagen unverletzt. Eine Frau aus dem letzten Wagen überlebte deshalb das Unglück, weil sie ins Restaurant des Bahnhofs gegangen war. Ihr Mann war unter den Toten. Die Zahl der Toten belief sich auf 47 und die der Verwundeten auf 45. Dieses Unglück war das schwerste der deutschen Bahnen seit dem Anfang des 20. Jahrhunderts. Der schuldige Lokführer des Hauptzuges wurde wegen fahrlässiger Transportgefährdung zu einem Jahr und sechs Monaten Gefängnis verurteilt.

Bellinzona, April 1924

Der Nachtschnellzug 51b von Milano durch die Schweiz nach Deutschland war mit Verspätung etwa um 2.20 Uhr im Knotenpunkt Bellinzona angekommen. Er war mit zwei elektrischen Maschinen der Baureihe 4/6 bespannt. Hinter diesen beiden Gotthardlok folgten ein Heizwagen, ein älterer badischer Personenwagen mit Gaslichtbeleuchtung (Kurswagen Milano — Dortmund) und ein neuerer italienischer Wagen 1. und 2. Klasse. Auf diesen folgten weitere Personenwagen, die aber vom Unfall nicht betroffen wurden. Um 2.24 Uhr verließ dieser Zug Bellinzona in Richtung Norden.

Zur gleichen Zeit näherte sich vom Norden der Nachtschnellzug 70 Bellinzona, der auch mit zwei Maschinen der gleichen Bauart und nachfolgendem Heizwagen bespannt war. Kurz vor dem Personenbahnhof geht eine Abzweigweiche zum parallel laufenden Güterbahnhof San Paola ab und da in der Schweiz Linksverkehr ist, mußte dieser Abzweig das Gegengleis der Hauptstrecke kreuzen. Alle Güterzüge fuhren über diese Weiche auf die Gleise des Güterbahnhofes. Zur Sicherung stand vor der Weiche ein Signal. Einige 100 m weiter stand außerdem das Einfahrtsignal für den Personenbahnhof, das Grün zeigte, während das Signal an der Weiche mit Rot geschlossen war. Beide Signale waren nachts gut zu sehen, weshalb sie auch kein Vorsignal hatten. Merkwürdigerweise bremste der Lokführer trotz der Haltstellung an der Weiche seinen Zug nicht ab, worauf der Beifahrer den Lokführer darauf aufmerksam machte, daß er halten müsse. Der Lokführer bemerkte aber, daß dieses Signal nur für Güterzüge gälte und sein Signal vor dem Bahnhof Grün zeige. Leider war dies ein verhängnisvoller Irrtum, denn wenig später sah der Beifahrer die Ablenkung der Weiche und den in diesem Augenblick entgegenkommenden Nachtschnellzug von Milano, der soeben den Bahnhof verlassen hatte. Der Zusammenstoß war unvermeidlich geworden und der Beifahrer konnte noch rechtzeitig abspringen.

Mit einem furchtbaren Knall prallten die schweren Lokomotiven genau auf der Kreuzungsweiche zusammen, wobei besonders der badische Personenwagen in Mitleidenschaft gezogen wurde, da er sofort in Flammen stand, weil der Gaslichtbehälter explodiert war. Alle zehn Menschen in diesem Wagen kamen um, darunter der deutsche Staatsminister a.D. Karl Helfferich. Bald griff das Feuer auch auf den zweiten Wagen über, aus dem sich aber alle Fahrgäste retten konnten. Auf den vier Maschinen wurden vier Lokführer getötet. Der Schnellzug 70 war weniger stark demoliert worden. Insgesamt starben 15 Menschen und zehn wurden schwer verletzt.

Wie konnte es zu diesem folgenschweren Unglück kommen? Abgesehen davon, daß die Sicherungseinrichtungen wegen des

77 — Bellinzona, Schweiz, April 1924. Zusammenstoß zweier Schnellzüge infolge falscher Weichenstellung und Überfahrens des Halt zeigenden Signals.

Baues eines elektrischen Stellwerkes nicht völlig in Ordnung waren, führten mehrere Irrtümer der Betriebsbeamten zur Katastrophe. Nach der amtlichen Untersuchung, die bereits am 25. April veröffentlicht wurde, hatte der Beamte in Ambri Piotta ausnahmsweise den Nachtschnellzug 70 vor dem Güterzug 8572 fahren lassen, da dieser stark verspätet war. Er benachrichtigte von dieser Änderung in der Zugfolge die Folgestationen bis Biasca, aber nicht bis Bellinzona. Auch Biasca unterließ es, Bellinzona von der Änderung in Kenntnis zu setzen. Der Weichenwärter, der die Einfahrtsweiche zum Güterbahnhof bediente, hatte um 2.06 Uhr den Güterzug 668 über diese Weiche auf den Güterbahnhof San Paola einfahren lassen. Da er jetzt fahrplanmäßig den Güterzug 8572 von Biasca erwartete, aber von seiner Verspätung und der Änderung der Zugfolge nichts wußte, ließ er die Weiche auf Ablenkung stehen. Das war an sich nicht gefährlich, da das deckende Signal vor der Weiche ja auf Halt stand. Hinzu kam aber, daß der Lokführer des Schnellzuges 70 normalerweise Verschiebedienst ausübte, aber wegen des starken Verkehrs zu Ostern im Schnellzugdienst vorübergehend eingesetzt war. Daher rührte sein Mißverständnis und seine Unsicherheit im Bahnhof Bellinzona.

Viel schlimmer war, daß eine Blockierung des Ausfahrtsignales bei Ablenkung der Weiche für den Güterbahnhof fehlte, die wenn sie vorhanden gewesen wäre, das Unglück auf jeden Fall vermieden hätte. Es ist deshalb ein Wunder, daß nicht schon viel früher ein Zusammenstoß an dieser Stelle passiert ist. Wie schon kurz vorher in Frankreich, wurde aufgrund dieses Unfalles der Einsatz von Personenwagen mit Gasbeleuchtung in der Schweiz verboten.

Herne (Deutschland), Januar 1925

In der Nacht und am folgenden Morgen des 13. Januar 1925 lag über dem Industriegebiet der Ruhr eine ungewöhnlich dichte und undurchdringliche Nebeldecke, in der am frühen Morgen um 7.20 Uhr der D-Zug D 10 Berlin — Köln auf den gerade abfahrenden und vollbesetzten Personenzug 230 auffuhr. Die letzten 4. Klasse Wagen wurden teleskopiert und zertrümmert, wobei 22 Männer, Frauen und Kinder umkamen und 60 meist schwer verletzt wurden. Der 7.19 Uhr von Herne nach Wanne abgehende Personenzug, der hauptsächlich von Arbeitern und Angestellten benutzt wurde, hatte sich gerade etwas verspätet in Bewegung gesetzt, als der von Dortmund kommende Berliner Zug, der 7.25 Uhr Herne verlassen sollte, in den

Bahnhof einlief und, obwohl bereits stark abgebremst, mit großer Wucht auf den Personenzug auffuhr. Die schwere D-Zug Lok schob die dichtbesetzten Wagen wie Streichholzschachteln zusammen. Nachdem gegen 9 Uhr ein Hilfszug mit Rettungskolonnen eingetroffen war, konnte die Feuerwehr von Herne zurückgezogen werden.

Der D-Zug selbst war kaum beschädigt und konnte nach Abhängen von zwei Schlafwagen seine Fahrt mit neuer Maschine fortsetzen. Die Unglückslok war entgleist, aber kaum beschädigt. Auch Lokführer und Heizer blieben unverletzt. Der Zusammenstoß wurde zweifellos durch Überfahren des auf Halt stehenden Einfahrtsignales verursacht. Die Signalanlagen des neuen Herner Bahnhofs waren nach dem neuesten Stand der Technik hergestellt. Vor dem Herner Bahnhof stehen zwei Sicherungssignale mit Vorsignalen, das erste vor einer Blockstelle und das zweite direkt vor dem Bahnhof. Sobald ein Zug in den Bahnhof eingefahren ist, fällt automatisch das Einfahrtsignal auf Halt und kann nicht verstellt werden, solange das Gleis besetzt ist. Die Aussage des Lokführers, das Signal habe auf Fahrt gestanden, konnte also nicht stimmen. Wie auch andere Zeugen aussagten, stand das Signal auf Halt. Es konnte also nur eine Täuschung des Lokführres im dichten Nebel vorgelegen haben. Der Lokführer hatte erst in Hamm seinen Dienst angetreten, war also noch nicht übermüdet.

Die amtliche Untersuchung ergab, daß der erfahrene und streckenkundige Lokführer das Einfahrtsignal vor dem Bahnhof überfahren hatte und dieses trotz des starken Nebels hätte sehen müssen. Der Lokführer war demnach verantwortlich für das Unglück. Es ist unverständlich, daß bei solchen schlechten Sichtverhältnissen der Lokführer nicht durch Knallkapseln unterstützt worden ist. Andere technische Mittel zur Erhöhung der Sicherung gab es zu dieser Zeit noch nicht.

Das Eisenbahnattentat bei Leiferde 1926

Besonders verwerflich sind Attentate auf fahrende Eisenbahnzüge, die meist schwere Unfälle zur Folge haben. Am 19. August 1926 entgleiste zwischen den Stationen Leiferde und Meinersen der D-Zug 8 Berlin – Hannover – Köln. Die Lok und zwei Wagen stürzten die 1,5 m hohe Böschung hinunter und die folgenden Personenwagen schoben sich teilweise zusammen oder kippen um. Die eingeklemmten Reisenden in den teleskopierten Wagen waren übel dran, da sie sich nicht aus eigener Kraft retten konnten. Es war dunkle Nacht und es dauerte geraume Zeit, bis die Hilfszüge aus Lehrte, Isenbüttel und Oebisfelde zur Stelle waren. Die aus Hannover herbeigeeilten Ingenieure der Reichsbahn stellten sehr bald fest, daß der Zug durch eine verbrecherisches Attentat zur Entgleisung gekommen war.

Man fand neben den Gleisen die herausgeschraubten Bolzen nebst Laschen, mit denen die Schienen zusammengeschraubt werden. Die Kriminalpolizei wurde sofort eingeschaltet. Sehr bald erschienen auch der Generaldirektor Dorpmüller, Staatsanwälte und Vertreter aus dem Verkehrsministerium. Die Strecke war an dieser Stelle schnurgerade und hatte einen ausgezeichneten Oberbau, der Geschwindigkeiten über 100 km/st. zuließ. Etwa 10 m von der Entgleisungsstelle fand man zwei Schraubensteckschlüssel, einen Laschenschraubschlüssel und einen alten Hemmschuh, wie er für Rangierzwecke verwendet wird. Die infrage kommende Rotte der Streckenarbeiter hielt die aufgefundenen Werkzeuge nicht für ihr Eigentum. In der fraglichen Nachtstunde fuhren in 50 Minuten vier Schnellzüge über diese Stelle weg, der vierte Zug von ihnen entgleiste dann bei hoher Geschwindigkeit.

Am frühen Morgen suchte die Polizei mit Hunden das ganze Gelände ab. Da aber in der Nähe eine Straße die Eisenbahn kreuzte, war es sehr leicht möglich, daß die Attentäter auf diesem Wege mit Fahrrädern entkommen konnten. Die zielstrebige Arbeit der Kriminalpolizei hatte schließlich Erfolg. Am 6. September konnte sie in Berlin zwei junge Männer im Obdachlosenasyl verhaften, die in dem nachfolgenden Prozeß des Zugattentates bei Leiferde überführt und zum Tode verurteilt wurden. Nach dem Urteil wurden sie zu lebenslänglichem Zuchthaus begnadigt. Dieses heimtückische Attentat hatte leider den Verlust von 24 Menschen und zahlreichen Schwerverletzten zur Folge.

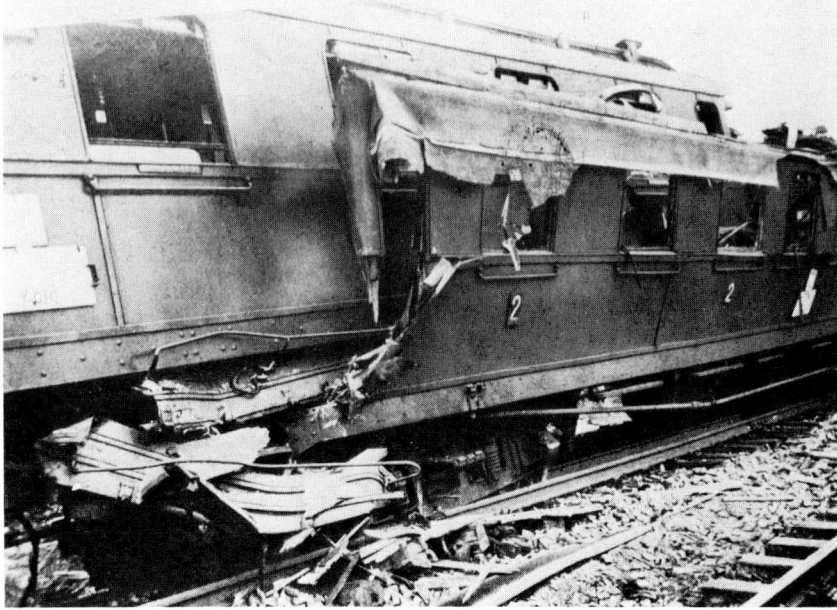

78/79 — Leiferde, Deutschland, August 1926. Eisenbahnattentat. Oben: Die umgestürzte Lokomotive; unten: die teleskopierten Wagen, in denen die meisten Reisenden getötet wurden.

80 — *Bia Torbagy, Ungarn, September 1931. Das durch ein Bombenattentat ausgelöste Unglück in der Nähe von Budapest. Bei dem verunglückten D-Zug handelte es sich um den Express Budapest — Wien — Paris — Ostende.*

Im Jahre 1931 setzte eine Serie von weiteren Anschlägen auf Eisenbahnen ein, bei denen man es aber nur mit einem Mann zu tun hatte, wie sich später herausstellte. Am Sonnabend, den 3. August 1931 entgleiste bei Jüterbog gegen 21.45 Uhr der D-Zug Basel — Berlin. Beim Überfahren der Unglücksstelle vernahm der Lokführer einen scharfen Knall, der ihn zu einer Schnellbremsung veranlaßte. Hierbei entgleisten neun Wagen, die zunächst 400 m auf den Schwellen weiterrollten und dann umkippten. Die doppelten Telegrafenmasten wurden dabei abgeknickt, aber glücklicherweise stützten die stehengebliebenen Mastreste die umgestürzten Wagen. Da diese nicht teleskopiert wurden, gab es zum Glück keine Toten, aber 81 Reisende wurden verletzt.

Die Ursache der Entgleisung wurde schnell gefunden, da ein 3,5 m langes Gleisstück aus den Schienen herausgesprengt worden war. Man fand zwei rote Klingelleitungsdrähte, über die eine elektrische Zündung einer Sprengladung von Büschen am Bahndamm aus vorgenommen worden war. Als Sprengstoff verwendete der Attentäter hochexplosives Ekrasit. Die sofort einsetzenden Ermittlungen der Kriminalpolizei blieben zunächst ohne Erfolg. Mitten in diesen schwierigen Fahndungen nach den Verbrechern ereignete sich erneut ein ähnliches Attentat in der Nähe von Budapest bei Bia Torbagy am 13. September 1931. Hierbei entgleisten die Lok, der Gepäckwagen und fünf Personenwagen des D-Zuges Budapest — Wien — Paris — Ostende. Da aber die Bombe an den Schienen auf einem hohen Viadukt angelegt war, stürzten diese Wagen nebst Lok von der Brücke bis in eine Tiefe von 25 m herab.

Die Parallelen mit dem Zugunglück bei Jüterbog waren unverkennbar. Leider waren aber die Folgen dieses raffinierten Anschlages furchtbar. In dem Trümmerhaufen mußten 25 Reisende sterben und elf wurden schwer verletzt. Die gemeinsamen Ermittlungen von Deutschland und Ungarn führten schließlich zur Festnahme des alleinigen Verbrechers Sylvester Matuschka, der zugab, ganz Europa mit solchen Anschlägen verunsichern zu wollen. Matuschka, Sohn ungarischer Kleinbürger, und einst geachteter Lehrer seines Heimatortes, kam nach dem ersten Weltkrieg auf die schiefe Bahn und wurde schließlich zu einem der gefährlichsten Verbrecher der 30er Jahre. Er wurde zu einer hohen Zuchthausstrafe verurteilt. Später soll ihn das Naziregime liquidiert haben, so wie es damals mit vielen anderen Schwerverbrechern geschehen war.

Nachwort

Mit dem Jahr 1926 wurde die Serie der ernsten Eisenbahnunfällen des ersten Eisenbahnjahrhunderts beendet. Dieser Abschluß wurde deshalb gewählt, weil die Unfälle der letzten 50 Jahre bereits von anderen Autoren behandelt wurden. Dennoch ließen sich gewisse Überschneidungen und Wiederholungen aus Gründen einer zeitlich geordneten Chronik nicht ganz vermeiden. Die Quellen für die mühevolle Stoffsammlung waren dürftig, da die ausführlichen Unfallberichte der deutschen Eisenbahnverwaltungen kaum Betriebsfremden zugänglich sind. In dieser Beziehung waren die englischen Autoren besser dran, denen genaue Aufzeichnungen der für die Unfälle zuständigen Inspektionsoffiziere in den Ministerien zur Verfügung gestellt wurden. Hierzulande ist man auf Protokolle der Gerichtsverhandlungen, Berichten aus Zeitungen und Zeitschriften, Archivalien und auf die bereits vorhandene Literatur angewiesen. Leider ist es deshalb hier nicht möglich gewesen, bei einer Reihe von Unfällen außer Ort, Zeit und Unfallursache mit der Zahl der Verunglückten weitere Einzelheiten anzugeben.

Es war die Absicht des Verfassers, die furchtbarsten Geschehnisse der Vergangenheit so genau wie möglich zu erzählen, dabei aber auf Belehrung und Kritik an den Fehlleistungen jener Menschen weitgehend zu verzichten, die die Unfälle herbeigeführt haben. Die Leistungen und die meist viel schwierigeren Arbeitsbedingunen unserer Vorfahren waren viel zu groß, als daß man von einer technisch höheren Warte aus mit besserem Wissen prahlen sollte. An der Art der Unfallursachen hat sich im Laufe der langen Eisenbahngeschichte nicht viel geändert. Heute wie damals haben gelegentlich einige Eisenbahner menschlich versagt. Die Zahl der Unfälle hat sich zwar im Lauf der Jahrzehnte langsam verringert, aber trotz perfektester Sicherung und Automation wird es wohl nie eine vollkommene Sicherheit geben. Doch vergessen wir nicht, daß es eine Grenze für diese Automation gibt, da der Mensch nie ganz im Bahnbetrieb ausgeschaltet werden kann und darf. Ein ausgewogenes Verhältnis zwischen Mensch und Technik herzustellen, ist deshalb ein wichtiges Anliegen der Eisenbahnverwaltungen.

Wenn man die in der Übersicht aufgezählten Unfälle auf ihre Ursache untersucht, dann stellt man fest, daß vor allem das Auffahren zweier Züge in derselben Fahrrichtung am häufigsten vorkommt. Alle anderen Ursachen ereignen sich je nach Art weniger häufig. Von den 88 aufgezählten Unfällen (ohne Tunnel- und Brückeneinstürze) wurden

28 durch Auffahren zweier Züge in derselben Fahrrichtung

13 durch Zusammenstöße auf ein- und zweigleisigen Strecken

10 durch Entgleisungen wegen zu hoher Geschwindigkeit

6 durch Entgleisungen an Baustellen

4 durch Entgleisungen infolge Brüchen an den Fahrzeugen

4 infolge von Durchschneidungen zweier Züge

23 infolge anderer möglicher Ereignisse verursacht.

Bibliographie

Bücher:
The High Girders von John Prebble, London, 1968
Historic Railway Disasters von O.S. Nock, 1969
Red for Danger von L.T.C. Rolt, London, 1966
Gretna Britains Worst Disaster von John Thomas, 1969
The Tay Bridge Disaster von John Thomas, 1972
Bis ans Ende der Welt von R. Menzel, 1971
Weite Welt des Schienenstranges von K. E. Maedel, 1967
Katastrophen auf Schienen von Schneider/Mase, 1968
Von Siegelsdorf bis Aitrang, Ritzau, 1972
100 Jahre Eisenbahnunfall von Ernst Kraft, 1925
Eisenbahnunfälle von Ludwig von Stockert, 1913
Katastrophen, Naturgewalten und Menschenschicksale von A. Herrmann, Berlin, 1936

Zeitschriften und Zeitungen:
Centralblatt der Bauverwaltung, Deutsche Bauzeitung, Schweizerische Bauzeitung, Zeitschrift für das Bauwesen, verkehrstechnische Woche, Die Reichsbahn, Die Bundesbahn, Organ für Fortschritte des Eisenbahnwesens, Glasers Annalen, Zeitschrift des Vereins Deutscher Ingenieure, Die Lokomotive, Wochenblatt für Architekten und Ingenieure, Jahrbuch für das Eisenbahnwesen, Ärztlicher Dienst der Bundesbahn
Engineering, Railway Gazette, The Lokomtoive, The Scots Magazine.
Frankfurter Zeitung, Oberhessischer Anzeiger, Frankfurter Illustrierte, Unterlagen aus Generalarchiv Karlsruhe